智造：用大数据思维实现智能企业

张靖笙　刘小文　编著

電子工業出版社
Publishing House of Electronics Industry
北京·BEIJING

内 容 简 介

本书从第四次工业革命智能化大趋势的角度，分析了企业如何用大数据向智能企业转型升级，揭示了工业物联网、工业大数据、数字孪生等实现智能工厂的关键技术和战略部署，给出了可以结合各企业实际生产经营情况融合落地的战略路径，激发各企业家勇于自我改革的勇气，正确面对新工业革命带来的战略机遇与风险挑战，处理好长期发展和短期维持的利益平衡关系。

本书既适用于运用互联网大数据对企业或工厂进行变革的相关人员，如企业负责人、管理者，特别是负责企业信息化建设和转型的负责人、岗位人员和信息协助人员等，也可作为制造业相关专业的辅导教材。

图书在版编目（CIP）数据

智造：用大数据思维实现智能企业/张靖笙，刘小文编著. —北京：电子工业出版社，2019.10

ISBN 978-7-121-37274-2

Ⅰ. ①智… Ⅱ. ①张… ②刘… Ⅲ. ①计算机应用－企业管理 Ⅳ. ①F272.7

中国版本图书馆 CIP 数据核字（2019）第 180209 号

策划编辑：缪晓红

责任编辑：刘小琳

印　　刷：三河市华成印务有限公司

装　　订：三河市华成印务有限公司

出版发行：电子工业出版社

　　　　　北京市海淀区万寿路 173 信箱　邮编：100036

开　　本：720×1000　1/16　印张：14.5　字数：302 千字

版　　次：2019 年 10 月第 1 版

印　　次：2019 年 10 月第 1 次印刷

定　　价：68.00 元

凡所购买电子工业出版社图书有缺损问题，请向购买书店调换。若书店售缺，请与本社发行部联系，联系及邮购电话：（010）88254888，88258888。

质量投诉请发邮件至 zlts@phei.com.cn，盗版侵权举报请发邮件至 dbqq@phei.com.cn。

本书咨询联系方式：（010）88254760，mxh@phei.com.cn。

推荐语

发展数字经济是实现中国经济高质量发展的新时代要求，作者提出了具体的办法，指导广大中国企业通过应用大数据等科技手段培植新的经济增长点，实现转型升级和高质量发展，很有时代意义和参考价值。

|顾洪涛| 中共中央办公厅秘书局原局长

哲学和数学是推动人类文明进步的两大重要基础。数字经济时代将涌现越来越多的新问题，推动我们的基础研究和应用研究更加深入。本书作者能在全景展现现代科技产业发展前沿的基础上，用哲学的思辨和数学的严谨，透过现象分析本质，展示了作者对于智能企业和未来科技独到的发人深省的看法。该书不仅有严谨的理性分析，而且将很多新名词通俗化、艺术化，值得大家一读。

|姚正安| 中山大学数学学院院长、教授、博士生导师

从 PC 互联到移动互联到万物互联，从信息互联网到商业互联网到产业（工业互联网）到物联网，互联网的进化正在给产业、经济、社会与人类生活带来脱胎换骨的变化，新模式、新业态、新物种层出不穷。在这个过程中，最重要的资源不再是资本、能源、原材料、机器等传统要素，而是大数据。纵观日新月异的变化，不难发现，大数据正在成为智能化社会技术、产品、制造、销售和市场竞争的决定性要素，堪称第一生产力。关于大数据与智能制造的关系、在智能制造中的作用、走向智能制造的过程等急需学习了解的内容，本书给出了系统的诠释，值得一看。

|金乾生| 产业经济专家

中国经济正从高速增长转向高质量发展阶段，大多数企业在过往传统信息化

工作中基于内部小数据管理所建设的信息系统已经在很短的时间内被不断涌现的各种大数据应用所赶超，甚至是颠覆，企业端对大数据的应用能力已经成为企业能否实现转型升级和动能转换的刚需。

从企业内部信息化的小数据池塘尽快融入到社会化的大数据海洋，无论是政府机构还是企业组织，在这场数字化转型的时代大变革之中，大数据应用是绕不过去的门槛。今天对数据的应用能力决定了所有组织的发展前途和命运，如何提高这个能力，相信本书能带给您启发。

|任泳谊| 佛山市南海区大数据产业协会会长、
广东金赋科技股份有限公司董事长

大数据作为人类发展进程中的重要变量，正在加速重塑人类社会发展形态，也包括人类重要的生产单元——企业。企业与大数据是什么关系，如何运营大数据来赋能企业转型升级，正在成为企业家们思考和实践的话题。作者在书中呈现的体系性思考，也许能给正在探索的企业家们提供智慧决策参考。

|杨冰之| 物联网与智慧城市研究专家、浙江大学客座教授、
北京国脉互联信息顾问有限公司董事长

该书集作者多年来对大数据、互联网及人工智能的研究成果，亮点颇多！尤其对于大数据与互联网的内涵与外延，做了“横向到边”的高度概括；对人工智能的垂直应用场景，做了“纵向到底”的深度剖析。对于大家通透理解大数据、互联网、人工智能与实际应用场景的深度融合，以及数字孪生工厂的设计与实施，有着全面的支撑引领作用！

|何立荣| 北京必可测科技股份有限公司董事长

面对当前数字时代的来临，传统企业既遭受互联网的巨大冲击，又面临产业转型升级的机会和挑战。高度数字化驱动必将成为每个企业追逐的目标，本书将会从大数据思维的模式抽丝剥茧呈现给读者一个全新的视角。

|宋颖皓| IBM技术支持服务部中国北区总经理

时至今日，大数据应用已经开始在各个行业表现出了巨大的价值，特别是在电子商务、医疗、零售行业。大数据对教育行业的影响也将逐步呈现。如何利用好大数据，关键是思维的转变，用大数据的思维去思考行业、思考产业。本书将从大数据思维入手，带读者进入深度的思考，大数据是什么？如何思考？怎么与

行业乃至产业结合？读完本书一定对读者有不一样的启发。

|张长锁| 明大教育集团董事长

很长一段时间，我们认为拥有货币就是拥有财富，大数据思维让我们彻底颠覆了对财富的理解，未来，拥有海量的数字资产才是实现财富增长的源泉。

|商睿| 西安民间金融协会副会长、方元财富 CEO

西域美农 2008 年从零信誉淘宝店做起，到如今成为农特产电商领导品牌，一路经历了农产品电商发展的各个阶段。在这个过程中，个人深感数据对一个企业的作用是多么重要和强大。西域美农一路走来，都是数据在指导我们的战略方向、运营方向。图片的点击率、转化率，顾客的停留时间、复购率，产品的客单价、库存周转率等，一个个细小的数据汇集起来，转化为西域美农的强大武器，助推了西域美农的不断发展。把企业的全部运营数据化、智能化，一直是我们追求的目标。这本书恰恰告诉我们怎样用大数据的思维实现智能化的企业，我想，也是很多企业家急需的吧，预祝阅读的各位都能找到自己的答案！

|李春望| 西域美农品牌创始人

前　言

智能制造是当前新一轮产业革命的世界性共识，虽然各国制定的发展策略和战略路径有不同的表述，但目标是一致的，这个目标落地到每个企业组织的微观层面，就是如何转型为一个高度数字化驱动的智能企业，这当然是一个非常艰巨的任务。

这场正在进行的世界性产业革命对于中国企业来说，是机遇与风险的叠加，正面临市场新常态对商业模式、管理模式、资本模式和思维模式的新拷问，中国企业能否实现转型升级和动能转换，这是一场“生死硬仗”，而我们今天要准确理解智能制造对企业数字化转型的要求，也必须结合这个决定企业“生死存亡”的时代必然转型趋势来考虑。

到底什么样的企业才算是智能企业？

用什么可行的数字化方法可以转型为智能企业？

当广大的企业管理者希望采取行动时，这两个貌似简单的问题，一旦结合自己企业的情况，又会衍生出各种问题，令人千头万绪，一筹莫展。

数字化转型不仅仅是企业引进更多的新技术，更意味着传统企业要持续地改变自身的运作模式，从商业模式、管理模式、资本模式和思维模式，变得对新技术本身有更高的灵敏度，变得能更快地吸收和接受这些新技术，并且更加迅速地应用，同时把这些技术转化为企业自身的生产力。因此，数字化转型也意味着企业需要切换到全新的模式，如果还沿用传统企业信息化的建设模式，肯定是不合时宜的。

先进技术可以获得更广泛的数据，但对数据的潜在利用能力，完全取决于企业的组织结构和文化。企业的数字化转型本质上还是企业组织变革范畴的工作。所以，今天我们谈数字化工作，如果不从整个企业的战略层面来统筹安排，不配套商业模式、管理模式、资本模式和思维模式的转换，那么单纯的技术观点无疑是本末倒置的。

可以这样来比喻，企业今天要实施的数字化转型有些类似一幢已经正常使用了许多年的传统砖木混合结构的楼房，在原地和不需要住户搬离的情况下，改造成一幢现代化的钢筋混凝土结构的大厦。这个施工难度往往比新建一幢这样的大厦难上许多倍，所以更考验施工者的匠心、耐心和创心。

企业家恰恰要担负类似这样的自身企业转型升级工程的总工程师角色，除了需要与时俱进的发展意识和战略格局外，还要在执行中周密地筹划和有效地推行。否则，如果企业只是生搬硬套各种数字化技术手段的转型模式，很可能适得其反。

今天，对于任何一个企业来说，都必须把自己放在一个高度互联网化的市场合作和生态体系中看待，基于大数据的社会化生产协作和协同创新已经逐步成为每一个企业都要共同面对的转型要求。而基于大数据的社会化生产协作将广泛存在于员工之间、员工与客户及合作伙伴之间，这样的社会化生产关系，需要通过对数据的信任来保证生产协作流程的高稳定性。

同时，为了能有效实现协同创新，需要每个参与者都愿意将所获得的认识加以记录并与他人分享，企业组织要通过更加开放和灵活的机制公平地体现人们所做的贡献，培育鼓励陌生人之间迅速建立合作信任和开放式交流的企业文化。此外，还需要鼓励企业员工通过采集的数据进行系统性学习，随时接受创新方法，并且参与塑造组织改变的过程，让员工能够深刻意识到不断提升自我技能和能力的需要。虽然这个过程中依旧会犯错，但员工能够认识到自我价值，即推动企业成功完成数字化转型的潜力。

因此，当我们从企业数字化转型要求的角度来看要具体实施的大数据应用时，大数据首先还是一种新的组织思维方式。这和当前有没有数据、有多大规模数据量、使用什么技术，不存在严格的正相关关系。即使本企业并不懂 Hadoop（泛指大数据技术），但也可以通过有效运用互联网上开放的数据资源获利。

相反，即使花大价钱购买了最新技术的软硬件设备、采集或采购了各种大量的数据，可如果没有大数据思维，也就不善于运用大数据资产实现业务创新和组织变革，那么这些对新技术的投资很可能也是徒劳的。

有效应用大数据和企业组织的各个环节相融合，让组织运行的各环节逐步拥有强大的应用大数据推动业务优化（精益）和产品创新能力，这自然就涉及更为广泛的话题，如大数据与商业模式、大数据与企业转型、大数据与管理优化、大数据与产品设计创新、大数据与市场营销、大数据与客户关系、大数据与产品售后服务等。

本书涉及的话题虽然有些宽泛，但内容的取材皆是紧扣时代发展的必然要求，从思维模式角度导入的作者实战经验中总结出来的转换策略，希望可以帮助读者在纷繁复杂的概念和现象中看到一套逻辑主线相对清晰的方法，囿于作者的水平，本书有很多不足之处，作为抛砖引玉之作，如能引发大家进一步的思辨和质疑，则写作目的也达到了。

是以为序。

张靖笙

佛山市南海区大数据产业协会专家委员会委员

目 录

第 1 章

互联网的数据逻辑

在当今世界中，互联网+应用已经成为商业社会越来越常见的趋势，而仅通过传统企业信息化的思维和技术已经不能满足企业在市场竞争中制胜的需求，必须用相应的互联网和大数据思维来重新审视，主动挖掘互联网大数据中为企业带来价值倍增的商机，这是企业在“互联网+”时代不被淘汰的必修技能。

1.1 为什么要大数据思维——新时代的变革要求

关于大数据，维克托·迈尔·舍恩伯格在《大数据时代》一书中做出了形象而贴切的说明——“一切皆可数据化”。在笔者看来，这句话点明了两个无可辩驳的事实，即“数据是客观存在的”和“大数据的重要性”。

首先，从“数据是客观存在的”方面来说，不管人们听与不听，看或不看，数据都在那里，它不会因为人们的主观意愿而消失，而是作为对人们过往行为留下痕迹的累积，以及对未来行为预测的客观存在，像空气一样弥漫在世界上，成为时代滚滚洪流中的主旋律。

其次，从“大数据的重要性”方面来说，既然“一切皆可数据化”，那么在各种事物进行了数据化和量化的基础上，大数据已经成为能描绘事物并对其进行更深一步了解的必要工具。

专 家 提 醒

一般来说，从事科学研究都需要建立在掌握大量数据的基础上。因此，如果想要科学地了解某一事物，就必然需要掌握该事物过往行为留下的各种痕迹，也就是与该事物相关的客观存在的数据。

有意思的是，应用信息经济学创始人——道格拉斯·W. 哈伯德（Douglas W. Hubbard）同样提出了与“一切皆可数据化”相似的理论，即“万物皆可量化”。这一看似绝对和狂妄的言论，在“互联网+”和大数据时代却得到了验证。

有人会问，“互联网+”概念到处可见，那么它究竟有着怎样的含义呢？简单来说，“互联网+”中的“+”代表“互联网+”时代的多样性，如“互联网+政务”“互联网+电商”“互联网+管理”“互联网+医学”等。

专 家 提 醒

“互联网+”概念作为互联网发展新业态，表现出鲜明的特征，重点介绍如下。

① 跨界融合。这一特征非常明显，在“互联网+”时代，实现了各领域与互联网的重塑融合。

② 连接一切。在“互联网+”业态中，连接一切是其根本目标，且其连接并不是杂乱无章的，而是有一定的层次并表现出一定的差异性。

③ 重塑结构。因为全球化和互联网化的作用，原有的社会结构已经被打破。

除此之外，创新驱动、开放生态、尊重人性和法制经济等也是“互联网+”的主要特征。

而在这样的时代环境下，人们的生活、工作和思维都发生了巨大的变化——对有着互联网的生活产生了强烈的依赖，很多事情的处理都不能脱离互联网而完成。如今几乎人手一部或多部手机的情况就是“互联网+”时代的最好见证。

通过手机，人们可以处理生活中遇到的绝大多数事情，吃穿住行无所不包。就以吃来说，通过手机可以全方位地解决相关问题，举例如表 1-1 所示。

表 1-1 通过手机解决“吃”的问题举例

方面	举例
外卖订餐	① 在外卖平台上订餐，如美团、饿了么。 ② 在支付平台上订餐，如支付宝、微信小程序。 ③ 在电商平台上订餐，如手机淘宝。 ④ 订购生鲜食材，如京东生鲜
线下点餐	针对人太多时需要排队点餐的困扰，麦当劳推出了线下手机扫码点餐服务，大大提升了点餐速度和消费者的就餐体验
线下支付	到店消费时，当消费者用完餐，不用再担心没带现金，可利用支付宝、微信等扫码支付，方便快捷
烹饪学习	对于那些喜欢美食并乐于亲手制作的人们来说，手机也是人们解决“吃”问题的关键，通过手机查询美食做法就是其中之一。而且，人们了解美食做法的方式和途径并不是唯一的，而是多样化的。 ① 从内容形式方面来说，包括图文、视频等。 ② 从平台方面来说，有百度、西瓜视频等

更重要的是，“互联网+”的发展，推动了整个社会乃至世界的向前发展。而在这一发展过程中，大数据起到了非常重要的作用。就像人们熟悉的淘宝，大数据在解决打假案件上有着突出表现。表 1-2 所示为 2017—2018 年的阿里巴巴打假数据。

表 1-2 2017—2018 年阿里巴巴打假的总体数据

时间	打假数据		
	推送线索量（超 5 万元起刑点）	抓捕涉案人员	涉案案值
2017 年	1910 条	1606 名	约 43 亿元
2018 年	1634 条	1953 名	79 亿元

专 家 提 醒

关于阿里巴巴打假，在全国各地公安、工商、质监、食药监等各级行政执法机关的支持下，于2017年取得了历史性突破。“2017年阿里十大打假案件”就是其典型代表，具体内容如下。

特大假冒LV皮料案、苏州假冒康宝莱保健品案、全国首例部督特大新型卷烟非法经营案、特大微商微整形假药案、莆田跨境销售假冒运动鞋案、佛山假冒汽车配件案、特大假冒减肥药案、青岛特大假冒奢侈品箱包集群案、大连特大销售假冒伪劣红酒案和衡阳假冒减肥药案。

正是基于大数据这一基础，淘宝平台历经多年实践，形成了一个融多方面功能为一体的大数据打假模型——它不仅能进行监测和分析，还能针对出现的相关问题进行处理。

截至2018年，淘宝平台及其电商行业在打击假货方面已经取得了非常不错的效果——这从阿里公布的打假年报中就可看出端倪。表1-3所示为2018年阿里打假年报的具体数据。

表1-3　2018年阿里打假年报的具体数据

类型	具体数据
侵权方面	① 疑似侵权链接上线被封杀的链接量——96%。 ② 疑似侵权被平台主动删除的链接量——67%。 ③ 知识产权投诉在24小时内被处理的——96%。 ④ 品牌权利人投诉量——下降32%。 ⑤ 被行政执法机关要求协查的侵权案件量——下降64%
假货方面	① 被消费者举报删除的疑似假货链接量——70%。 ② 每1万笔订单中疑似假货量——仅1.11笔。 ③ 每1万笔订单中疑似假货量占比——比去年同期再降26%

从以上案例可以看出，大数据已经在电商领域得到了很好的应用。其实，其他领域的大数据应用也不遑多让，如前面提及的“互联网+”时代下的“吃”问题的解决，同样离不开大数据的应用。

关于大数据的应用，可能有人认为，“谁掌握了数据，谁就赢得了先机”的说法是言过其实的，并不能得到大多数人的认同。然而大家是否曾经想过一个问题：如果没有了大数据的运作，“互联网+”时代下的经济和社会将走向何方，你是否还能顺畅地得到想要的信息和服务？

而事实却是，对于当今人类社会的所有组织机构来说，数据的重要性越来越明显，已经直接影响到存亡——缺少数据资源，无以谈事业；缺少数据思维，无以言未来。

更严重的是，大多数的中国企业家还远远没有认识到这个问题的严重性，这里折射的就是很多人在思维层面对于大数据这种新兴事物认识的不充分。具体来说，关于为什么如今的企业家要大数据思维，可从 3 个方面进行解读，下面进行详细介绍。

1.1.1 普遍存在对大数据的片面认识

对大数据片面的认识是阻碍企业有效应用大数据的最大障碍，大数据首先是一种思维方式，其次才是判断产业发展趋势和选择公司战略需要考虑的因素，最后才谈得上技术上如何实现。从认知方面来说，之所以要大数据思维，是由社会认知的普遍状况决定的。正如赵国栋、易欢欢、糜万军、鄂维南合著的《大数据时代的历史机遇：产业变革与数据科学》中指出的那样，关于大数据，存在 4 种典型的片面认识，具体如下。

1. 认定是炒作

把大数据认定是炒作，这种片面认识阻碍了人们认真研究大数据。基于这种认识，人们对待大数据就像对待一个遥不可及的事物一样，总是以旁观者的角度去看待，缺乏认真对待的态度。在这种片面认识的影响下，人们形成了以下两种错误认识和思维。

① 认为大数据是 IT 业和资本市场炒作的结果。诚然，在某些方面，来自互联网的长篇幅报道和宣传的确存在炒作的作用。但是并不能把所有的报道和宣传看作炒作，这本身就是以偏概全的，也在一定程度上导致了认为大数据是炒作的片面认识的形成。

② 认为大数据只是风光一时的概念。在很多人看来，大数据这一概念并不代表未来的发展大势，虽然它现在被 IT 业和资本市场所看重，然而极有可能像物联网一样，只能风光一时，最终还是会被快速发展的时代所抛弃。

因此，在认定大数据是炒作的既定思维下，人们就失去了抓住时代主旋律实现更快发展的机会。其实，在那些对大数据有过深入研究的人士看来，它已不再是一种简单的技术概念，而是一些走在时代前沿的技术及其应用发展到一定阶段的必然产物，能让企业的决策中枢发生质的变化——真正实现企业决策的智能化。

专家提醒

随着互联网、智能终端和社交网络的发展，无处不在的数据也发生了巨大的变化——数据开始得到广泛应用并日益凸显，大数据概念应运而生。它作为社会发展的必然产物，成功地成为超越技术的概念。

2. 片面的理解

大数据，从字面上理解，就是海量的数据。然而人们可以反过来认为海量的数据就是大数据吗？不是的。在此以一个生活中常见的场景进行简单说明。

一个人正在扫地、擦桌子，此时友人打电话询问："你在做什么？"回答："在做家务。"那么此时友人可以在脑海中延伸，把"做家务"扩展到其本身的全部范畴内的事情吗？答案当然是否定的。

"扫地、擦桌子"表示正在"做家务"，但并不表示"做家务"就是"扫地、擦桌子"，二者是不能等同的。"海量的数据"和"大数据"也是如此。如果把二者等同，就是对大数据这一概念产生了理解上的偏差，这样很容易让一些还不能称之为大数据的海量数据，堂而皇之地以大数据的名义存在，进而影响人们对大数据这一概念的正确理解和判断。

除此之外，关于对大数据的片面理解还表现在其应用上。一般来说，大数据具有 4V 特征，即 Volume（体量大）、Velocity（实时性）、Variety（多样性）和 Value（有价值）。一些企业在应用大数据时，往往会固执地坚持这 4 个特征，没有具备这 4 个特征的数据，完全抛在大数据范畴之外，不再作为企业进行智能决策时应该考虑的因素。

诚然，在应用时考虑大数据的 4 个特征是正确的，但如果完全抛开其他不做考虑，难免过于片面。大数据的特征决定了其本身的复杂性，而判断是主观的，在界定时难免会产生偏差，而错过了一些原本应该囊括在内的数据，就会因数据的"差之毫厘"而让结果"谬以千里"。

可见，在对大数据的理解上，无论是概念上认为的海量数据，还是应用上必须符合大数据的 4 个特征，都是对大数据的片面理解，是容易产生错误和偏差的。因此，人们都应该端正态度，认真而深刻地理解大数据，务必做到全面、精准。

3. 狭隘的视野

关于对大数据的认识，除了片面的理解外，狭隘的视野也是阻碍人们完整地认知大数据的重要因素。在社会经济市场上，企业家一般会更多地把目光放在自己所处的行业和领域上，而不会把目光放得长远，不会从社会这个大市场上把握大数据，这就必然会错失领略大数据全部魅力的机会。

具体来说，关于狭隘的视野阻碍人们完整认知大数据的现象，主要表现在 3 个方面，具体介绍如下。

① 对大数据的理解仅局限于特定行业。在一些人看来，特定的行业有着其自身的大数据，它是不与其他行业的大数据相连接的。然而事实并非如此，不同行业和领域的大数据之间有着千丝万缕的联系，它是超越行业的。更重要的是，在大数据的作用上，行业的产生和消亡在所难免，这也使得那些认为大数据是局限于特定行业的理解难以坚持下去。

② 对大数据的理解仅局限于某些技术。上面说过，大数据是一个超越技术的概念。这一说法除了可以从大数据的产生上（是互联网、智能终端和社交网络发展到一定阶段的必然产物）来理解外，还可以从大数据的相关技术上来理解。

与大数据密切相关的 Hadoop 就是一个典型的例子。Hadoop 作为一个能够对大量数据进行分布式处理的软件框架，也仅仅是停留在大数据的处理层面，而与大数据的产生和智能决策等方面无关，它不足以展示大数据的全貌。其他技术也是如此。可见，大数据是一种超越技术的概念在另一个方面也有了有力的佐证。那些认为大数据仅局限于某些技术的看法无疑是片面的，是会阻碍人们完整认知大数据的。

③ 认为大数据无关企业发展前途。在有些投资人和公司决策者眼里，大数据更多的是作为他们做出某项决策和检验决策结果的一个辅助工具，无法在大的方向上影响企业发展前途。事实真的如此吗？下面来看一个简单的例子。

如果你是消费者，你是否因为被垃圾广告骚扰而感到烦躁呢？作为企业经营者，你是否因为广告预算太多而踌躇不决呢？又是否担心广告宣传无法达到想要的效果呢？然而有了大数据技术的充分参与，广告将会变得及时和精准，往往能在消费者最需要的时候进行推荐，及时激发他们的购买欲望，从而促进公司产品的销售。此时，无论是消费者还是企业经营者，他们所遇到的问题都会迎刃而解。

在这个案例中，广告预算作为企业成本支出的重要组成部分，产品销售作为企业经营的目标，都会对企业发展前途产生巨大影响。而在大数据的支持下，企业的这两个方面都有了理想结果。可见，认为大数据无关企业发展前途的理解无疑是狭隘和片面的。

4. 唯技术论

在笔者看来，大数据是一种远远超越了技术的思考方式。那些在一些人眼里等同于大数据的技术和算法，如先进数据技术与算法、数据分析挖掘和人工智能等，都需要大数据这一思考方式的支持。

在大数据中，除了先进技术外，还包括很多方面，如数据思维、数据资产等，都是不可或缺的。仔细想来，如果一家企业拥有先进的技术和算法，但没有数据资产，也不会运用数据思维，那么必然徒劳无功。可见，那些抛开其他方面而单谈技术的理解，并不代表是对大数据正确而全面的认识。

上面所介绍的 4 种片面认识都是缺少全面和准确大数据认识的表现。尽管还有其他各种客观原因，但是企业家对大数据没有正确的思想认识是阻碍大数据在企业获得深入应用的主要原因。

1.1.2 片面的认识导致企业对大数据充满困惑

如果想要了解某一事物，那么对其进行全面、完整的认知是非常有必要的。如果对某一事物的理解还处于比较片面的阶段，就很容易一知半解，最终让人充满困惑。

正是因为如此，在上面所介绍的 4 种普遍存在对大数据片面认识的基础上，企业对于大数据也是充满困惑的。事实上，很多企业也是缺少大数据思维和意识的，这使得他们在企业的产业发展趋势和战略选择上无所适从，当然就更谈不上如何通过技术利用大数据来实现企业发展了，具体如表 1-4 所示。

表 1-4　片面的认识导致企业对大数据充满困惑

企业的大数据思维困惑	这么多数据资源如何汇聚形成有用的资产	如何从这么复杂多样的数据中挖掘出丰富的价值内涵	怎样投资大数据才能有利可图
判断产业发展趋势和选择公司战略	海量大数据加工存储成本很高	对大数据分析和挖掘手段不足	业界缺乏可供传统企业参照的数据资产经营模式
如何通过技术利用大数据来实现企业发展	自身是否适合做	怎么挖	怎样投

可见，企业在思考怎样有效利用大数据时，首先应该解决大数据思维上的困惑，也就是要建立正确的企业大数据思维，打破传统的桎梏。

1.1.3 技术在推动变革，但企业完成变革不能仅仅靠技术

“工业 4.0”一词自 2011 年以来，一直被广泛用于描述制造业的未来。然而，现在即使德国也意识到，仅从技术角度阐释第四次工业革命的相关发展，显

然是不足的，企业还需要组织结构和文化层面的改革。德国工程院《工业 4.0 成熟度指数》认为，先进技术可以获得更广泛的数据，但对数据潜在利用能力，完全取决于企业的组织结构和文化。

正如精益生产不等同于简单地防止浪费，工业 4.0 也不只是通过网络连接机器和产品。《工业 4.0 成熟度指数》强调需要进行范式的转变。

令人惋惜的是，这些变化往往无法反映组织的实际流程或满足制造型企业的真正需求。因此，无论是独立企业内部还是整个经济层面上的转型变革的实例，都只是凤毛麟角。

综上所述，在对大数据还存在片面认识和困惑的基础上，想要找出大数据成为历史发展主流的原因和背后的历史发展规律，还是存在很多困难的。而马云又告诉人们："很多人输就输在，对于新兴事物，第一看不见，第二看不起，第三看不懂，第四来不及。"

而大数据对于大多数企业来说，如今就是这样的一种新兴事物，如果继续保持"看不见""看不起"和"看不懂"的态度，那么其结果必然也将是"来不及"，想赢得未来的机会也将不大。

因此，企业如果不想输，首先就应该找出大数据现象和表征背后的本质，并加以体会，做到看得见，了解大数据时代发展的必然趋势；其次应该深入了解大数据如何发挥作用，做到看得懂，明确自己应该做什么；最后应该结合自身企业发展要求分析具体的大数据应用场景，做到看得准，明确目标是什么，做好自己应该做的事情。这样才能来得及在互联网大数据时代赢得先机和未来。

在笔者看来，大数据不应该仅仅是一项技术，更是思维方式、发展战略和商业模式。从企业角度来看，企业大数据是企业可以有效利用的大数据资源，以及基于大数据资源推动企业创新与变革，实现战略成长的应用体现。

从更深层次来看，基于大数据的本质这一出发点，企业之所以要用大数据思维，在笔者看来，是社会生产力发展到与互联网代表的新信息技术发生化学反应后，推动生产关系发生改变的时代的必然要求。

1.2 传统的假设和今天的事实

德鲁克曾说过这样一句话："今天我们所有企业所面对的变革都是空前而彻底的。可是我们现在企业中，广泛沿用的管理学的思想仍然是 20 世纪，也就是

100 年前第二次工业革命所形成的一些基本假设，很少人去注意这些基本假设还是不是今天的事实。”

而实际上，这些假设已经过时了，如果人们还是基于这样一种已经过时的基本假设，把它当成事实来制定企业的战略，来做出经营生产中的每一项决策，那么可以说是不可避免地把整个企业引向一个不正确的轨道。

那么，对于企业来说，传统的假设是什么，今天的事实又是什么呢？下面进行具体介绍。

1.2.1 传统的假设：生产商可基于自身情况组织生产

传统的假设就是生产商可基于自身情况组织生产，它有两个鲜明的特征，即消费者是互相不联系的个体和产品生产商被假设为一个单独的企业。

1. 消费者是互相不联系的个体

消费者是互相不联系的个体作为传统假设的一个鲜明特征，代表什么呢？这代表企业产品的消费者和企业的关系，就是一个个体和组织的关系。其中，从产品生产商到消费者之间，就是一条条从中心向四周扩散的线，无论是产品的销售还是信息的传播，在企业之外都是没有任何交点的，消费者基本上不存在相互传播信息的过程。

相对于消费者这些单个个体而言，企业的组织是一个特别强大的存在。所以，在这样的一种假设中，每一个企业都是按照企业家自以为对的一些价值主张来安排企业的生产和产品供给，所以也就不需要去倾听每一个消费者的声音。

这就是一个一直还在用的传统假设，这背后所代表的是一种很传统的 B2C 模式，就是从企业组织到个人的一个单向关系。在这个关系中，企业是强势的，话语权完全掌握在企业手里，企业的生产活动是不会让消费者参与的，它们只需把生产出来的产品卖给消费者，就完成企业的一个价值主张了。

专家提醒

当然，在传统的假设中，除了消费者和作为生产商的企业之外，还有两大中介不能不提及，那就是作为销售中介的经销商和作为信息中介的媒体。即使有了它们的加入，传统假设中的从企业组织到个人的单向关系仍然没有改变——生产商可以不考虑消费者而组织生产。

其实，这两大中介也是作为企业而存在的，有时甚至可能就是由生产商来充当。

2. 产品生产商被假设为一个单独的企业

在传统大工业时代，对于多数中国企业家来说，关于产品生产和制造的讨论都忽略了供应商——产品生产商被假设为一个单独的企业，所以多数企业家都习惯了在考虑生产问题时，往往只是考虑自身企业能力和资源方面的问题。

所有的企业信息化，很明显只处理自认为是企业内部的事务，如 ERP 系统、OA 系统等信息系统。无论是系统的信息用户还是信息管理对象，基本上都是本企业内存在的实物或权益。而实际上，大多数产品（尤其是复杂产品）是很多企业共同作用的结果。

涉及产品生产的企业在地理区域上是聚集在一起的，不同企业之间的信息交互和信任也相对比较容易，毕竟现场见面不需要花费太多成本。在产品的制造阶段，和产品相关的生产设施聚集在一起可以减少物流和运输的费用，这是比较正确的选择。

在产品的设计阶段，也可以通过纸质的文件传递相互需要的内容。在过去产品大批量生产追求规模效益的传统大工业时代，这种跨企业沟通几天甚至数月的响应延迟并不被认为是严重的问题。即使产品研发或生产的周期比较长，协作的企业之间安排一些周期性的面对面会议，也可以解决信息交互问题。

这也是传统假设的一个鲜明特征，在产品生产周期较长的时代环境下，产品生产商被假设为一个单独的企业，一般无须考虑自身企业能力和资源以外的问题，只关注自身企业的生产问题即可。与相关企业之间的联系一般也是单向的，且不具备实时性，不要求立刻响应。

1.2.2 今天的事实：互联网要求企业聆听各方声音

上面介绍了“生产商可基于自身情况组织生产”这一传统假设的两个鲜明特征，接下来围绕“今天的事实：互联网要求企业聆听各方声音”这一问题进行阐述。与传统的假设相对应，笔者将从两个方面，即互联网让消费者掌握更大的经济话语权，以及对企业之外的信息内容的处理要多于企业内部来为大家讲述。

1. 互联网让消费者掌握更大的经济话语权

在互联网普及的时代，实际上每个消费者都有手机，他们随时随地可以通过手机互相联系、互相沟通。而这一现状对于企业来说意味着什么呢？它意味着对于企业的产品和服务，所有的感受和体验，消费者都可以通过手机和他的朋友，以及与拥有相同的产品和服务的其他用户，进行频繁、密切的沟通。

就这样，通过互联网信息而集聚的产品消费者就形成了一个巨大的消费者社群及一个新的格局。此时，企业在面对消费者时，就不再是那种传统的互相不沟通的独立的个体了，他们已经形成了庞大的社群。

从这个角度来说，企业和消费者的关系已经完全翻转了。在今天的事实中，对于企业的产品而言，消费者通过社群的形成，已经掌握了一个庞大的评价权利。而这种评价的权利随着互联网经济的发酵，其对企业的前途和命运的影响将会越来越深入。

这 10 年以来，其实在业界可以看到，每一个消费者通过互联网发出的声音，都会对企业的发展产生巨大的影响力。

2. 对企业之外信息内容的处理要多于企业内部

在经济全球化的今天，产品的创造（create）和制造（make）的生产周期都开始了急剧的压缩，特别是很多生产要素信息被搬上互联网以后，是要求时刻响应的。传统上那种基于物理空间的生产要素信息的传递和交换过程变成一种奢侈，产品在生产阶段的相关信息都需要被立刻提供，所遇到的问题都需要立刻协商解决。

这样的生产方式已经迫使所有的企业在处理各种产品相关信息的过程中，对企业之外信息内容的处理要多于企业内部。

而供应链术语的出现，完成了产品和使这些产品成为现实的各种协作组织的思维方式的建构。选择“链”作为隐喻的一个原因，在于它反映了关于如何生产一个完整产品的线性思考习惯，所体现的是以连续的方式从供应商到全部实际零件在产品中的线性组合关系。

而随着“互联网+制造”的深入，一个产品的形成已经有了更多种组合的可能性，所以对零件的选取也就从原来相对单一和稳定的来源拓展到一张庞大的网络。

专家提醒

网不同于链，因为它们是互联但不连续的，这种关系本质上是非线性的。所以，当用供应网的思维来替代供应链时，不仅需要唤起人们对事物的灵活整合、应需协同的想法，也唤起人们在虚拟的数据环境而不是物理的物质环境中思考各种可能的组合。

而用户对于生产的直接参与和干预（C2M），毫无疑问，也加剧了这种新生产关系的复杂性。

综上所述，传统的假设是生产商与企业可以基于自身情况组织生产，不用去听消费者的声音，也不用频繁交互信息，那是一个企业自我封闭的一种假设；而今天的事实是互联网要求企业聆听各方声音，这不仅让消费者掌握了更大的生产话语权，而且要求对企业之外信息内容的处理要多于企业内部。如果企业不改变，不去聆听消费者和协同企业的声音，可能会给企业带来很大的损失，所有的努力可能在一夜之间化为乌有。

1.3 消费者通过互联网大数据倒逼生产者变革

上面谈到了传统的假设和今天的事实，人们可以清楚地知道：传统的假设是已经过时的，如果人们不能因为今天事实的改变而制定企业的发展战略，而是仍然基于过时的传统假设而行，那么必然让企业的发展走入歧途，最终会阻碍企业的发展，甚至可能导致企业的消亡。

而面对这一传统的假设和今天的事实，人们必然要进行改革。那么，人们应该怎样进行改革呢？社会又有了怎样的改革呢？这就是本节要详细论述的问题。

关于怎样改革的问题，笔者在此提出一个论述：消费者深度参与企业的生产已经成为一种新常态。

而在传统的假设中，企业组织是不需要聆听每一个消费者的声音来组织生产的，所以每个企业都有很鲜明的组织边界。而在这个组织边界之外才是消费者。换句话说，消费者是不在企业的组织边界之内的。

具体来说，在传统大工业时代所形成的生产方式和生产关系中，是没有消费者存在的。之所以这么说，是因为在企业产品的生产过程中，企业组织作为生产者，并不会把消费者看作内部人，而是实实在在的圈外人，它们无法接受消费者像内部人一样干涉企业的生产活动，当然也没有多少消费者能真正影响企业组织的决策和行为。

与此同时，企业组织在完全不考虑消费者的情况下开始组织生产，从价值主张的形成到生产秩序的安排，它们都有自己的一套规则，并完全交予组织内解决，如表 1-5 所示。

表 1-5　传统大工业时代的企业组织的产品自主生产表现

方面	表现
价值主张的形成	完全自以为是地按照企业组织对消费者和市场需求的理解而形成
生产秩序的安排	在组织边界内，企业组织生产产品的各环节工作是自主安排的，具体表现如下。 ① 前提：完全基于自主可控的核心资产、能力和资源，不再考虑消费者需求。 ② 产品各环节：包括生产产品的设计、原料采购、制造加工、市场销售等四大环节

而在企业生产的整个经济活动中，以及产品生产出来后，企业通过大量的营销手段向消费者传递产品和品牌，而消费者通过一定的营销渠道获得产品——就在这样的交易过程中，企业的价值主张也最终获得了有形回报。

上文提到了企业通过大量的营销手段向消费者传递产品和品牌，它作为产品生产的四大环节之一，是组织边界之内的生产秩序的重要组成部分，也是受到生产者高度重视的。究其原因，还要从传统大工业时代的生产方式和生产关系说起。

新制度经济学的鼻祖罗纳德·哈里·科斯（Ronald H.Coase）提出了一个理论，即用组织内分工消除交易成本，从而实现规模经济的利益最大化。基于这一理论，在传统大工业时代，企业组织完全可以维持信息封闭的生产方式。

专 家 提 醒

用组织内分工消除交易成本是科斯定理的精华所在。在科斯定理中，罗纳德·科斯提出了一种观点，即在一定条件下，经济主体在没有得到相应补偿或存在低效率的资源配置问题时，当事人可以通过双方的谈判来解决，从而达到社会效益的最大化。

而在这一定理中，罗纳德·科斯的突出贡献是发现了交易费用及其与产权安排的关系，具体如表 1-6 所示。

表 1-6　科斯定理中的交易费用及其与产权安排的关系

情况	影响
交易费用为零	在这种情况下，当事人之间的谈判都会导致资源配置的帕累托最优，是不受产权的初始配置情况影响的
交易费用不为零	不同的产权界定和分配会带来不同效益的资源配置

而正是因为交易费用及其与产权安排的关系，使得在交易费用不为零的情况下，经济主体可以通过企业产权制度的设置来优化资源配置，达到资源配置的帕累托最优的目标。

专家提醒

交易成本，顾名思义，就是在成功达成一笔交易的过程中支付的成本，包括时间成本和货币成本。从更具体的角度来说，在笔者看来，主要包括三项内容，具体如下。

① 宣传成本：主要是传播信息和广告宣传成本。

② 运输成本：即与市场有关的运输活动的成本。

③ 合约成本：主要包括 3 类，即达成合约之前的谈判、协商成本，合约签约成本，签约之后合约执行的监督活动的成本。

因为在市场信息并不对称的情况下，企业产品要想成功交易需要支付很高的交易成本。而企业要想实现利益最大化，就必须减少或消除这种成本。科斯提出的用组织内分工消除交易成本的理论正好为企业行为提供了支撑——企业可以通过组织行为确保各项生产分工所必需的信息交换并维持高强度协作生产的秩序和效率要求。

在这样的情况下，造就了企业组织强大的大规模生产力，而单个的消费者在组织严密的生产者面前，对于企业的生产活动是没有任何话语权的，他们唯一能做的就是选择是否购买产品。

基于这一点，企业作为生产者只能从重视市场营销的角度出发，思考如何才能让消费者下决心购买产品。于是，在互联网还没有出现的情况下，企业选择了通过掌握电视、广播等媒体刺激大众的消费欲望，营造有利于自身产品销售的舆论氛围，从而促进产品销售。

相对于电视、广播等传统媒体，互联网使信息传播发生了巨大变化——实现了“平民化”和“大众化”。正是因为如此，消费者这一大众群体作为传统媒体中信息传播的目标，也开始成为信息传播主体中的一员，享受着互联网带来的巨大变化，具体分析如下。

1.3.1 互联网给消费者带来的体验

随着互联网的普及，消费者越来越习惯基于互联网的电子商务环境带来的各种便捷的消费体验。

在“互联网+”的商务环境下，供给侧的信息流、商品物流、资金流形态均被数据驱动的方式重建，体现了越来越多用比特（数据）代替原子（实物）在市场中发挥作用的情景。

在信息流形态中，基于“互联网+”的数字化商务这一时代背景，产品从生产到销售的各个环节，由中间产品制造商、贴牌制造商、供应商、零售商和消费者等纷纷通过网络传输信息，形成强大的信息流，而这些信息流正是关于用户的越来越多需求的表现。

而产品生产过程中的各工作环节的主体，也不再是一个单独的企业，而是多方面合作、寻求协同生产和发展。其中，中间产品制造商、贴牌制造商、供应商在承担相应角色的同时，还承担起把相关信息搬上互联网的任务。而生产者正是通过互联网的信息流才能充分地与消费者交换各个生产环节的信息，准确把握消费者的用户体验要求。

在物流形态中，中间产品制造商、贴牌制造商、供应商、零售商和消费者等在数据和网络的支撑下形成了现代物流链，完成产品从生产、贴牌、成品批发、零售到消费者的全物流过程。

在资金流形态中，互联网的出现也提供了巨大方便，不仅让电子支付取代了现金或票据，同时还可以用信用数据代替实物抵押融资，以实现资金流更便捷地流转。

而基于供给侧的信息流、物流和资金流的数据+网络支撑，对于需求侧来说，商品信息也越来越透明，追求个性化的消费者需求越来越习惯通过互联网找到合适的产品和服务供给，然后在了解完整的产品信息的基础上决定是否购买。正因为如此，产品信息属性的商业价值也日益凸显。

当消费者通过互联网对产品的各项生产要素相关知识和信息了解越来越深入，生产者再也不能保持产品的生产过程，这对于消费者来说是一个黑箱的信息优势。

另外，用户对产品的相关信息了解越来越深入并不是孤立的，随之而来的还有他们对产品内涵（价值主张）和品质要求的提高。

此时，企业产品所具有的价值主张和质量，在很大程度上是建立在消费者对产品使用体验的评价基础之上的——消费者的各种评价在互联网上迅速传播开来，容易形成巨大的舆论风暴，特别是那些关于产品的负面评价，更是让企业和产品形象损毁的关键性因素。

可见，消费者通过互联网传播的各种关于消费体验的评价，是完全可以直接决定产品和企业命运的。因此，保持良好的用户体验，对企业来说至关重要，甚至可以说是影响产品市场竞争力的关键性因素。

正因为如此，使得用户的参与成为产品生产活动中不可或缺的一环。同时也反映出消费者已成为第四次工业革命新生产关系中的重要角色，而且是主导角色。

1.3.2 互联网给生产者带来的赋能

互联网的出现，影响的不仅仅是消费者，对生产者的影响也毫不逊色。下面来看一个例子。

某比萨店的电话铃响了，客服人员拿起电话。

客服：XXX 比萨店。先生您好，您是电话号码 1391234****机主本人吗？

顾客：是的，你好，我想要一份……

客服：陈先生，您好！您是住在泉州路一号 12 楼 1205 室，您家电话是 2646****，您公司电话是 4666****，还有您现在用的手机号码是 1391234****。请问您想用哪一个电话付费？

顾客：你为什么会知道？

客服：陈先生，因为我们随时可以联网访问 CRM 系统。

顾客：我想要一个海鲜比萨……

客服：陈先生，海鲜比萨不适合您。

顾客：为什么？

客服：根据您的医疗记录，你的血压和胆固醇都偏高。

顾客：那你们有什么可以推荐的？

客服：您可以试试我们的低脂健康比萨。

顾客：你是怎么知道我喜欢吃这种的？

客服：CRM 系统从合作的社交平台获知您的社交账号最近分享了很多您对最近从中央图书馆借的《低脂健康食谱》的点评。

顾客：好。那我要一个家庭特大号比萨，要付多少钱？

客服：99 元，这个足够您一家六口吃了。但您母亲应该少吃，她上个月刚刚做了心脏搭桥手术，还处在恢复期。

顾客：那可以刷卡吗？

客服：陈先生，对不起。请您付现款，因为您的信用卡已经刷爆了，您现在还欠银行 4807 元，而且不包括房贷利息。

顾客：那我先去附近的取款机取款。

客服：陈先生，根据您的记录，您已经超过今日取款限额。

顾客：算了，你们直接把比萨送我家吧，家里有现金。你们多久会送到？

客服：大约30分钟。如果您不想等，可以自己骑车来。

顾客：为什么？

客服：根据我们 CRM 从合作的全球定位系统的车辆行驶自动跟踪系统记录，您登记的有一辆车号为 SA-128 的摩托车，而目前您正在解放路东段华联商场右侧骑着这辆摩托车。

顾客当即晕倒……

从上面所展示的案例中可以看出，基于无时不互联、无客不个性、无处不协作和无事不数据的社会状况，对供给侧进行改革已经成为企业实现更快发展的必然趋势。

1.3.3 所有生产者都必须改革

以互联网的出现为分水岭，生产者可以分为传统生产者和互联网生产者，二者之间是有显著差异的，具体如表1-7所示。

表1-7 传统生产者和互联网生产者对比

方面	传统生产者	互联网生产者
商业模式	B2C（商对客）	C2B（顾客对工厂）
核心	以产品为中心，以交易为目的	以用户为中心，以运营为目的
表现	从自我出发，围绕产品构建价值链，把产品卖给消费者	从用户体验出发，围绕用户构建和经营价值网络
企业与消费者	从企业根据自身资产和核心能力安排产品生产开始，到人财物的支出、产品服务、销售渠道，直至消费者，企业与消费者是单向的线性关系	以消费者为中心，产品和包括品牌、供应、服务和渠道在内的各种使产品成为现实的协作组织相互交互，构建起产品的运营网络
信息交换	传统企业与消费者的关系是线性交易关系，企业打造的是以产品中心、以交易为目标的价值链，信息交换在环节内部和相邻环节之间，容易出现信息孤岛	沉淀消费者、沉淀用户，以用户为中心形成关系价值网络，基于关系做交易，实现信息的充分交换是网络化生产所必需的

专家提醒

把基于交易的关系转变为基于关系的交易，才能沉淀消费者、沉淀用户。

可见，在互联网思维下，消费者对于企业生产活动的干预已经越来越多，如社会供应链、互动性设计、柔性化生产和成果分享等，如表1-8所示。

表 1-8 消费者对企业生产活动的干预举例

举例	表现
社会供应链	通过互联网寻找最符合需求的零件供给方
互动性设计	通过网络表达创意，参与一些产品的设计
柔性化生产	通过网络提交私人定制的创意和想法，实现一种定制生产
成果分享	通过网络分享智造过程和结果，同时分享实现个人创意的产品使用体验

消费者的这种深度参与，实际上已经在直接干预企业的一些生产活动的安排。

基于这样的一种新的态势，传统生产中的组织边界已经消融，此时生产者应该做出变革，把消费者圈进企业生产活动中。事实也确实如此，在“互联网+”时代中，消费者深度参与生产已经成为新常态。

关于这样一个论述，美国一位名为托夫勒的科学家出版过《第三次浪潮》一书。在这本书中，他提出了一个新的概念——产消者。在英语中生产者是 producer，消费者是 consumer，然后托夫勒就创造了一个新的单词，为 prosumer，即产消者。产消者所体现的就是生产和需求高度融合的一种新的生产方式。

在第四次工业革命中可以看到，生产者的组织边界已经消失了。此时，企业与消费者，乃至与供应商的关系，已经融合成一个开放的共享的经济平台。在这样一个共享的经济平台上，实现了多方资源同时参与产品的生产活动。消费者自然也不例外。

于是，关于“未来的工厂将转变成什么样”这一问题已经有了一个很明确的判断，那就是未来的工厂将会转变为帮助消费者实现他们自己的想法和创意的工业新车间。

那么，最终的结果就是消费者成为新的生产关系中不可或缺的一个部分——因为企业的生产就是帮助他们实现自己的想法和创意。这也是新工业革命中出现的一个具有颠覆性的现象。而对于所有的企业来说，这样的革命，直接面对已经成为必然。

综上所述，消费者作为新的生产关系中不可或缺的一部分，表现出对产品生产过程中知情权和参与权的强烈用户需求，实际上是生产关系要通过互联网来完成革命的必然时代要求。

此时，互联网不再只是电子商务的营销渠道，更是一个围绕消费者的想法和创意，组织各种社会化生产能力和资源进行协同生产的平台。正是因为有了互联网的普及，消费者才能充分参与到企业的生产活动中，生产者才能在透彻洞察消费者的用户体验上安排企业的产品生产。而在二者的作用下，最终也形成了依赖互联网的参与生产协作的巨大社会力量，最终为消费者通过互联网大数据倒逼生产者变革提供了强大助力。

1.4 未来什么传统必然会被“互联网－”

针对互联网，阿里巴巴主要创始人马云说过：“互联网的机遇就在于对传统行业的完善和改变：现在的阶段是唤醒，然后是参与，最后是共同发展。”可见，在互联网普及的情况下，企业家必须对传统行业进行完善和改变，才能抓住时代发展的机遇，实现跨界融合，做到“互联网+”。

同时，在笔者看来，那些已经不符合互联网时代的旧传统也应该果断地抛掉、减去，做到“互联网−”，从而为企业的发展营造一个纯净的、美好的互联网环境。

事实也确实如此，在互联网让社会发生了翻天覆地变化的今天，企业的生产环境同样也发生了巨大变化，具体表现在以下 5 个方面。

1. 互联网在扩展商业空间

互联网是无边界且连接一切的，这就使得传统的局限于地理位置的商业发展发生了变化——很多问题完全可以通过网络、物流来解决，而不再需要当事人面对面的洽谈和交易，长期制约企业发展的运力问题已大大减弱。

即使需要线下服务的商业活动，如家装、美发等，也因为互联网的出现，双方可以在线上通过图片展示、实时咨询、互动分享等一步步完成洽谈，从而大大缩短中间交易环节，降低双方成本，实现互赢。

同时，这样的线上交易使得企业的服务空间更大，不再局限于某区、某城或某地，跨地区交易的现象不断出现。

例如，在抖音短视频平台上，一些美发播主发布了精彩的短视频，美发效果看起来不错，于是受众纷纷在评论中询问其地址，其中不乏真的去体验的受众，即使路途不短，但互联网的出现，可以让人们在线上解决所有服务前的问题，能准确地确定服务时间、人员等，从而让受众可以无负担地前往享受美发服务。而交通的便利，更是让跨地区服务变得简单、易行。

2. 互联网在改变买卖方式

从买卖方式上来说，互联网所带来的变化是惊人的，它涉及产品交易的各个方面，如交易过程、渠道和支付方式等。通俗地说，相对于传统的企业生产的产品通过供应商卖给消费者的买卖方式，互联网时代则呈现出多样性。

特别是在互联网时代，产消力量的融合，使得买卖双方的关系发生了变化，不再是传统的买卖关系——他们以合作伙伴的形态调动更广泛的产业和社会资源投入生产活动，完成价值的创造，也分享价值的回报。这也是合作共赢、共享经济成为全球经济主流的动力所在。

3. 互联网在改变盈利模式

在传统的盈利模式中包含两大因素，即销售额与成本。企业如果要盈利，一方面可以在确保单个产品或服务成本不提高的情况下提升销售额，另一方面可以通过改进技术、提升效率等降低单个产品或服务成本。然而无论从哪一个方面来说，都不是很容易的。

专家提醒

从销售额方面来说，其原因在于：企业一般是有特定经营范围的，接触到的消费者在短时间内是不会有太大波动的，因而在正常情况下销售额难以提升。唯一可行的办法就是扩大经营范围，如拓宽营销区域、进行连锁经营等。然而这样的做法，不仅会使得成本增加，且结果难以预料。

而在互联网时代，企业运营需要以用户为核心，因此，除了销售额和成本，用户也是影响企业盈利的一大因素。在这种情况下，企业的盈利模式更多的是受到用户数量和用户价值的影响。

例如，大家所喜欢和熟悉的游戏行业，一款游戏所投入的成本一般集中在产品研发阶段，而当游戏上市之后，随着用户数量的增长，盈利也会呈直线递增，且在这一过程中，用户价值也会随之攀升，这就使盈利增长得更快。而游戏上市之后的整个过程，其盈利与成本已经没有必然联系——游戏产品的盈利更多源自“用户数量×用户价值”。

4. 互联网在改变生产关系

互联网的出现对企业所产生的影响，最直接的体现就是生产关系的改变。也就是说，互联网能够促进协同、共享，一方面可以减少分工的成本，另一方面又从本质上促进了分工。而这种协同和共享，更多的是关于资源的使用权问题，而这是完全属于生产关系范畴的。

另外，随着互联网要求协同、共享而带来的对资源使用权问题的冲击，会进一步让企业的组织、流程，以及企业与客户的商业等发生改变，而这些都是互联网改变生产关系的体现。

5. 互联网在重构产业链条

所谓重构产业链条，就是对产业链重新进行垂直分工和对产业链各环节的联结方式进行改变。产业链条重构是需要一定的契机和环境条件的，互联网的出现就是一个很好地推动产业链条重构的契机。

随着互联网的发展和普及，传统产业的生产、加工、交易、流通、销售等各个环节实现了互联，同时着重对产业的内部协同效率和对外服务能力进行提升，并融入大数据、云计算、智能终端等先进技术和设备，进行产业链条重构的条件和环境已经完全成熟。

例如，与人们生活息息相关的外卖行业，传统的商家生产和商家送餐上门的一体化企业方式已经基本打破，如今更多是餐饮经营商家将外卖环节分担出去，承包给外卖平台。餐饮商家在外卖配送环节所发生的改变，就是明显的产业链条重构的例子。

上面所介绍的 5 个方面都是互联网作用于社会所产生的巨大变化，也是企业为适应社会发展而进行变革、减掉旧传统的结果呈现。那么，在企业变革中，究竟有哪些是被企业家减掉的旧传统呢？这个问题也是本节要论述的中心问题。总的来说，主要包括 4 个方面，下面一一进行介绍。

1.4.1 效率低下

相对于互联网倍数级的效率提升作用而言，传统行业中的低效率问题是应该解决的问题，也是在“互联网+时代”应该减掉的旧传统。那么，究竟是什么原因导致低效率传统的存在呢？具体来说，主要包括以下 3 点。

1. 企业与消费者之间的信息不对称

在传统行业中，信息不对称是普遍存在的现象。因为受到各种阻隔，企业和消费者之间也存在信息不对称的问题：一方面企业无法精准地获取消费者的各种属性信息，另一方面消费者也无法全面了解企业产品的质量、价格、功能等方面的信息。

在这种情况下，企业因为不了解消费者而无法找准营销目标，也就无法实现精准营销，从而导致产品滞销；而消费者因为不了解产品信息，可能就会买到价高而质量差或功能不合适的产品。

这对企业来说，无疑是影响其效率的。特别是当消费者产生购买风险后，就会大大降低购买该类产品的欲望。而在优质的企业产品迟迟得不到消费者认可的情况下，必然会让企业产品无法快速销售出去，导致营销效率低下。

而关于企业和消费者信息不对称的问题，在互联网时代可以得到很大程度的改善。基于互联网信息的开放性、实时性、交互性等特征，传统产业中因为信息不对称而产生的各种低效率问题，将不再是制约企业发展的要素。

2. 无效周转产生物流成本

企业生产所需的原料和流通过程中的产品，都是在不断周转的，如果分配不符合市场需求，就很容易在分配完成后还需要额外的周转和运输，这样就会产生额外的物流成本。

例如，某产品由产地 A 平均分配到 B、C 两地销售。一段时间后，发现该产品明显在 B 地更受欢迎，很快销售一空，库存告罄；而 C 地恰好相反，因为某些原因导致了产品滞销，此时就急需把 C 地库存产品运输到 B 地进行销售。在这一过程中，C 地滞销的这一部分产品，它们从 A 地到 C 地的运输基本可以说是无效周转。

这还只是最简单的物流过程，如果在物流过程中经过了层层周转，到最后发现完全是无效的，那么无效周转所浪费的物流成本也更多，企业损失也会更大。

同时，无论是原材料还是产品，周转时是需要花费一定时间成本的，从而会影响企业生产和营销的效率。

而在互联网时代，企业的原材料准备和产品流通，在大数据、云计算和智能终端等的支持下，可以得到更切合实际需求的答案，从而安排原材料和各地产品的库存，减少无效周转产生的物流成本。

3. 企业从采购到回款的资金账期长

在传统行业中，企业从投入成本、安排采购到把产品卖给消费者，要经历一段相当长的时间。特别是在产品流通环节中，由企业、经销商、批发商、零售商等组成的链条，一般都包括多个环节。也就是说，批发商、零售商等并不是单一的，可能产品最终到达消费者手中，已经在多个批发商和零售商手中进行了流转。由此产生的过长的产品流通时间，不仅会影响企业资金的回款期，还是企业低效率的重要体现。

而在互联网时代，企业的产品销售有了直接连通消费者的渠道，产品流通中的许多环节都已经被减掉了，又有着便利的物流条件，真正实现了从企业直达消费者的销售流程。在这样的情况下，企业从采购到销售出去的效率大大提升，收到回款的周期也大大缩短。

综上所述，传统行业中由于企业与消费者之间的信息不对称、无效流转产生物流成本、从采购到汇款的资金账期长等原因而造成的低效率环节，在互联网时代环境下，因为互联网信息获取的全面性与精准性、随着互联网的普及而逐渐得以完善的传播与流通渠道，以及基于互联网而发展起来的各种先进技术与设备，能使互联网和企业实现最优的资源配置，最终促进企业的高效率生产。

基于此，可以得出一个结论，互联网的高效率资源配置手段必然会减掉传统行业中的低效率环节。

1.4.2 单打独斗

自古以来，竞争就从未停止过。而自从互联网出现和普及之后，社会发展的步伐加快，随之而来的是竞争愈发激烈，快速崛起和瞬间破产的企业也比比皆是。

在竞争如此激烈的环境中要想求得生存和不断壮大，单打独斗必然势单力薄，导致门庭冷落。因此，这一旧传统也应该被减掉，取而代之的是主动通过互联网拥抱消费者和合作伙伴。

1. 拥抱消费者

在互联网时代，那种“企业生产什么，就卖什么”的经营方式已经不适应市场的发展，代之以“消费者要什么，企业就生产什么”的方式。因此，企业应该拥抱消费者，从生产到销售的各个阶段，都应该以消费者为核心来进行思考和安排。

而要做到拥抱消费者，企业可以从两个方面加以努力，即在战略上以消费者为中心去运营和在战术上根据消费者数据进行运营，且这两个方面是应该互相结合的。关于这两个方面的具体内容，分析如下。

从在战略上以消费者为中心去运营方面来说，企业应该通过互联网强化与消费者的互动，要学会去倾听消费者的声音，多方面、多渠道获取消费者的反馈，才能让自身产品和服务获得消费者赞赏，让自身品牌获得消费者认可。同时还应该以消费者的需求为导向，开发真正符合消费者需求，能为他们创造价值的产品。

从在战术上根据消费者数据进行运营方面来说，企业应该通过互联网获取企业产品的销售大数据，进而获知消费者的年龄、性别、职业、爱好等基本属性信息，这样才能精准定位目标消费者，生产更多符合消费者需求的产品，也能实现自身产品的精准推送。

专家提醒

要想拥抱消费者，获取消费者信息和数据是关键环节。那么，企业应该怎样通过互联网来获取呢？一般来说，企业获取消费者信息和数据的途径主要有以下 3 种。

① 利用产品流通环节的批发商和零售商等所掌握的各种信息实现消费信息的互通。

② 借助产品的追溯码、LBS（基于位置服务）定位等技术与已购买产品的消费者互动，直接获取信息。

③ 通过在互联网下重构的产业链，调动其协同分工后的各项信息，实现数据信息的共享。

2. 拥抱合作伙伴

在互联网时代，一个人单打独斗，最多只能做成一个小生意，有时甚至连小生意都无法做成。这是为什么呢？原因就在于在需要高度协作分工的社会，单个个体的力量毕竟是有限的，唯有集聚各方面优势资源和技术，才能打造健康、可持续发展的企业生态圈，才能更容易实现高效运营和创业成功。

就如大家熟知的一根筷子与一把筷子的故事：一根筷子很容易就折断，而一把筷子就结实得多，很难折断。这与当今时代的协作分工有异曲同工之妙。

试想，如果一个企业完全承担起一个产业链所有环节的工序，然而其中有些环节的工作并不是自身所擅长的，这样会导致资源的浪费和产品品质的降低，同时也可能加大企业的负担。如果企业尝试协作分工，选择与其他企业合作，各自承担自身有优势的部分工作，这样建构起来的产业链才是稳固的，生产的产品也才能优质，进而才能提升产品和产业链条上各合作企业的竞争力。

在这方面，手机品牌商华为就做得很成功，在其建设起来的联合解决方案生态圈、智慧城市生态圈、云计算生态圈、分销生态圈等四大合作生态圈中，有着华为自身与合作伙伴的共同进步和努力。例如，联合解决方案生态圈就是强强联手的结果——在华为全面而完善的 ICT（信息和通信技术）基础设施产品与解决方案上，还有着独立软件开发商的专业能力与行业理解能力的支持。

1.4.3 难以改变

互联网作为人类科技文明最重要的一个成果，正在改变全球社会。在这种形势下，企业一成不变的套路不但难以奏效，也难以为继。特别是传统行业身处互联网所带来的旋涡中，那种认为自身难以改变的旧传统已经完全不适应社会的大变革、大发展。

很多传统企业在面对当前天翻地覆的变革时，基本上还处于“按兵不动”状态，完全没有意识到互联网所带来的新变化是会对自身的一切模式带来重大影响的。从认识上来说，主要表现在两个方面，具体分析如下。

1. 对互联网的主动意识滞后

在互联网出现和普及以后，传统企业并没有主动探求互联网对自身企业可能带来的变化，也没有提前思考面对互联网可能带来的变化应该用什么策略去应对，而是在互联网快速的发展形势下，被动地与互联网接触，发展电子商务，以求解决目前难题，而没有从根本上加以改变。

这种被动的改变与跟随，只能解决企业一时的业绩问题，而不是基于互联网对生产关系的改变而重构企业的运营模式，没有改变互联网思维下亟待改变的组织结构问题。长久发展下去，必然陷入进退两难的局面。

2. 把互联网理解为电商

除了应对意识滞后外，把互联网简单理解为电子商务也是传统企业对互联网及其变化上的认识误区。在这一误区中，片面地把互联网所带来的一种改变当作了互联网，由此造成其在应对上也把发展电子商务当作适应互联网而做出的全部改变，是一种严重的认识误区。

面对互联网及其带来的变化，传统产业正确的做法应该是主动去拥抱互联网，并全面认识互联网及其所带来的生产关系的变化，把“难以改变”这一旧传统从互联网思维中减掉，才能抓住互联网带来的机遇，充分利用互联网的各项属性服务于企业自身的发展。

1.4.4 漠视用户

在前面的内容已经有多处提及消费者和用户，并着重介绍了互联网时代以用户为中心的运营模式。在此，将继续从用户的角度出发，论述为什么漠视用户这一旧传统应该被减掉。

在传统产业运营模式下，出现“店大欺客”的现象并不是一件很稀奇的事。这是受资源比较匮乏的时代环境决定的。

在资源还比较匮乏的时代，某些店铺因为长期的积累已经成长起来，如资金充裕、技术精湛、经营时间长，从而逐渐形成了自己的品牌，获得了消费者的认可。

此时，有些店铺就认为自己已经不愁客源而开始挑剔顾客，出现了店大欺客的现象，认为几个甚至是一部分顾客的流失完全不影响大局，不会损害到店铺的发展和生存。然而这样一种漠视用户的旧传统在互联网时代是完全行不通的。

随着社会的快速发展，无论是产品的总量还是产品的种类都越来越多，社会开始进入丰饶时代，互联网新人类对满足个性化需求和体验有更高要求，不重视用户体验等于流失用户。

而且，在丰饶时代，随着产品的增多，用户的需求反而变得越来越微小，越来越要求凸显个性化。此时企业要考虑如何尽量提升产品和服务体验，使其能满足用户的个性化需求，这样才能吸引更多用户，也才能留住用户。

1.5 互联网时代的创新与数字化转型

在互联网时代，创新不再是一个新概念，而是一个时刻都在发生着的事实。这些正在发生着的变化颠覆了人们的传统观念，甚至是基本常识。而大数据作为一个越来越重要的概念出现在互联网时代的各个领域和各大行业中，又有着怎样的内涵呢？下面从两个方面来进行论述。

1.5.1 大数据是满足以用户为中心进行生产的必然要求

通过前面的内容可以看出，在互联网时代，其创新性特征主要表现在 3 个方面，即无客不个性、无时不互联和无处不协作。而就在这样的互联网创新中，互联网同时也实现了需求侧用户大数据推动的工业革命。

这就使得企业必然彻底地脱胎换骨，完成一系列艰巨而彻底的变革任务，最终成为帮助用户实现想法和创意的互联网新生产平台才能继续生存。基于此，产生于“互联网+时代”的 C2M 模式也成为越来越广泛、细致和可复制的大协同的新生产方式。

专 家 提 醒

C2M，其全称为 Customer to Manufactory，即顾客对工厂。C2M 模式是一种建立在 SNS 平台和 B2C 平台模式上的一种新的电子商务模式。它要求在能连接一切的互联网环境中，在连接了不同的生产线和庞大的能随时交换数据的计算机系统的情况下，把消费者的产品订单按照其要求进行设定，安排相应的供应商和生产工序进行生产，从而生产出符合消费者需求的个性化产品。这也是这种电子商务模式的终极目标。

显而易见，这是一种工业化的定制模式。在其终极目标中，所有的生产线已经完成了协作，所有订单所对应的消费者都是充满个性的个体，同时还通过大数据完成了信息的实时互联。

新生产方式让企业要处理的各种关系越来越广泛和复杂，而要让各种内外部生产要素、能力与资源实现业务一体化运作，肯定是要围绕数据的传递和处理来进行的，若没有对相关大数据资源的处理能力，则企业无法在“互联网+”的 C2M 模式的新生产方式中找到立足之地。

专 家 提 醒

新生产方式的业务一体化协作，主要包括三大方面，即社会协同一体化、产业链协同一体化和企业内部系统一体化。而这种业务一体化操作的全部流程，包括订单、设计、采购、生产、交付、服务和互动等环节，是呈循环状态运作的，而且都是围绕数据的传递和处理来进行的。

1.5.2 大数据已经成为全球共识的战略资源

大数据渗透到每一个行业和业务职能领域，并成为重要的生产因素，已经在影响所有行业的发展前途。根据相关数据显示，大数据对各行各业都产生了巨大的经济价值，它的使用将成为企业成长和竞争的关键。

美国政府将大数据定义为“未来的石油”，指出国家对大数据的运用能力是综合国力的重要组成部分，数据权是陆海空权之外的另外一种国家核心资产，成为世界各国之间新的博弈对象，大数据成为新的国际战略制高点。

① 2000 年以来，搜索、广告和电商利用大数据获得丰厚回报。

② 2011 年，麦肯锡总结大数据现象并发布报告，点燃大数据领域。

③ IBM、沃尔玛等传统企业大规模并购大数据公司，进军大数据领域。

④ 2012 年年初，世界经济论坛讨论大数据一题，引起政商界高度关注。

⑤ 2012 年，美国、英国、日本等政府积极开放数据，并资助大数据研发。

同时，这种竞争会让各行各业未来使用更多的数据才能保障收入不降低。也就是说，如果未来没有足够的数据，就无法保持与今天等量的财富收入。

第 2 章

大数据究竟是什么

在当今的商业世界中，提升大数据应用水平，企业借助大数据资源支持管理中各项决策已经是新常态的必需要求，通过企业经营数据分析、市场分析、客户数据分析等应用支撑科学决策已经成为越来越多企业获得竞争优势的必由途径。可以说，大数据已经成为互联网时代企业决胜未来的核心和关键。

2.1 企业到底该怎样理解大数据

大数据究竟是何方神圣？是互联网？是云计算？是金融？是人工智能？是物联网采集？是汇总统计？是预测分析？还是知识挖掘？其实，这些都只是大数据的一些应用和表现而已，本节将站在企业的立场，告诉大家到底该怎样理解大数据。

2.1.1 大数据概念和企业有什么关系

2011 年 5 月，麦肯锡全球研究机构发布《大数据是创新、竞争和生产力的下一个前沿领域》，首开先河。目前，业界普遍接受的大数据特征和定义描述如下。

① 四大特征：第 1 章简述了大数据的四大特征，下面介绍这些特征的具体表现和技术的应用，如图 2-1 所示。

Volume（体量巨大）

- 特点：数据量将增长几百倍
- 技术：巨量数据存储技术

Variety（类型繁多）

- 特点：大部分是非结构化数据
- 技术：非结构化数据处理技术

Value（价值密度低）

- 特点：通常要求在几秒内响应
- 技术：实时数据处理技术

Velocity（实时处理）

- 特点：数据价值密度非常低
- 技术：新型数据挖掘技术

图 2-1 大数据的四大特征

② 定义描述：大数据是指需要通过快速获取、处理、分析，并从中提取价值的海量多样化数据。

其他权威组织对大数据的定义如下。

① 维基百科：大数据是指一个超大的、难以用现有常规的数据库管理技术和工具处理的数据集。

② IDC（互联网数据中心）：大数据技术描述了一种新一代的技术和架构，用经济的方式、以高速的捕获、发现和分析技术，从各种超大规模的数据中提取价值。

2.1.2 从企业的角度来说，如何理解大数据

大数据不应该仅仅是一项技术，更是思维方式、发展战略和商业模式。从企业的角度来说，企业大数据是企业可以有效利用的大数据资源，以及基于大数据资源推动企业的创新与变革，实现企业战略成长的应用体系，如图 2-2 所示。

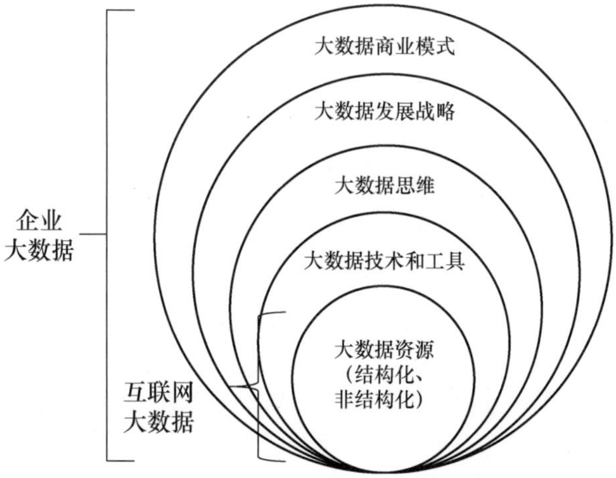

图 2-2 企业大数据的应用体系

对于企业来说，大数据到底有什么用？一个显著的作用就是，大数据是没有边界的，可以囊括世间万物。

① 传统企业的数据边界：人、财、资产、物资、供应商、生产数据等资源；产品、销售、渠道、供应链数据；用户基本信息服务记录。

② 互联网企业拥有的数据范围：用户征信数据、用户社交数据、社会关系数据、用户行为数据、用户健康数据。

③ 大数据没有边界：大数据可以应用于交通、公安、医疗、教育、市场、经济、时事、社会、天气、环境、历史、地理、自然等领域。

从传统企业的角度来审视不同范围的数据，因为传统企业的整个生产组织是以自我为中心，从自己的核心能力资源出发来组织各项生产活动，从而形成自己的价值主张，并将其变成物质上的产品，然后去卖给用户，来兑现价值的

一个过程。

所以，站在传统企业的角度，人才、资产、物资及供应商等这些核心资产的要素，就是最早的信息化元素。同时，这种信息化元素还可以形成系统，包括OA（Office Automation，办公自动化）、ERP（Enterprise Resource Planning，企业资源计划）、人力资源系统及供应链管理系统等。然后慢慢在这个基础上，再扩展到产品销售渠道的供应链。

所以，从这个层面可以看到，这些元素和系统就构成了传统企业的数据边界。这个边界有一个很鲜明的特征，传统的企业从来只管属于自己的东西，这个组织边界内的就是企业的东西，边界外面的则不是企业的东西，边界成为传统企业的判断依据。

换句话说，就是传统企业是不会管它组织边界之外的数据的。例如，消费者就是在传统企业组织边界之外的人，以前很多企业连自己的货卖给谁都不知道，就自然没有所谓的用户信息。当然，现在很多企业发现这种做法行不通了，大家都很重视售后服务，所以才慢慢扩展到一些为了满足售后需要而建立的客户关系管理系统，这样企业可以通过这个系统来收集一些基本的用户信息。

一方面，现在很多企业还不够重视这些用户信息，这其实就是一种传统观念的制约。另一方面，互联网企业天生就是一个以用户体验为中心的企业。这个很容易理解，如果没有用户在这个互联网企业的网站上注册，那么企业就无法获得用户，它离倒闭就不远了。所以，互联网企业要对外提供服务的第一步，往往就是引导用户去注册，从而获得用户的信息数据。

当然，传统企业也要组织各项经营生产活动，可以在这种传统的数据边界基础上再去向外扩展，扩展到用户的基本信息和服务记录。而互联网企业给用户提供了很多可以在互联网中使用的功能，这背后就是抓取用户的各种互联网上的行为数据。

所以，从这个层面可以看到，互联网企业的数据范围比传统企业又扩大了一圈，当然数据量也大很多。大数据就更没有边界了，它包罗万象，包括整个人类社会和经济领域，以及各种企业需要去处理的信息，它背后的数据都可以放在大数据的范围中。

对任何一个企业而言，通过这样划分不同范围的数据，对于企业意味着能够获得更多的业务情况、产品供需、用户资讯等信息，以及更大的情报范围。

从企业自身出发，它最核心的部分，就是通过业务情况的信息化来支撑企业对业务情况的全局掌控，并在此基础上了解产品的需求信息，然后往外扩展到用户相关的资讯内容，继续再往外扩展就是大数据，即情报的范围。

2.1.3 大数据有哪些技术和工具

根据国务院2015年8月31日印发的《促进大数据发展行动纲要》显示，大数据是以容量大、类型多、存取速度快、应用价值高为主要特征的数据集合，正快速发展为对数量巨大、来源分散、格式多样的数据进行采集、存储和关联分析，从中发现新知识、创造新价值、提升新能力的新一代信息技术和服务业态。大数据的主要技术和工具如表2-1所示。

表2-1 大数据的主要技术和工具

存储设备	直连式存储（Direct-Attached Storage，DAS）
	网络化存储（Fabric-Attached Storage，FAS）
	网络接入存储（Network-Attached Storage，NAS）
	存储区域网络（Storage Area Network，SAN）
运算设备	PC服务器（高性能计算机）
	小型机（采用精简指令集处理器）
	大型机（专用的处理器指令集、操作系统和应用软件）
	HPC（High Performance Computing，高性能计算机群）
一体机	专家系统（智能计算机程序系统）
	大数据一体机（面向大数据存储、处理、展现全环节、软硬一体化的方案型产品）
	集装箱数据中心（找一个大的集装箱来设置"数据中心"，并搁在具备网络和电源的空地上）
基础软件	虚拟化（通过虚拟化技术将一台计算机设备虚拟为多台逻辑计算机，实现灵活多变的应用需求）
	中间件（一种独立的系统软件或服务程序，分布式应用软件可以借助这种软件在不同的技术之间共享资源）
	并行运算（一种一次可执行多个指令的算法，能够提高计算速度，解决大型而复杂的计算问题）
	数据安全（确保经过网络传输和交换的数据不会发生增加、修改、丢失和泄露等情况）
IT服务	规划咨询（为各行业决策提供咨询服务，包括规划研究和规划评估）
	系统集成（System Integration，简称为SI，解决系统之间的互联和互操作性问题）
	云存储（Cloud Storage，一种网上在线存储的模式，即把数据存放在通常由第三方托管的多台虚拟服务器，而非专属的服务器上）
组织与管理层	分布式文件系统：Hadoop
	分布式计算系统：MapReduce
	数据库：Oracle、Sybase、人大金仓
	数据仓库：SAS（全称为Statistical Analysis System）、明天高软
	数据转换工具：AD（Analog Devices，Inc）、Chrom
	数据安全：赛门铁克（Symantec）、McAfee（迈克菲）

续表

分析与发行层	数据挖掘：SPSS（Statistical Product and Service Solutions，统计产品与服务解决方案软件）、SAS、NCR（Non-Conformance Report）公司
	数据统计：Excel、APSS
	BI：IBM（International Business Machines Corporation，国际商业机器公司）、Oracle、和勤软件
	AI：IBM、谷歌（Google）、TCL
	内容/知识管理：Vignette、Eprise（SilkRoad 旗下的技术部门）
	数据可视化：Style Scope、Space 等技术
应用与服务层	数据管理：中国电信、百度
	分析与预测服务：SAS、IBM
	决策支持服务：SAP、用友模型计算
	数据分享平台：阿里巴巴
	数据分析平台：亚马逊（Amazon）、Google、百度指数

2.2　与传统企业“小”数据完全不同的操作

大数据和传统企业信息化的数据（“小”数据）有显著区别，如表 2-2 所示。

表 2-2　大数据和传统企业信息化数据的区别

对比点	大数据	传统企业信息化的数据
数据来源	数据来自互联网上广泛传播的信息资源，不仅包括政府、企业、个人等发布的公开信息，还包括物联网数据	数据来源于企业内部或与合作伙伴链接的各个信息系统
数据内容	包罗万象、多种多样、公共信息或私人信息	都是围绕企业开展的各项业务活动所收集的相关信息集合
数据可用性	只能分析现成的，预期的数据不一定有，或者不一定能找到	可以通过各项企业制度保障数据的预期可用性
实时性要求	对于数据分析的实时性要求很高，如果不能立竿见影，过期就作废了	用于分析的数据基本上不是实时的，大部分有一天的延迟
数据格式	① 很多不同形式（文本、图像、视频、机器数据）。 ② 大部分是半结构性或非结构性的。 ③ 无模式或模式不明显，语法或语义不清晰	① 大部分数据以数据库形式存储，小部分以制定格式文件形式存储。 ② 以结构化数据为主，附以部分半结构化的扩展描述数据。 ③ 对于语法和语义都有非常严格的定义

大数据的玩法：在互联网不断膨胀的大数据宇宙中寻找有价值的新世界；传统企业小数据的玩法：在自身的数据小天地中不断扩大生意地盘。

互联网的大数据和传统企业的“小”数据，其实已经体现了两种完全不同的增值方式。在传统的企业“小”数据中，企业的增值形式就是在自身的私有化数据中不断地扩大生意地盘。然而，在互联网大数据的环境中，商业价值的形成过程其实就是在互联网不断膨胀的大数据宇宙中寻找有价值的新世界。

一个传统的“小”数据，其实就是一个“小池塘”，你可以自己去维护，因为它的面积不大，所以也养不了什么大鱼。在这里，鱼就是价值。而对于互联网大数据来说，大数据就是海洋，海洋中有很多大鱼，这是池塘中的鱼远远不能比的。所以，你要么在自己的池塘中养小鱼，要么跳到大数据的海洋中捞大鱼，所谓的工业大数据实际上就是这样一个对比。

如今，各种互联网加大数据的应用场景越来越普遍，大数据获得越来越广泛的认同，大家对大数据的理解也在不断地发展中，而落实到每个企业，如何应用大数据甚至能参与到大数据的产业，有一种不知从何入手的迷惘，很多想法看似可行，却感觉不能实行。

很多人可能误解了，大数据的应用就是数据分析，业界很多人谈大数据，大多是关于如何做数据分析和数据呈现的经验和体会。而从这个角度来理解，大数据的“大”恰恰可能成为障碍，这个“大”是对 big data 中 big 的直译。

笔者相信在东西方文化中，这个“大”都会首先被理解为体积大、规模大、范围大。大数据确实体量大，而且越来越大，这已经不用多说了，而在源头很多的海量数据中分析挖掘出具有特定价值的内容，笔者认为对于很多企业来说，这无疑是一项大海捞针般的工作，要么不具备可操作性，要么事倍功半，结果是很多数据分析工作看起来很有价值，实际上并没有发挥多大作用。

相对于企业的“小”数据来说，大数据的确是有价值的，但是这个价值对企业如何体现，很难用数据体量多多益善来笼统回答。所以，结合当前国内企业（包括政府组织，本文论述同）的信息化水平情况来说，在大数据中做分析还是有些超越了中国现阶段企业信息化的发展水平，从这个层面来说，这个“大”不能不说是一个障碍。

而要翻过这个障碍，就要重新审视这个“大”的真实意义。对于理解大数据中的“大”，对比西方原意的 big（形体大），笔者想用中国传统文化做些不一样的解读。

在我国传统文化中，“大”除了用于身形、体积、范围等的比较外，还有更深和更高的内涵，如大气、大方、大家、大道、大德、大器等，这些“大”并不能体现在有形的体量上，更多地体现在精神内涵和价值层次上。人们用这些“大”时，更多是描述这个定语后面更高的价值层次。

因此，结合中国文化来理解大数据，笔者认为大数据是比当下企业信息化水平更高层次的数据应用，如果政府、企业及各种机构组织能够按这个解读来理解大数据，自然就能与企业的变革和创新联系起来考虑。没有推动企业的变革和创新，就谈不上有比当前信息化更高层次的数据应用，这样也就不能说是大数据了。所以，大数据必须是给企业带来变革和创新的相关实践及成果。

变革是大数据的出发点，也是大数据的落脚点，而搞清楚变革和大数据之间的关系，毫无疑问是企业打开大数据之门最关键的钥匙。而在现实中，笔者发现很多企业手中并没有这把钥匙，或者头脑中没想过去找到这把钥匙，这种情况下的大数据分析只能流于表面文章，各色亮丽的数据图表只能起到可有可无、锦上添花的作用。这本也无可厚非，可就是前文所说的大数据之“大”导致企业做这种事情很不划算，投资和回报不成正比。

企业手中没有这把钥匙，在大数据面前碰得头破血流是大概率事件，更有甚者，有些仰仗雄厚财力的企业破门而入，却发现冲进去并不是一个什么新的财富金矿，而是一个技术包装过的“烂泥坑”。

因此，企业现在面对的大数据问题，表面上是技术问题，而核心指向的还是组织如何自我变革的问题，没有自我变革的胆魄和勇气，妄图通过“烧些钱”来做大数据，毫无疑问是本末倒置的，很有可能当前组织发展中的突出矛盾没有得到解决，反而耗费了不少资金添置一些无用的高科技作为摆设。

“变革是大数据的出发点”揭示了一个铁律，没有变革能力的企业妄想从大数据中挖出金矿是不自量力的。而组织的变革是一件知易行难的事情，很多企业领导人会发现，虽然大家都知道要变，也很可能知道往哪里变，但是实践当中就是变不了，一变就乱，一变就失控。更有甚者，有些企业即使已经到了生死存亡的边缘，也无法对其经营模式、业务流程和组织结构进行哪怕一点点必要的调整。

变革当然是一件很艰难的事情，是不是一时间变不动的企业就用不了大数据了？笔者认为，还是可以用的，但是要先务实地调整一下观念，就是先不要想“怎样用大数据”，而是先想想“怎样大用数据”，把中间两个字挪一下位置，就能轻松把企业的“小”数据“玩活”了。

什么是“大用数据”？如前面的解释，这个“大用”就是更好地用，这背后体现了企业各级管理者实事求是的意识和思维习惯，而不是非要用什么信息技术或数据分析工具才能做到。工具只是一个辅助，如果没有意识和习惯，工具再好，也用不起来。

为什么说用数据能让决策更加实事求是呢？笔者前期做过很多关于认知和数据的研究，从人脑思维活动的研究角度来看，数据的源头是人们输出的符号化“虚拟思维材料”，虽然人的口头语言也是一种形式的数据，但一般来说，口头的沟通无法沉淀成可以被广泛传播的数据资源。心理学家已经证明了人的记忆衰减规律，单靠人脑，不到一天时间对细节的记忆就丧失 80%以上。

企业各项活动是需要组织各部门各岗位有效沟通和高效协同完成的，如果企业各项决策中思考和沟通的内容没有完成数字化的过程，那么这些个体行为就带有很大的主观性和随意性，就难以有效形成稳定的组织行为。这是所有组织行为学无法解决的信息不对称和传递失真的问题，组织越庞大，决策者离开事发点的距离就越远，这样其思考方式就很难做到实事求是。

而数据作为一种物化的符号，是可以有效地克服人脑记忆的瓶颈，也能传播得更远，因此能不断地加以建构而形成文化，这对于人类文明的进步是不可磨灭的。正所谓口说无凭，信息的“信”如果没有数据的支撑，那么必然是打折扣的。

更进一步，“5W1H”（Why、What、Where、When、Who、How）作为管理的基本工具，对于企业组织所迫切需要解决的沟通问题是最基本的信息要素，沟通不准确，做事情就不到位，但受限于企业高强度的沟通节奏，如果这“5W1H”信息要素不能用简单明了的方式表达，沟通成本还是降不下来。信息处理中的可量化和规范化就成了一个降低沟通成本和提高执行力的科学手段。

例如，部队指挥员下指令，除了要简单易记外，还一定要可量化和规范化，如“向九点钟方向匍匐前进 50 米”，这样的每道指令才能让战士们准确无误地执行，可以说“大用数据”是军队指挥中很平常的事情，战斗力是靠基于战场实况的统一指挥形成的，如果指挥者没有“大用数据”的习惯，是很难管好整个部队的。

现代企业管理可以向军事管理学习的地方很多，而各项事务信息的可量化和规范化，是各级管理者领导水平和管理素质的直接体现，很难想象一个员工做多少算多少的企业，能有多强的市场竞争力。

虽然这些道理很浅显，可现实中很多企业的管理还是权力法则，不管什么事都是“官大一级压死人”，领导说了算，而且有相当多的组织决策人常常是“拍脑袋做决定、拍胸脯定目标、拍屁股走人”，这样的组织如何能坚持实事求是的原则？什么事情都差不多的粗放型组织文化，“大用数据”的精细化管理只能是流于口号了。

要做到“大用数据”，看起来很简单，实际上并不简单，关乎企业命运的每一位决策者需不断自我反省、自我进取，不断学习和提升自身管理素质和思维能力才行。技术和工具无法解决这样的问题，毕竟让人工智能取代所有人为决策还是不现实的，如果真做到这一点，企业这种组织形态也早就不复存在了。所以，千万不要迷信用技术的手段可以解决组织上的问题，把业务和管理的问题转变成技术的需求，这完全是一种“无明”的人反而“迷而信之”。

例如，佛山市南海区政府成立大数据产业协会就是一个“大用数据”典型操作，在“人和”方面迈出了关键性的一步。协会由本地一些很有思想和能力的企业会员组成，笔者相信这些会员企业宝贵的大数据实践，通过有效归纳总结必然能形成具有南海区特色的行业最佳实践经验，整合协会的力量就能建构出一些可以推广和复制的模型和方法论，从而形成具有广泛影响力的智库输出，成为我国广大民营经济发达地区的大数据产业阵地。

2.3 IT与DT的对比

在最近几年，随着网络化、数字化的应用和内容愈来愈丰富，当前通过互联网处理的信息量、信息传播的速度、信息处理的速度及应用信息的程度等都以指数级的方式增长。同时，普适计算（ubiquitous computing/ubicomp、pervasive computing）与移动互联网络的融合，共同推动了物联网和大数据的技术应用，数据的角色地位很快由量变走向质变。

而当以数据为先的资源配置机制成为社会基本法则时，人类社会必然进入一种全新的发展阶段，当数据脱离信息技术和信息主客体——人的依附，成为最具代表性的生产工具时，从IT（互联网技术）到DT（数据处理技术），数据将取代信息成为新历史时期的时代冠名词。

笔者在之前所撰写的文章《企业在移动互联网时代遭遇“被信息化”陷阱》中提出移动互联网融合普适计算形成了“无处不数据”的观点。与信息时代相比，今天还存在争议的“低头看手机”现象，就浓缩地表现出了现在人们生活对数据的日益依赖。手机、手表、眼镜、衣服、鞋等，当各种人们日常的生活物品被逐渐嵌入可以解读各种来自互联网数据的智能终端时，大量的数据将通过无处不在的网络流向囊括每个人日常生活的各种物品和环境。

此时，数据构成人类生活的基本要素，不断影响人们的思维决策方式和行为模式，也必然会成为经济中资源配置的决定性要素。笔者用“数据时代”取代

“信息时代”，所突出的是数据无处不在地在社会资源配置中扮演的先导作用。

然而，世界正在快速改变，很多人还不知道 IT（Internet Technology，互联网技术）是什么，今天 IT 已经在向 DT（Data Technology，数据处理技术）时代快速跨越。IT 科技和数字科技不仅仅是不同的技术，更是人们思考方式的不同，以及人们对待这个世界方式的不同。

IT 时代是方便人为控制和管理各种事项的高效时代，而“信息”则是一种获得控制权力的元素。而 DT 时代，则是以“利他”、激发大众活力为主。DT 是一个数据更充分流动的时代，会更加透明、“利他”，更注重责任和体验。

此前，马云对全体员工发了一封内部邮件。在邮件中，马云提出“以控制为出发点的 IT 时代正在走向以激活生产力为目的的 DT 数据时代”。

由此可见，IT 时代是以自我控制、自我管理为主的生活方式。但是到了 DT 时代，数据将在生产产品的过程中起到激发、辅助的作用，让用户获得更大的经济价值。DT 时代相较于 IT 时代，表现为信息更加透明、利他和重视体验。由以提升效率为导向转换为以提升效果为导向，这是一种观念的转变，更是一场管理的变革。

在 DT 时代，数据、信息、知识和智慧相互整合、相互连接，从数据到信息的转化是价值的提炼，从信息到知识的转化是信息规律的搜寻和总结，从知识到智慧则是知识的选择，是企业运营的最高级决策，如图 2-3 所示。

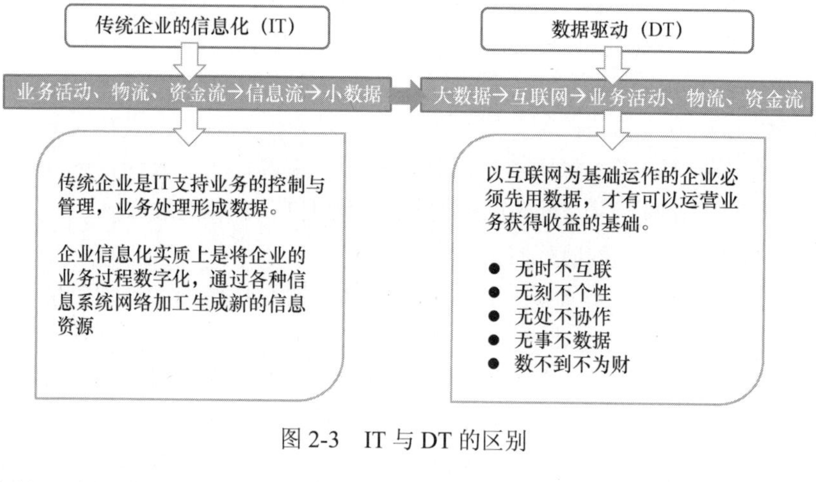

图 2-3　IT 与 DT 的区别

这就是在这个时间点中，企业将面对的一个选择，要实现智能企业，首先要将传统的企业信息化观念转变为智能企业观念，这背后所体现的是数据驱动的需要。

那么，可以简单比较一下，在传统的企业信息化中，其实信息化就是通过对于物理空间的模仿手段，来模拟业务活动中各种生产要素的一些流动和变迁的方式。因此，传统的企业信息化通常是先有物理空间的业务活动，才有信息空间的信息流，其发展路径如图 2-4 所示。

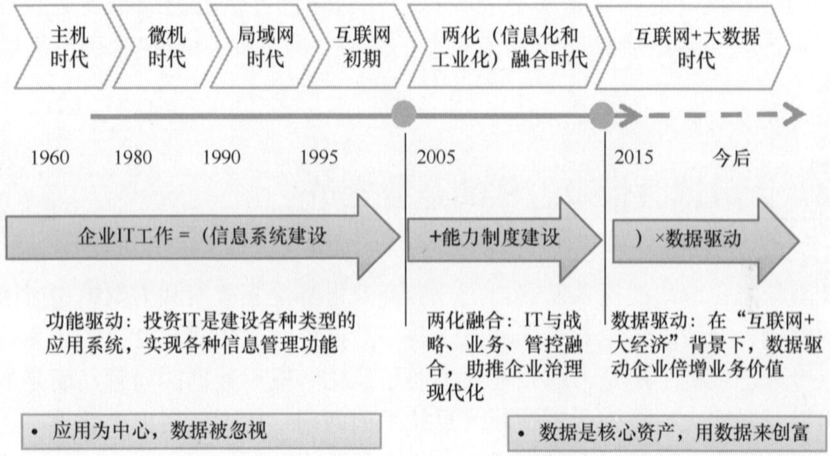

图 2-4　企业信息化的发展路径

而在新工业革命中，笔者强调最多的是“数不到不为财”，也就是说，如果没有数据，就很难赢得用户，那么还怎样去安排产品的生产呢？以物联网基础运作的企业，必然先要有相关的数据，带来相关用户的流量注入，再到生产的安排，最后形成商业活动。所以，新的数据驱动方式，通常是先有信息空间的数据，再有物理空间的业务活动。

大家设想，在未来，经济将不再由石油驱动，而是由数据驱动；商业模式将是 C2B 而不是 B2C；机器不仅会生产产品，还会说话、思考，还会自我完善；企业将不再关注规模，不再关注标准化和权力，而是关注灵活性、敏捷性、个性化和用户体验；企业与企业、国家与国家之间不再注重对抗，而在竞争的同时增加合作，并重视对整个社会的关怀和责任。

最近市场上很流行的“跨界”现象所折射出的正是这个时代变奏曲的旋律，当 BAT［中国三大互联网公司首字母的缩写，B=百度（Baidu）、A=阿里巴巴（Alibaba）、T=腾讯（Tencent）］这些互联网“大佬”企图攻下各种传统行业的壁垒，各种传统行业“大佬”也纷纷触网来积极应对。双方在博弈和妥协中成就各种融合的商业模式，跨界的条件和意图都是大流量的互联网所形成的能囊括人们各种日常生活场景、影响人们思维和行为的大数据资源。

信息离不开传播的主客体所在的“界”（行业或企业），而超然的数据就无所谓“界”。今天无所不在的数据在大规模地客观还原普遍联系的世界的本来面目，也必然让企业和行业间历史上人为建构的“围墙”轰然倒塌，互联网中巨大的信息流（准确说是其中的数据）在引导世界性资金流和物流的投放走向，“无界”的数据将推动市场上更多的跨界，这将成为数据时代市场经济的新常态。

2.4 大数据会带来怎样的企业变革

随着信息化应用的深入发展，当今的商业世界是互联网和大数据引发了巨大变革的时代，企业的各项业务活动对于各类数据资源的依赖程度已经越来越深。因此，今天已经到了不是考虑企业要不要信息化和应用数据的问题，而是如何有效应用以互联网大数据为代表的新信息技术的问题，能不能用上大数据、用好大数据，已经成为迫切的议事日程摆上企业决策者的桌面。

2.4.1 用系统性思维构建企业大数据体系

传统的企业信息化由于缺乏从整个企业变革战略的角度进行统一规划，事实上给企业带来很多数据方面的困扰，数据零碎、数据质量低下等问题是当下众多中国企业的切肤之痛。这些现实中的乱象和理想中的期望，让大数据对于很多企业主而言，是一种“爱也不容易、不爱也不舍得”的纠结。

要解开这个纠结的源头，必须在总结企业信息化历史经验和教训的同时，把握好时代趋势的要求，重新审视头脑中对大数据和企业信息化的过时认识，从企业战略变革的全局，用系统性思维思考企业大数据体系究竟要怎样构建的问题，这个问题可以具体为以下 3 方面的工作。

① 首先要解决构建企业大数据体系的动机问题，从思维切换的角度，审视自己的思维中是否还有很多已经脱离实际的假设，结合自己企业和实际工作的经验和教训，结合时代的要求落实大数据与企业转型和业务创新的衔接问题，明确企业大数据具体解决了什么问题，创造了什么机会。

② 大数据对于社会的影响是方方面面的，工作、生活和思维都因大数据在引发巨大的变革。同样，今天企业要应用大数据，就必须抛弃原来信息化建

设那种被动、局部、零碎的思路，从推动企业组织变革和业务创新的角度对企业的大数据应用体系进行顶层设计，从而形成清晰的企业大数据体系蓝图，指引企业后续在大数据采集、处理、分析、挖掘的工作如何与企业的各层级各方面建立有效的衔接，真正从战略层面推动和完成组织变革与战术层面实现业务的创新增值。

③ 企业大数据体系的构建不是可以一步到位的，是一个长期和复杂的系统性工程，从整个业界来看，虽然存在共性的内容，但也存在很多个性的成分。特别是每个企业的发展轨迹不尽相同，那种“一招鲜，吃遍天”的所谓大数据神话是肤浅或别有用心的，并不能真正地帮助企业解决大数据应用中遇到的各种问题。所以，必须把企业大数据体系蓝图如何落地，如何一步步分解到具体的建设任务，从而形成可行的路线图。

2.4.2 大数据促进企业变革的基本原理

从一个企业变革的角度来看，到底大数据是如何促进企业变革的，它的基本原理是什么？笔者在这里总结为 4 个方面，如图 2-5 所示。

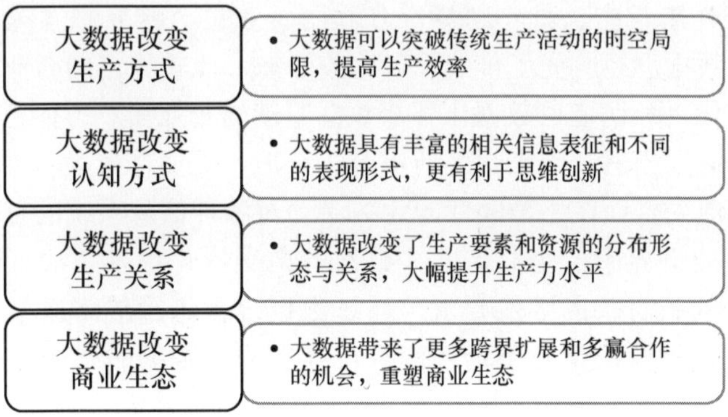

图 2-5　大数据促进企业变革的基本原理

1. 改变生产方式

互联网大数据已经实际突破了传统生产活动的局限。例如，云制造的出现，让企业可以在任何时间都能够生产，这就等于互联网突破了传统的时空局限，代表互联网大数据已经改变了传统的在特定时间、特定场所由特定人员完成的生产方式。

2. 改变认知方式

互联网大数据提供了丰富的用户相关信息表征和表现形式，从而改变了企业的认知方式。传统企业对消费者缺乏认知，所以总是自以为是，容易脱离消费者。而互联网大数据则改变了企业对于外部商业环境的认知方式，企业可以通过这些数据来挖掘消费者的个性化消费需求。

3. 改变生产关系

互联网大数据改变了生产要素和资源的分布形态，以及对其拥有的关系。在实现生产的过程中，不管是火热的云制造模式，还是协同创新模式，这些生产要素和资源都可以来自互联网，企业也不需要去拥有，直接拿来用就可以了。

那么这代表什么？这代表了互联网大数据已经改变了原来在一个封闭的组织中的生产关系，这个封闭的关系转变为在一个开放环境下的共赢协同关系，这也就是共享经济的一个要义。

4. 改变商业生态

随着物联网大数据的扩大，企业有了更多的跨界扩展和共赢合作的机会。如今，跨界已经是新常态，你不跨界，互联网企业也会跨界来吞噬传统行业。所以，互联网大数据已经改变了传统相对比较静态、比较稳定的商业生态。

大数据时代“一切皆可数据化”，数据驱动的企业变革方向已经得到普遍的共识，大数据应用当然会带来很多新机会新可能，而要释放大数据的价值，归根到底还是要落地到企业在生产经营的业务活动对各种信息系统的有效应用上。

在当今商业世界中，企业借助大数据资源支持管理各项决策已经是互联网新常态下巨变的新时代的必然要求，通过数据分析进行战略决策、营销决策、生产采购决策、投资决策及市场预测，已经成为大数据时代企业生存发展的必然趋势。

今天所有的企业业务战略，如果没有数据的支撑都不能落地，所以大数据时代信息技术和企业各项生产经营管理活动深度融合是必然的时代要求，企业信息化工作要顺应时代的要求，企业才能得到生存和发展的机会。

可是，即使到今天，很多的企业都没有信息化战略规划的意识，有些企业甚至连为什么要搞信息化都不清楚。下面有一些常见的信息化目标性需求场景。

场景 1：某企业老板参加了一次培训活动，其间有去国外或国内的标杆企业参观学习，被所见所闻深深地震撼到了。于是回来后下定决心提升本企业信息化的程度，于是拨了大笔资金依照他在参观学习中的印象投入搞 ERP、SCM（Software Configuration Management，软件配置管理）等。

场景 2：某企业财务部经理听说现在进销存和财务管理类的软件也很普遍了，于是去计算机市场买了一套，认为这就是计算机管理了，他也不懂计算机，于是就直接照着说明书用。

场景 3：一些业务部门为了提升工作效率提出了很多信息化的想法和需求，例如，销售部从线上获得的对非标产品的电子订单越来越多了，用 Word 或 Excel 文件简单记录和流转的方式实时可追踪性跟不上了，于是请人开发了一个跟单或 OA（Office Automation，办公自动化）系统。

场景 4：某些软件是一些采购品的配套功能，如投资的生产设施设备是程控的，需要使用配套的软件才能正常操作使用。

场景 5：根据政府或上级企业要求，部署使用上级的信息系统，如监管报送之类。

场景 6：为了获得诸如两化融合的资格认证，获得一些政府补贴，于是某些企业便搞了几个信息系统应付一下。

从这些场景中可以看到，很多企业的信息化从目标层面来说，还是应用导向型的，有些信息化工作甚至是盲目或被动的。导致这种现象的原因，还是源于对企业信息化战略重要性缺乏充分认识，或者说没有从发展战略的角度认真思考本企业的信息化需求。

雷军有一句话非常有道理："不要用战术上的勤奋掩盖战略上的懒惰"。有时候，很多企业信息化的工作者可能觉得思考目标这件事很难，既有太多技术上的难题要去解决，又有太多需求要通过开发来满足，所以他们不愿意去思考信息化的目标或后果，而是一味地埋头干活，以为这就是认真工作。

虽然大家对信息化充满了期待和热情，而这种战术上的勤奋还是折射出了人们对信息化工作的片面认识。人们往往把信息化只当作一种有之以为利的工具，缺乏考虑信息技术应用到底会给企业带来怎样的改变，更缺乏推动企业进行相对应的组织变革和业务创新的工作安排。

结果，大量的信息化投资成果要么沦为一种锦上添花式的摆设，并不能发挥应有的作用；要么沦为一种"头疼医头、脚疼医脚"的补救式忙碌。很多信息化工作事倍功半，甚至产生了不少始料不及的副作用，给企业带来不必要的冲击和风险。

传统企业信息化通常是在一个封闭的组织环境内开展的，需求和数据都来自组织内部，信息化支撑上的不足还可以通过内部行政手段的组织行为来弥补。而互联网出现以后，工作中需要基于外部数据协同的场景越来越多，而相应的信息化工作如果没有跟上，太多的数据还是依赖人工的方式来加工处理，影响业务发展的瓶颈就凸显出来。

大数据时代，数据已经成为所有行业不可或缺的生产力要素，信息技术也成为所有企业业务发展战略中重要的组成部分。如果企业选择跳过 IT 战略规划环节，还是沿用应用导向而非战略导向的 IT 开发建设模式，信息化工作就缺乏战略部署和统筹考虑，相似的需求还是在不同 IT 系统中重复开发，数据割裂、信息孤岛的结构性问题就不可能得到有效解决。

在企业对大数据的 IT 需求井喷的情况下，IT 供给能力却成为阻碍企业在大数据时代转型和持续生存发展的瓶颈，如何解决企业 IT 工作的结构性矛盾，是摆在每一位信息工作者面前必须回答的时代大问题。

随着数据支撑的重要性日益凸显，仅仅把信息化工作看成锦上添花式的工具应用已经无法解决业务现实层面的问题，而把业务上的问题生硬地转换为信息化的需求，往往也是事与愿违，信息化作为一个重要的战略举措以推动组织和业务的结构性变革，越来越多的组织被摆上了决策层的议事日程。

所以，今天的每个现代化企业，一个科学的、前瞻性的、与企业战略和业务发展水平相匹配的信息化战略是不容忽视的成长刚需，也是在互联网市场经济环境中取得成功的不可或缺的关键要素。

2.4.3 大数据如何扩展企业认知能力而达到智慧

大数据如何通过扩展企业的认知能力而达到智慧？这个问题其实可以拆解为下面 4 个具体的问题，如图 2-6 所示。下面以企业现在能够掌握的数据范围来回答这 4 个问题。

1. 业务平台自动化

你的业务数据能支撑你的生产活动自动运作吗？如果回答是否定的，那说明企业的生产要实现自动化，还需要以数据驱动为根本，否则基本上是不可能的。这是第一个问题，企业必须实现业务平台的自动化。

2. 产品服务可信化

产品的供需信息够对称吗？企业能否按照每个用户的需求来组织生产？这里解决的是产品服务的可信化问题，达到信息对称的基本要求后，大家都满意了，产品销量自然不用愁。

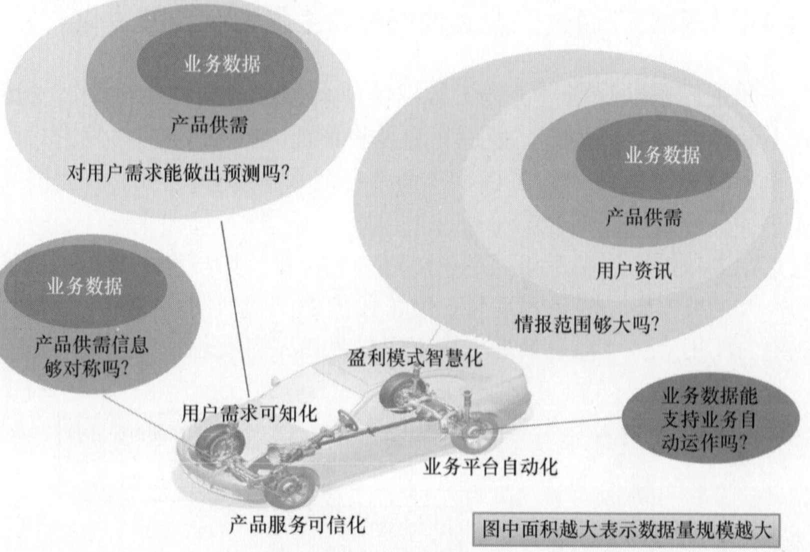

图 2-6　大数据如何通过扩展企业的认知能力而达到智慧

3. 用户需求可知化

你对于用户的需求能做出预测吗？这里代表的是什么，你是不是掌握了完整的、充分的用户大数据，是否可以通过分析这个大数据预测用户的需求，这就是用户需求的可知化问题。

4. 盈利模式智慧化

你的情报范围够大吗？为什么情报范围要够大，它是用来做什么的？这是因为如今很多新的商业模式和互联网公司，教会人们一种全新的“羊毛出在狗身上驴买单”的商业模式。

所以，人们的盈利模式已经不再是原来那种比较简单、直接的一锤子买卖了，你可能要经过几个商业环节，才能实现你的商业利益。那么，从这 4 个角度分析，图 2-6 中那辆 4 个轮子的小汽车，与商业模式的 4 个要素是一一对应的，其实这辆车子的 4 个轮子与每一个企业的商业模式是高度相关的。

综上所述，足以说明企业应该如何通过积累越来越多的大数据，来逐步提升商业模式所涉及的各项能力，以及资源和要素的智能化、智慧化。

2.4.4 未来工厂通过工业大数据能自主学习和持续进化

未来的工厂都能够通过工业大数据实现自主学习和持续进化，支撑企业商业模式不断朝着智慧化的方向发展。通过将前面 4 个轮子的小汽车与企业大数据应用金字塔模型相结合，可以非常清晰地看到大数据与各个商业模式要素的具体关系。

从企业大数据应用金字塔模型中可以看到，第一阶段业务数据所强调的是数据驱动，就是数据驱动设备自动化、绿色化的生产，如图 2-7 所示。这样一种大数据应用的作用点，可以有效地支撑工厂绿色化、自动化和智能方向。

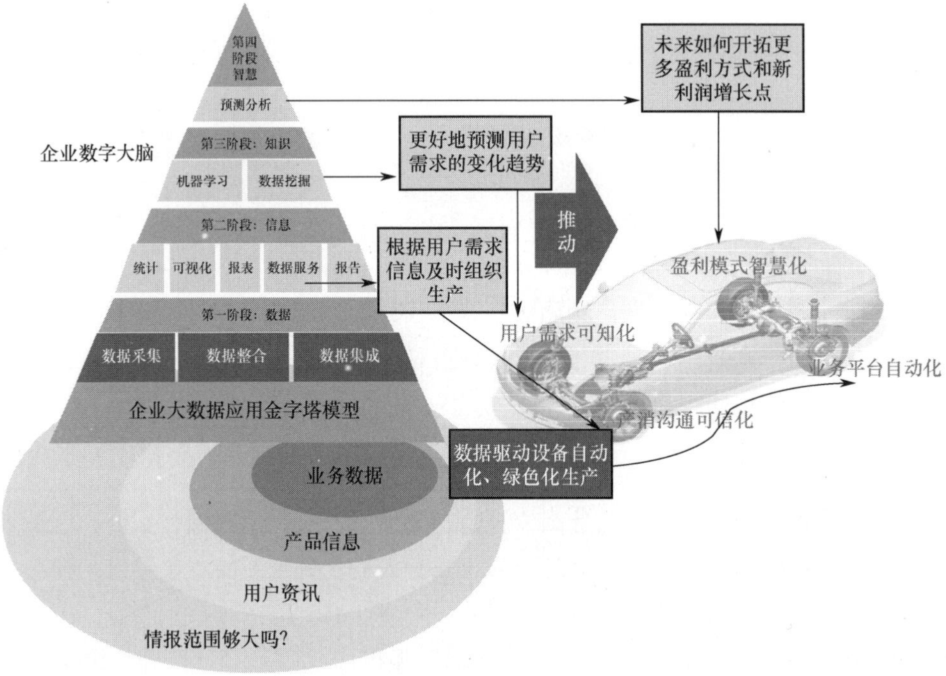

图 2-7 企业大数据应用金字塔模型

第二阶段就是产品信息的层面，通过产品方面的大数据实现产品信息层面的对称，工厂可以根据用户的需求信息及时地组织各项生产活动，代表了产消沟通的可信化，就能够有力地支撑智能方向的共享共赢、开放透明。

第三阶段，就是当拥有了大量的用户资讯后，结合大数据的分析手段可以预测一些用户的需求时，就能够通过这种用户大数据的机器学习、知识发现和数据挖掘等能力，更好地预测用户需求的变化趋势，实现用户需求的可知化。同时，用户需求的可知化能够更好地支撑智能制造下的共享共赢和创新驱动目标。因为创新还是围绕着用户的想法和创意，从用户的体验出发，去实现他的想法和创意。

第四阶段，通过未来的情报范围越来越大，对于这种就宏观层面可以去调度和整合的各项能力和资源越来越多，那么未来就可以开拓更多的盈利方式和形成一些新的利润增长点，去实现盈利模式的自动化，以及更好地实现创新驱动。

所以，通过这种环环相扣的大数据应用模式，围绕着不同范围搭建一个大数据应用体系，即可有效地推动工厂的业务平台自动化、产消沟通可信化、用户需求可知化和盈利模式自动化发展，然后促进创新、协调、绿色、开放、共享的新工业革命，以及大家达成共识的智能方向的一些具体的落地实验。同时，每个智能方向所对应的大数据应用的作用点都非常清晰，具体总结如表 2-3 所示。

表 2-3　大数据应用对工厂智能化的促进作用

智能方向	作用点
创新驱动	①盈利模式智慧化。 ②用户需求可知化
协调发展	业务平台自动化
绿色节能	①业务平台自动化。 ②产品服务可信化
开放透明	产品服务可信化
共享共赢	用户需求可知化

未来的工厂会不断积累工业大数据，通过围绕着工业大数据应用体系的建构，在信息空间中形成一个可以高度满足物理空间各项生产调度和组织安排的企业“数字大脑”，就可以逐步让未来的工厂开展基于工业大数据的自主学习和持续进化。

随着数字孪生的大数据应用体系的持续构建，工厂的各项生产要素将完全具备通过大数据进行自主深度学习和解决问题的能力，从而成为真正意义上的能自主生产的智能工厂。

2.4.5　工业 4.0 进阶六步法

对于企业大数据的正确思维包括以下 3 个方面。

① 对待大数据的态度（是什么）。

② 大数据意识（为什么）。

③ 有效的方法（怎样做）。

在新工业革命中，“互联网+”是企业能生存下去的必由之路，互联网的本质就是数据驱动，数据既是驱动所有网上活动的原因，同时又是所有网上活动的结果，从而互联网化的生产方式就形成一个源于数据闭合于数据的价值创造循环。所以，企业大数据思维本质上就是指导企业在互联网经济数据循环中实现创富的所有实践活动的指导思想。

德国工程院发布的《工业 4.0 成熟度指数》中指出的，“工业 4.0”一词自 2011 年以来一直被广泛用于描述制造业的未来。然而，仅从技术角度阐释第四次工业革命的相关发展，显然是不足的，企业还需要组织结构和文化层面的改革。先进技术可以获得更广泛的数据，但对数据的潜在利用能力，完全取决于企业的组织结构和文化。

正如精益生产不等同于简单的防止浪费，“工业 4.0”也不只是通过网络连接机器和产品。“工业 4.0”强调的是需要进行生产范式的转变。令人惋惜的是，技术层面的这些变化往往无法反映组织的实际流程或满足制造型企业的真正需求。

因此，无论是独立企业内部还是整个经济层面上的转型变革成功的实例，都还只是凤毛麟角。当然，《工业 4.0 成熟度指数》报告中也指出了工业 4.0 时代的“进阶六步法”。

1. 计算机化

在这一阶段，不同的信息技术在企业内部独立运作。

2. 连通性

相互关联的环节取代了各自为政的信息技术，广泛使用彼此连接的商业应用并反映企业核心业务过程。

3. 可见性

大量采用传感器、微芯片，以及网络技术可以实时记录整个企业的事件和状态，可以始终保持企业的最新状况的数字模型——“数字孪生”。

4. 透明性

了解事件发生的原因，并通过根本原因分析生成认识。

5. 预测性

将数字孪生投射到未来，模拟多种情景对未来发展进行预测，并评估可能性以支持适时做出决策和采取适当措施。

6. 适应性

持续的适应性则使企业所有系统能够实现自主响应，以便其尽快适应变化多端的经营环境。

2.5 有效建构大数据商业模式的“数据飞轮模型”

对于任何一个企业组织来说，基于大数据的社会化生产协作将广泛存在于员工之间、员工与客户及合作伙伴之间。对数据的信任可以保证生产协作流程的高稳定性。人们愿意将所获得的认识加以记录并与他人分享，实事求是的民主领导方式重视人们所做的贡献，还有开放式交流的企业文化。

另外，企业员工具备包容性和改变的意愿。他们通过采集的数据进行系统性学习，随时接受创新方法，并且参与塑造改变的过程。员工能够深刻意识到不断提升自我技能和能力的需要。虽然依旧会犯错，但员工能够认识到自我价值，即推动发展的潜力。

对于广大企业家来说，不管你听还是不听，大数据都是必须面对的。大数据是一种思考方式，这和当前有没有数据、有多大规模数据量、使用什么技术不存在严格的正相关关系，即使企业并不懂 Hadoop（泛指大数据技术），但是也可以通过有效运用互联网上开放的数据资源获利；否则，即使花大价钱购买了最新技术的软硬件设备和采集或采购了大量的各种数据，可如果没有数据思维，也就不善于运用大数据资产实现业务创新和组织变革，那么这些投资很可能也是徒劳的。

因此，一切关乎思维，企业家的首要任务就是要突破传统的桎梏，建立正确的企业大数据思维，对于企业应有的大数据思维，笔者总结为一个中心两个基本点：“一个中心即用大数据寻找新“钱途”；两个基本点即坚持创新驱动，坚持持续变革”，企业唯有创新才能释放大数据的价值，从而成就企业自身在互联网经济活动中的价值。

2.5.1 对于企业来说大数据的核心价值何在

创新又可以细分成两个层面，如图 2-8 所示。一个是战术层面的创新，这种创新可以通过大数据的相关性分析帮助找出一些之前未能发现的价值关联，解决一些当前迫切的问题，或者实现对现有产品和服务的功能，以及技术或工艺上基于用户体验做立竿见影的改进；另一个是比较艰巨的长期任务，就是用大数据思维来推动企业的组织变革和商业模式创新。

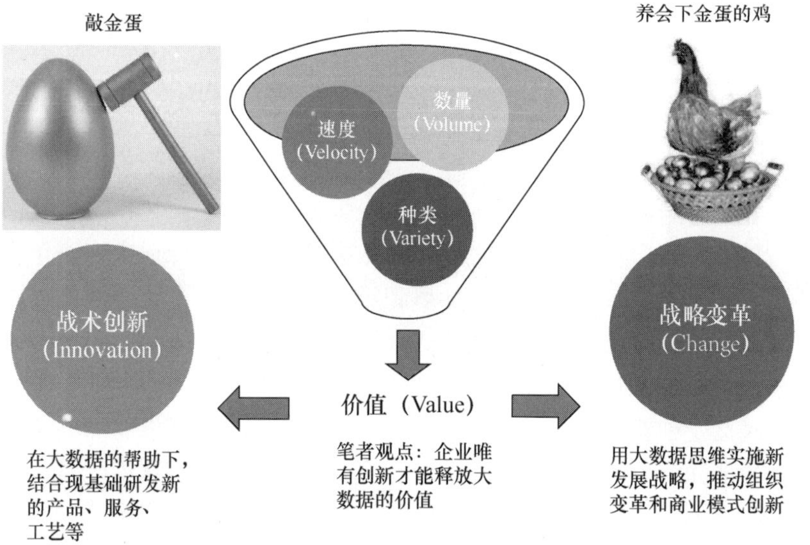

图 2-8 大数据创新的价值

如果把前者比喻成“敲金蛋”，后者就是让企业成为一只可以“不断下金蛋的鸡”，后者意义更大，但是如前文所描述，这是一个久久为功才能逐步见效的战略举措。大数据既不等于数据挖掘也不等于统计分析，更不等于人工智能，但是这些技术和算法都需要大数据的支持。

使用同样的算法，如果利用全部的数据集，而非小样本量，甚至可以得到截然不同的结论，这就是大数据的魅力，既可以在宏观尺度上把握未来变革的方向和潮流，也可以在微观颗粒上洞察秋毫和有效预测。

2.5.2 驱动企业持续运转的商业因素

商业模式描述了企业如何创造价值，传递价值，获取价值的基本原理，构成商业模式的 4 个方面（产品、客户、基础设施、盈利模型）是推动企业运转的 4 个轮子，从这 4 个方面分析构成商业模式的基本要素。商业模式“四轮驱动模型”如图 2-9 所示，这也是大数据对企业的核心价值所在。

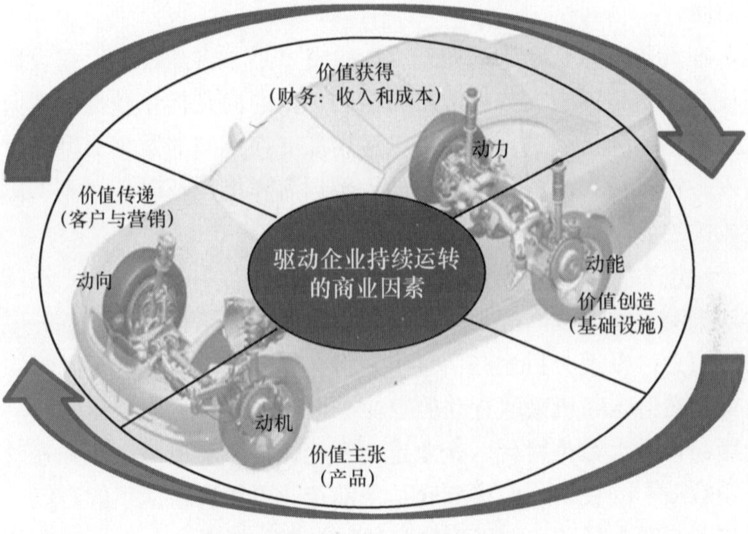

图 2-9　商业模式“四轮驱动模型”

2.5.3　大数据如何扩展企业认知能力

人们正在迈入普适计算时代，大数据是继云计算、物联网之后 IT 产业又一次颠覆性的技术变革，对国家治理模式，对企业的决策、组织和业务流程，对个人的生活方式都将产生巨大的影响。

传统企业很难获得用户的需求，更谈不上真实。曾经有服装企业想调查他们顾客的购买意愿，看哪件衣服顾客拿起来了，哪件试穿过，又要安装摄像头，又要选择样本，投入的成本非常高，但如果想省钱，结果就会因为样本量太小而失去参考意义。

但是，在购物网上，顾客在网页停留的时间，点击了哪些衣服款式，收藏了哪些服装的品种，关注了哪些服装的品牌，最后把哪些放到了“购物车”中，都会翔实地记录在网站的数据库中。企业可以非常方便地使用所有样本，并且全面地分析用户的消费行为和消费需求，而且成本近乎为“零”。

大数据时代，网民和消费者的界限正在消弭；企业的边界变得模糊；数据成为核心的业务资产，并将深刻影响企业的业务模式，甚至重构其文化和组织。在大数据时代，企业如果不能利用大数据更加贴近消费者、深刻理解消费者的需求、高效分析信息并做出预判，所有传统企业都只能沦为垄断用户群体的新型电商企业的附庸。

因此，在大数据时代，未来企业 IT 投资重点不再是过去以建设内部业务处理系统为核心，而是围绕大数据应用为核心，由面向结构化数据处理向全面掌控信息、深入洞察和分析演进。企业可以运用能够在不同的数据类型进行交叉智能分析的技术，在多种来源、多种格式的大数据海洋里，及时地“淘”出与企业生存和发展攸关的各项信息。

从这个角度来说，将来企业的信息系统必须具备主动获取、主动筛选、主动分析、主动推测、主动判断等类似人类的思考能力，这种能够从各种渠道获得精确、相关的信息，以及分析这些信息，并将其置于一定背景之下及组织当中，用于实时决策和在恰当时机采取行动的企业，可以称为智能化企业。

毫无疑问，在大数据时代，企业走向智能化是大势所趋。企业在 IT 技术，特别是企业数据上的投资，归根到底是帮助企业更加清晰地了解自己，同时洞悉所处的时代潮流和市场环境，做到知己知彼、未雨绸缪。

作为企业的领路人，如果不在掌握企业的数据上奋发有为、积极进取，必然会丧失让企业在大数据包围的社会竞争中突围而出的历史性机遇。从这个意义上，可以通过企业的数据预见企业的未来。

2.5.4 发展趋势：大数据产业化的发展蓝图

围绕数据和终端消费者，信息经济时代所有产业发展都具有三大趋势：数据成为资产、行业垂直整合、泛互联网化。

1. 数据成为资产

应用大数据的企业的价值与其拥有的数据规模、活性，以及其解释、运用数据的能力成正比，基于数据资产的商业模式创新，推动企业变革。

2. 行业垂直整合

越靠近最终用户和消费者的企业，在产业链上拥有越来越大的发言权，越能调动和整合行业资源。

3. 泛互联网化

万物皆可联网，因此皆可成为提供数据资源的终端，而终端的价值与其提供的数据流量和活性成正比。

2.5.5 “数据飞轮模型”与商业模式要素的对应关系

在大数据时代，企业必须有效建构大数据商业模式的“数据飞轮模型”，来打造属于自己的强大的数据资产结构。

1. “数据飞轮模型”的组成部分

“数据飞轮模型”包括积聚大数据资产和创造商业价值两个重要部分。其中，积聚大数据资产包括三大步骤，如图 2-10 所示。

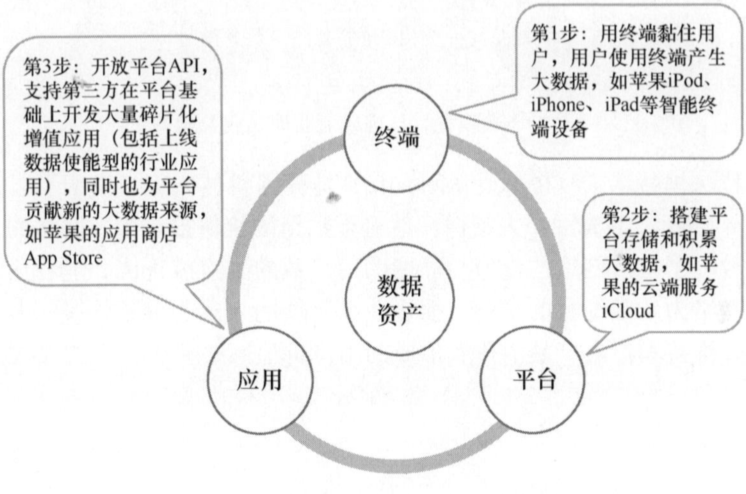

图 2-10　积聚大数据资产的三大步骤

另外，用大数据创造商业价值包括 5 种具体模式，如表 2-4 所示。

表 2-4　用大数据创造商业价值的具体模式

模式	说明
租售数据型	如广联达从卖“工具软件”，衍生出提供的“工具软件”要用到的行业价格数据
租售信息型	如彭博等资讯服务商
数据使能型	电子商务、互联网金融、互联网医疗、智慧物流等没有大数据不能开展的新商业模式
数字媒体型	如网络媒体，载体包括数字化的文字、图形、图像、声音、视频影像和动画等感觉媒体
空间运营型	如云计算服务

2. “数据飞轮模型”与商业模式要素的结合

“数据飞轮模型”与构成商业模式四要素的对应关系如图 2-11 所示。

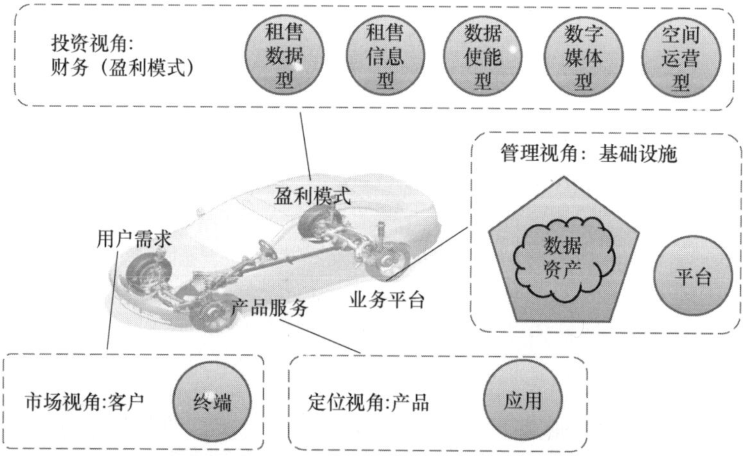

图 2-11 “数据飞轮模型”与构成商业模式四要素的对应关系

罗伯特·梅特卡夫（Robert Metcalfe）是美国科技先驱，发明了以太网，成立了 3Com 且制定了梅特卡夫定律，他对于数据的价值描述为：网络的价值等于网络节点数的平方，网络的价值与联网的用户数的平方成正比。笔者认为，未来没有不以网络为基础经营的企业，而让业绩倍增的方式不再是传统的多卖产品求高价，而是维持和扩展产品消费者形成的用户价值网络和所积累的大数据资源。

第3章

大数据思维的内涵

互联网的本质就是数据驱动，数据既是驱动所有网上活动的原因，同时又是所有网上活动的结果，从而形成一个源于数据闭合于数据的价值创造循环。所以，大数据思维本质上就是指导企业在互联网经济数据循环中创富的所有实践活动，以及每位活动参与者在思想认识层面对此数据的情感、态度和价值观。

3.1 解读：什么是大数据思维

大数据思维到底是什么？怎样才算有大数据思维呢？是不是有了大数据才有大数据思维？是不是必须有大数据思维才有大数据？这些问题类似“先有鸡还是先有蛋”。今天，不管主动还是被动，企业面对的内外部环境也越来越数据化，缺少数据思维无以言未来，这些问题是做企业的人都需要认真思考的。

3.1.1 舍恩伯格的三条大数据思维法则

先说什么是大数据思维，大数据研究专家维克托·迈尔-舍恩伯格（Viktor Mayer-Schönberger）指出，大数据时代，人们对待数据的思维方式会发生如下 3 个变化。

① 人们处理的数据从样本数据变成全部数据。

② 既然要全样本数据，人们不得不接受一些数据的混杂性，而放弃对精确性的追求。

③ 人类通过对大数据的处理，放弃对导致事物发生的因果关系的渴求，转而更加关注相关关系的运用。

关于维克托·迈尔-舍恩伯格的观点，笔者也多次在自己的培训课堂上引述过，不过对于这些观点如何落地也给人们（包括笔者）带来困惑。例如，在现实中，所有关于存在事物的新数据总是层出不穷，那么怎样界定是不是全体数据呢？

数据的价值也是服从二八分布的，只有小部分数据的价值是巨大的，很多数据目前看来价值很低，甚至毫无价值，如果放弃对这部分关键少数的精确性要求，得到的全样本数据又能有多大价值呢？

如果人们像传统一样把主要精力放在关键性的小数据上而难以顾及其他，明显又违背了要全部数据的初衷，而需要全部数据又不得不承受采集和维护其他大量目前看起来没什么用的“大”数据的成本，在商言商对很多企业来说，既不现实，又不划算，这方面如何取舍？

相关关系就当下来说仿佛是一种玄之又玄的东西，远远比不上因果关系令人信服，当前国内一些先行先试的企业也耗费了不少的资源，而得到的一些相关关系也并未起到商业上预期中的大作用，这种对试错的包容要求对于资金本身就不是特别雄厚的企业来说，有些承担不起。

人们常说，思维并无“放之四海而皆准”的定式，任何绝对化的盲从只能带来迷信的错误。而事实上，不能说 2011 年以前的人就没有大数据思维，BAT 中的人大脑中都有大数据，这一方面明显不符合历史，另外一方面也不符合现实。

翻看一下涂子沛先生写的《大数据》一书，今天所说的大数据思维应用案例在美国 200 多年的建国历史中就屡见不鲜；马云不遗余力地在阿里巴巴鼓吹数据驱动，可见现在很多阿里巴巴员工大脑中也不见得有大数据。

而且，大数据时代带给人们的思维方式的深刻转变，应该远不止上述 3 个方面，而结合中国的国情，更强调要有中国特色的大数据思维。当前，笔者也在这些方面努力，在学习代表西方主流的舍氏大数据思维理论基础上做一些探讨和拓展。

在笔者看来，思维是为了解决问题，所以大数据思维的出发点应该还是为了解决企业面临的众多发展中的问题，为企业赢得生存空间和业务发展机会。传统市场经济的条件，企业必须根据市场反馈的需求信息组织自身的生产活动，最终通过交易实现企业利益相关者的经济利益。

所以，传统企业的思维是面向交易的 B2C 价值链思维，这种思维的出发点是以自我为中心的利己主义，把交易看成一种利益的博弈，企业的所有资源和能力都是围绕达成交易来展开的。

互联网时代的精神是开放、共享、共赢，这是一个“我为人人、人人为我”的共享经济时代，新生代的消费者对产品、品牌提出了更多情感态度价值观上投契的心理需求，这时企业就不能仅仅从利益交易的角度对待消费者了。

传统基于交易买卖而形成的产消博弈关系被基于互联网的、密切的产消互助关系所取代，越来越多的企业谋求和消费者建立一种长期而稳定的朋友关系，让顾客转换成粉丝社群，建立一种用户情感上对本企业品牌的持续黏性。

为了保有和增加粉丝数目，企业也必须做公众眼中的“好企业”。正如《第五项修炼》作者彼得·圣吉（Peter Senge）所言，企业是当今最有力量改变世界、创造公平正义社会的组织力量，互联网时代成功的企业都有一种“利群济世”的情怀，对待自己的消费者和供应商必须表现出与传统唯利是图的交易思维截然相反的利他心，才能赢得信任和尊重，并凭借正面的影响力多方面整合资源，全方位围绕用户的需求组织各项企业内外部资源和能力构筑用户价值网络平台。

以利他心为出发点来建构大数据思维，才能真正帮助企业适应互联网时代的发展要求，更敏捷地根据每个用户的需求定制产品和服务，持续赢得用户和市场的青睐。

综上所述，企业要培养的大数据思维必须结合从 B2C 向 C2B 进行生产关系和经营模式的深层次变革要求，变革在先、创新驱动，这是企业培养大数据思维的前提和背景。结合这个道理，笔者对舍恩伯格的三条思维法则做具体的补充。

① 全方位尽可能多地收集关于用户的数据，并整合成一个全面的用户画像，对用户和他们需求的了解和分析从样本数据变成手上拥有的全部用户的数据。

② 既然要全部用户数据，不得不接受从多个外部来源获取用户数据的反复性和复杂性，而数据质量要求放弃一步到位。

③ 让数据倒逼创新，打破思维定式，善用相关分析扩大想象空间，从用户各项数据的蛛丝马迹中发掘更多有价值的新关联，鼓励敢于在试错中不断对产品和服务进行创新尝试。

3.1.2 具有中国特色的第四条大数据思维法则

在传统信息不对称、沟通不顺畅的情况下，领导要了解具体的情况需要安排去相关单位进行实地调研、收集数据，然后进行归纳总结，最后形成自己的推断和决策意见。这是一个观察、思考、推理、决策的过程，其中需要大量的学习、培训与实践，代价是非常巨大的，由于短时间内不能获取与决策相关的充分信息，也可能会给决策带来巨大的偏差。

数据记录了很多过去事实的信息，而且数据比较容易复制传播和分享，表达上也会比较确定和精准，通过数据的沟通，大家对于事实会有一个比较容易达成的共识，从而避免了人为的原因导致对事实经过的莫衷一是，这些都是新工业时代的全球化大规模协同创新和生产的基本要求。

今天，大数据成为一种相对比较容易获取的资源，只要运用合适的技术手段，人们可以大大降低传统信息不对称环境下的沟通成本和导致各种矛盾和分歧的传递失真，对于事实的认定也更加简单直接了。所以，运用大数据无疑是大大提升了“实事求是”的有效性和可验证性，按常理，心中有数的人一般也是做人做事更可靠的人。

新的形势下，我国正处于全方位从粗放型的发展模式向精细化转型过程中，企业各项工作都要深耕细作和量化管理，提质增效更需要及时地根据实际情况做出精准的调整和变化。

从外部环境来说，互联网已经让消费者端越来越数据化，传统信息不对称的市场格局已经被完全颠覆，消费者掌握话语权后更多地通过互联网社交数据表达他们对产品的个性化需求和私人定制的创意。可以说，在万事万物皆已数据化的今天，获取大数据已经不是问题了，问题是企业如何从海量的复杂的“大”数据中快速获得所需要的信息。

由此，中国特色的大数据思维还必须包含企业领导人决策和思维方式的转换，通过数据来支撑各项决策是现代企业治理中一个重要的原则，数据让决策人能更加公开、透明、民主、实事求是地履行决策的职责。

所以，可以给大数据思维补上中国特色的第四条：在新形势下，运用新信息技术完善中国特色的社会主义制度，为推进国家治理体系和治理能力现代化服务，用大数据弘扬正能量，积累历史经验，更加开放、透明、实事求是地服务人民。

早在 20 年前，彼得・圣吉在《第五项修炼》一书中揭示，企业也是一种“系统”，企业的各部分各环节受到细微且息息相关的行动所牵连和彼此影响。当企业规模越来越大，其中的员工也越来越容易固守其“一亩三分地”的本职观念。

如果组织中的人只专注扫自身部门的门前雪，他们便不会对企业不同部门互动所产生的结果有责任感。而现代企业组织功能导向的组织结构设计，将企业根据功能划分为不同的部门，恰恰导致了这种思考的局部性。

大家从国内企业普遍存在的信息系统的数据孤岛问题就可以看到这种现象，每个部门都根据自己的需求、采用不同的技术和标准来建设本部门的信息系统，却不关心和其他部门信息系统的数据共享和接口关系。

这种局部化的思考，人为地给本企业设置了很多的数据鸿沟，形成一个个的数据孤岛。每个系统什么功能都有一点，但是都不全，相同的业务信息在不同系统重复用不同的数据格式进行表达，导致了很多数据不一致的问题。而分析这些问题，每个部门都认为自己没有过错，自己的系统用得好好的，是别的部门没有配合好自己。

《第五项修炼》指出，由于人们片面而局部的思考方式，以及由其所产生的行动，造成了目前被切割而破碎的世界，使人们丧失了与企业整体发展命运的一体感，很多企业的战略很难分解落实到每个具体的事务安排上。

源于这种系统性思考能力的缺失，我国近些年来一直强调顶层设计，正是为了破解本位主义的陋习，自上而下从统筹全局的角度出发，着重研究各项改革措施的互相配套、全面推进、协调发展，把自下而上的各种动力潜能拧成一股绳、形成合力往一处使，以此来破解改革中遇到的结构性矛盾问题。

现代化企业治理没有信息系统的支撑，完成这种整体性的深化改革是不可能的，企业信息化就是一个黏合剂，把企业的各项能力和资源通过信息化形成一个高度协同的体系，深化改革才能最终落地，这就是大数据思维和深化改革的深层次必然联系。

大数据思维联系《第五项修炼》给人们的启发是，大数据对于企业来说，既是一次重大挑战，也是一个重大机遇。大数据给企业生存和发展中带来的危机，恰恰是源于企业过往一直或明或暗遵循的信息不对称的潜规则造成的。

大数据犹如一把明镜，把通过信息不对称所遮掩的暴利或质量问题大胆地袒露，时代逼迫企业真正向利人利己的定位做彻底转型，透明时代的老实人生意才能做得更长久。所以，大数据时代是一个对诚信有更高要求的时代，这也恰恰是让商业回归诚信本质的最好时代，只有优秀企业才能获得稳定的发展和回报。

3.2 解析大数据思维的核心原理

人类的进化都是先改变看法，然后改变行为，从而改变世界。以色列学者尤瓦尔·赫拉利在《未来简史》一书中定义了一种 21 世纪新的“数据主义”，人类将来可以既不崇拜神，也不崇拜人，而是崇拜“数据”。“数据主义”认为，宇宙由数据流组成，任何现象或实体的价值就在于对数据处理的贡献。

对于政府、企业或大众消费者来说，“数据主义”提供了突破性的技术和强大的全新力量。在这以前，大家认为数据只是人类智力活动的第一步，人类的思维活动要把数据转化为信息，信息转化为知识，最后运用知识成为支持更好决策的智慧。

但随着大数据的流动和人工智能的算法能力越来越强大，越来越多依赖人类智力驱动的社会活动场景改为基于数据和算法的自主驱动，而随着数据越来越多和机器深度学习的算法能力越来越强，数据已经越来越没有必要转化成被人们所理解的信息或知识再交给人来处理了，人脑也处理不了如此大量复杂的数据，大数据直接成为驱动各种人工智能算法应用活动的原动力。

于是，把处理大数据的工作交给能力远超过人类大脑的电子算法，已经成为一种不可逆的潮流和趋势，这种必然的趋势给数据主义者提出了两条更高的要求。

① 数据主义者要连接更多的媒介，产生和使用更多的信息，使数据流最大化。

② 数据要把一切连接到系统，这里指的一切不只是人，还有一切事物，就连那些不想连入的异端也不能例外。

随着全球数据处理系统变得全知全能，“连接到这个系统”也就成了所有“意义”的来源。过去，人文主义者认为人要倾听自己的内心，找出生存的意义。数据主义者则认为，经验不分享就没有意义，人们应该做的就是记录自己的体验，并分享到大数据流中，算法便会自动找出其中的“意义”，并告诉人们该做什么。

专家提醒

对“数据主义”来说，信息自由就是最高的善，“数据主义”相信一切的善（包括个人更好地享受国民经济持续的增长）都来自信息自由流通。数据主义者认为，信息自由流通的权利应该高于人类拥有并限制数据流通的权利。

尤其是以智能手机为代表的数据智能采集终端渗透到人们生活的方方面面以后，越来越多的人不管是有意还是无意，其实都已经逐渐成为数据流的一部分，这也代表着放弃隐私、自主和个性。越来越多的经济、文化、艺术和科学的创造过程是由所有人共同完成的，如共享经济、维基百科、众筹、众创，信息的自由流通是人类进入共创文明新时代的基础。

3.2.1 数据总结过去：大数据的生命进化论

如果把视野放大到对生命的理解，“数据主义”折射了下面三项对生命进化带来的最重要的趋势。

① 科学正在逐渐聚合在一个无所不包的教条之中：所有生物都是算法，而生命则是持续进行数据处理的过程。

② 智能正在与意识脱钩，意识是生物体各种行为的内驱力，过去智能和意识一向是两个形影不离的概念，必须是具有意识的生物体，才能完成需要智能的活动。而今天人类社会很多的任务，已经不再需要有意识的自然人来参与，如开车、下棋、诊疗或辨认犯罪嫌疑人等，没有意识的大数据算法的智力表现已经超过人类。

③ “数据主义”将人类体验等同于数据模式，无意识但具备高度智能的电子算法，很快就会比生物算法更了解自己，包括欲望和情感等主观体验。

在远古时代，人们相信是宇宙和星星在控制人的命运；后来各种宗教布道者说，要按圣人的话和宗教经典指导生活；接着人文主义者说，聆听自己的内心，相信自己的感觉；到了 21 世纪，“数据主义”说，感觉不再是全世界最好的算法，人的命运要听从算法的安排，多聆听数据的意见。

与大数据驱动的人工智能相比，人类智能有两项明显的劣势。

① 连接性。通过互联网，机器之间可以在极短的时间内连接成为具有更加强大的运算力的智能系统，而人和人之间的良好合作则需要长时间的互相试探和博弈。

② 更新性。在大数据驱动的机器网络中，所有机器智能的升级几乎都是与时俱进的，而愿意终身学习的人只占少数。

如果“数据主义”成功征服了世界，人类会发生什么事？人们正努力打造出数据驱动的万物互联网，本质是希望让人们更加健康、快乐和拥有更强大的生产力。

然而当整个人类社会的活动依赖万物互联网来运作时，越来越多的大数据算法已经超出了人脑理解的能力，在这个网络中的自然人，有可能降级为个别的处理器芯片，甚至沦为产生数据能量的小电池，每个人的生命成为数据洪流中微不足道的一片涟漪，自然生命是短暂的，数据生命则取得了永恒。

这种《黑客帝国》电影所描述的场景让人恐怖，但也并非危言耸听，科技已经拥有了“神”一般的能力，而人类对科技带来的革命性改变还缺乏足够的远见，人工智能和生物科技的兴起肯定将根本性地改变人类世界。

但是，人们却无法真正地预测未来，人们原来希望通过科技的进步拥有更加美好和幸福的生活，可当科技进步到拥有改天换地“神力”的人工智能时，人还是受限于各种生理局限遇到能力提升的瓶颈。这样的“人智—机智”系统搭配明显是对人类不利的，人类如果不想被踢出局，就得自己将心智升级，以驾驭甚至对抗最复杂的无意识的大数据算法。

生命的内涵是指在宇宙发展变化过程中自然出现的存在一定的自我生长、繁衍、感觉、意识、意志、进化、互动等丰富可能的一类现象。狭义的生命是指有机生物体，即自然界的生化反应产生的能够自我复制的氨基酸结构，以及真菌、细菌、植物、动物（人类）；广义的生命泛指存在前后连贯性的变化和运动的事物或系统，这种事物或系统能基于感知而做出选择性的行为，则可以拥有与生命内涵相同的表现。

虽然一直到今天，人们还是认为大数据是无意识的，但随着大数据所决定的活动越来越多，大数据算法可不可以看成一种新的生命形态，这方面的探究不但很有意义，也很有现实的必要。就目前大数据的发展趋势可以预料，大数据算法或人工智能复杂到一定程度，即具备了某种符合生命内涵的基本属性的现象，也将可能纳入生命的范畴。

毫无疑问，大数据生命的形态和自然生命有非常巨大的不同，自然生物生命是有意识的。意识的形成一方面来自几十亿年时间遗传和进化的生物基因信息，另一方面来自生物个体在生命过程中所积累的各种体验。

欲望和情感构成了意识的基础，而大数据本身是没有欲望和情感的，毫无疑问，大数据的生命是人类直接设定和赋予的，而人类赋予大数据生命力是为了获得更多的智能，而非欲望和情感。

例如，一位出租车司机开车的同时也会欣赏音乐与景色，但大数据驱动的无人驾驶出租车，只需用最快、最安全、最经济的方法把客人送到目的地就可以了。因此，从更本质的角度分析，大数据生命是和人类需要解决的问题挂钩的，而由于解决问题的方案没有最优，只有更优，因此大数据的生命也有持续进化的必要性。

今天探索大数据生命的进化，有以下两方面的现实意义。

① 大数据的生命力在于其解决特定问题的能力。这一点可以看成大数据生命的本能，需要越来越多的数据和越来越复杂的算法，就是这种本能决定的。如果大数据应用进化到自主学习和自我演进的程度，这种大数据生命就有可能具备了一定程度上冲破人类约束的自由发展意志，甚至反过来控制人类历史的发展进程，就偏离了人类赋予其生命的初衷而带来不可预料的负面后果。

② 人类必须发展一种全新的生命意义和心智模式。只有做到这些，人类才能应对“数据主义”带来的巨大冲击。当把那些不需要生物情感体验的工作交给无意识的大数据人工智能以后，每个人都必须寻找新的存在价值。尤瓦尔·赫拉利（Yuval Noah Harari）指出，21 世纪经济学最重要的问题，一旦拥有高度智能而本身没有意识的算法接手现在人类手上 87%的工作岗位，而且能比有意识的人类做得更好时，多余的人还能做什么？

科技的发展满足人类的衣食住行等生计需要已经不成问题，但人需要寻求证明自身生命存在价值的新工作。在这个基础上，我们的教育已经需要重新定义，如果今天的教育系统还费劲教给学生一些将来参加工作所需要的知识和技能，而这些工作岗位将来都被大数据和人工智能所取代了，那么教授这样的知识和技能就没有什么必要了。

不可否认，“数据主义”的论调在某些方面是让人感到恐怖的，当然也会面临批评和异见。而笔者认为，人们已经不能仅仅停留在阴谋恐怖论的角度来评判或拒绝这样的论调。作为大数据生命的始作俑者，人类应该更加主动和积极地谋划和掌控大数据生命的进化方向。

从笔者的角度，通过“互联网+数字孪生”（Digital Twin）走向人类和数据共生，这才是一条比较稳妥的中庸之道：“天命之谓性，率性之谓道，修道之谓教。道也者，不可须臾离也，可离，非道也”（出自《礼记·中庸》）。

从生命进化的角度，趋吉避凶是所有宇宙中自然生命体的本能，这不是人类的特权，宇宙的演变进程有其与生俱来的自洽性，人的生命能超越其他生命物种的地方，恰恰在于通过这个“道”字所体现出来的对这种宇宙演变自洽性的系统性感悟能力。人类宗教的目的是让信仰者离苦得乐，循道而行方可实现“天（外部环境）人（内在意识）合一（和谐统一）”的生命至乐。

既然人通过社会性的知识建构活动建立了一种可以反过来影响自然演变的人类智力网络，那么人类的使命除了生物性的离苦得乐，还有宇宙性的“替”天行道。即使这个“替”字还有待商酌，但人类社会对自然生态的影响已经到了至关重要的地步，通过大数据生命这种形态表达出来也成了一种必然的使命要求。

虽然人们还无法真正预测大数据进化带来的后果，但大数据生命已经有很大可能成为人类社会更高级的进化形式。作为大数据的“上帝”，人类负有不可推卸的责任，从这个趋势来说，教育从面向知识转向面向情感、态度和价值观为代表的核心素养，也是新时代的必然要求。

3.2.2 数据驱动现在：大数据的倒逼和推动

理想中大数据的重要性和价值已经无须多言，而当下现实中很多企业和个人对于如何用好大数据还缺乏具体可行的概念，对于数据存在多种多样的理解和定义是很正常的，我们没有必要非要争一个谁是谁非的解释，能解决问题才是正道。

根据以色列历史学家尤瓦尔·赫拉利（Yuval Noah Harari）在《人类简史》一书中的论述，人类文明的形成和发展一个最重要的原因，是人这个动物群体在每个认知主体（自然人）之间（主体间）建立了基于对某些虚构故事和概念的共同信仰，正是这种完全由共同相信的虚拟的存在，形成了一种能独立于自然演变规律而独自进化的事物存在形态。

人类创造而非自然产生的诸如社会、家庭、政府、企业、道德、法律、国家、市场等事物（或者关系），其能够存在并有效运行的必要条件就是大家都相信这些事物（或者关系）是存在的，而从自然的角度，这些事物客观上并不存在，于是发明创造出一些自然不存在的事物成为人独立于自然的一种独特性。

毫无疑问，数据也是人类的一种发明创造，自然界并没有数据的存在。说到这里，可能有很多人觉得，万事万物都可以被人类认知，怎么不存在数据呢？有这种理解的人其实就混淆了信息和数据的概念了。

的确，信息是无处不在的，宇宙的普遍关联是一个铁律，即使微观到量子的世界，宇宙中哪怕一个量子，也是不能独立存在的，其存在和运动都不可避免和环境中其他的要素互相影响和牵连，所以信息的本质就是这种普遍存在的互相影响和牵连的关系反映。就算是最简单的单细胞生命，其生命本能中就有认知这种普遍联系关系信息的能力，唯有这种认知环境信息的本能，生命才能得以维持和繁衍。

因此，对于信息的获取和处理是所有生命体的本能，并不是人类特有的能力。而人类独异于其他生命物种的特性，是人类在个体记忆处理信息过程中进化出了自由想象力，并且通过群体间对这些想象出来的思想成果（概念）的交流和共同建构完善人类的文化。因此，可以形成一种可以共同信任和使用的对环境信息的理解，作为有效沟通这些想象形成的思想概念，符号成为一种非常实用的沟通工具。

根据尤瓦尔·赫拉利在《人类简史》一书的叙述，现在发现的人类最早的文字记录是公元前 3500 年左右由苏美尔人发明的数字系统。人类发明文字的初衷是能更好地沟通社会生产活动中的各种需要以协调处理的事务信息，而社会生产突破自然规律约束的发明创造活动是人类异于其他生命的本质特征。

所以，数据这种非自然存在物的出现，本身就是与漫长自然进化过程中，人类逐渐形成了发明创造这种独特天赋行为能力不可分割的。数据的出现，不仅可以帮助人类通过更大范围、更高层次的协助来完成一些自然界演变中不可能出现事物的创造，同时也自然成为这种人类创造物的一个衍生物。

从这个历史的角度来看今天以计算机为代表的信息技术，就会发现其背后人类文明的历史逻辑是相同的。与历史以来的文字传播一样，今天计算机所形成的大数据资源，本来的动机是实现更广泛、更高层面的协调和合作。只是随着科学技术的进步，很多生产活动都已经可以由机器设备替代人来完成，特别是最近的人工智能的普遍应用，连大多数机械性的脑力劳动都可以被机器所取代。

所以，今天的社会化大生产的范围和程度前所未有地巨大化、全球化了，以致在越来越多的生产场景中，人所具有的自然生理局限成为生产力进步的瓶颈。在当今的协同生产过程中，“人—机器—环境—产品”这些物理生产要素的关系正在发生巨大的调整和改变，而这种调整和改变，背后的推手毫无疑问就是那些物理上无法触摸的电子数据。因此，数据可能成为左右人类命运而真实存在的事物。

在这种已经无法扭转的人类社会发展潮流的面前，所有的国家、组织和个人，现在都已经不可避免地面对数据对自身前途和命运的左右，也是从这个层面来理解为什么说大数据是战略性资源了。战略性资源就是能决定你的前途和命运的资源。

虽然大数据资源本质上可以也应该被全人类共享，但是由于信息技术能力的差异，对于数据资源的掌握和利用明显是不可能公平的，围绕着这种战略资源的竞争和博弈就成了当今国与国之间、组织与组织之间、人与人之间关系的新常态。

所以，今天的大数据问题，就不仅仅是一个技术问题了，对于企业来说，第四次工业革命中数据驱动的自动化生产是无法回避的宿命，为了企业的生存，不断地技术改造是维持企业组织生命的不二选择，但这远远不够。

作为一种人类社会的组织形态，企业的生产关系中不可能没有自然人的存在，所有的社会化生产活动，归根到底还是为了满足人的各种需要而服务的，如果没有人的需要，自然就没有生产的必要，所以比技术改造工作更具有挑战性的，反而是每一个企业涉及自然人的生产关系重构，这本身就是马克思对于工业革命的本质定义。

随着物质生产能力的发展，满足人类在物质层面的需要应该不再成为多大的社会问题或矛盾了，数据驱动设备的技术已经越来越普遍，也越来越简单，而数据能驱动人类未来生命中的什么，却是一个艰巨而危险的社会问题和潜在的巨大矛盾。毕竟时至今日，互联网大数据正在日益影响着每个人的世界观、人生观和价值观，以及思想层面的基本认知结构，而从整个人类历史发展过程可以看到，那种占据人心的普遍共识必然会形成巨大的社会力量，反过来直接决定每个人的命运。

几千年形成的文化思想传统相当长时间内是维持社会秩序和平衡的必要元素，如果人们轻易地改变一些传统，平衡被打破之后会造成怎样的社会动乱和冲击，是无法预测和始料不及的，因此风险和挑战也是无法准确衡量的。数据驱动的自动化生产力还是在如高速列车一样不断推动人类社会向前走，而人们的思想也不得不跟上这样的时代变化，主动或被动地接受这种数据的倒逼和推动。

被动是明显不符合我们作为自然人的尊严和天性的，所以在物质生产力极大化发展的背景下，每个人更加宝贵的是保有作为人的自由意志、想象力和创新力。虽然无法明确未来数据驱动下的人类社会思想走向何方，但是笔者认为，从人类文化最基本的逻辑，用大数据驱动和激发每个人内心关于创造未来和实现梦想的天赋信仰，才是大数据应用的正途，从这个角度展开各种组织变革的努力也才是所有企业的正道。

3.2.3 数据预测未来：大数据的相关性原理

本质上来说，数据只是一些人为的记录信息的符号，如果要追溯数据的起源，几乎可以追溯到人类文明很久远的原始时期。当人类学会用符号来记录一些信息，一旦派上用场，这时数据毫无疑问就出现了。那么，大数据的核心原理是什么？笔者认为是相关性应用，即大数据拥有强大的预测能力。

大数据相关性应用的基本原理如下。

①A 事件发生，一定导致 B 事件发生，称为强因果关系。

②A 事件发生，可能导致 B 事件发生，称为相关关系。

③ 通过大量的 A 和 B 事件组合，可以计算出“可能性因子 δ”，利用 δ 就可以用 A 预测 B，具体如图 3-1 所示。

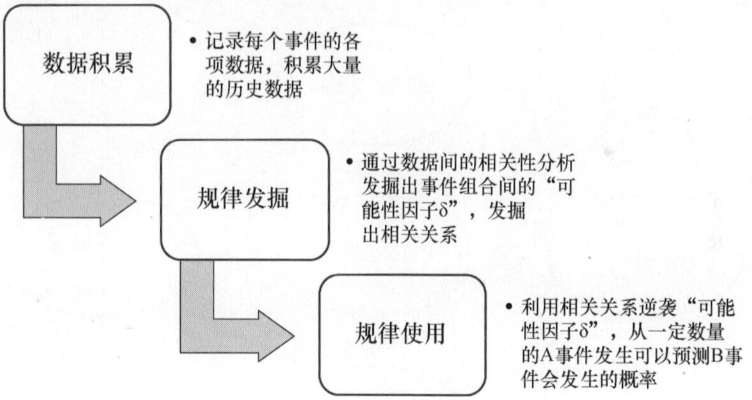

图 3-1 大数据相关性应用的基本原理

传统的决策过于追求确定性，为了获得决策所需要的确定性的事实根据，通常需要进行大量的实地调查，成本和耗时都巨大。

大数据给了更多可能性的选择，人们可以利用大数据的相关性分析，根据大的可能性进行决策，这样就大大缩短了决策所需要的时间，如图 3-2 所示。换句话说，人们不一定非要很确定地做出合适的决策，这并不是否定了确定性的巨大价值，但是至少可以依靠及时反映当下情况的大数据及其相关性分析做出更快的合理决策，这是大数据带来的新生力量。

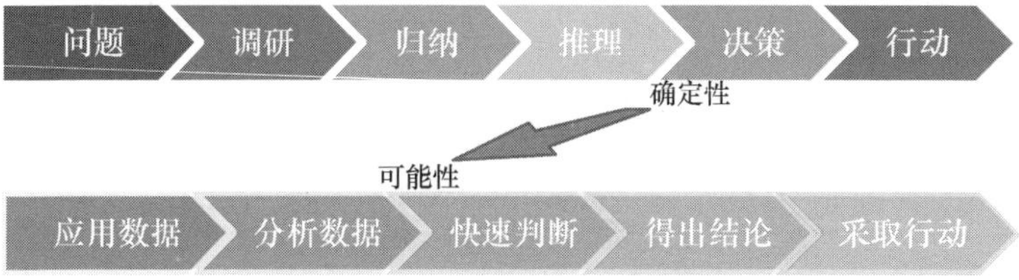

图 3-2 大数据缩短决策时间

3.3 舍恩伯格大数据思维法则

维克托·迈尔-舍恩伯格是十余年潜心研究数据科学的技术权威，他是最早洞见大数据时代发展趋势的数据科学家之一，也是最受人尊敬的权威发言人之一，图 3-3 所示为他提出的大数据思维法则。前面已经简单介绍了其中的 3 点，本节将详细分析舍恩伯格大数据四大思维法则。

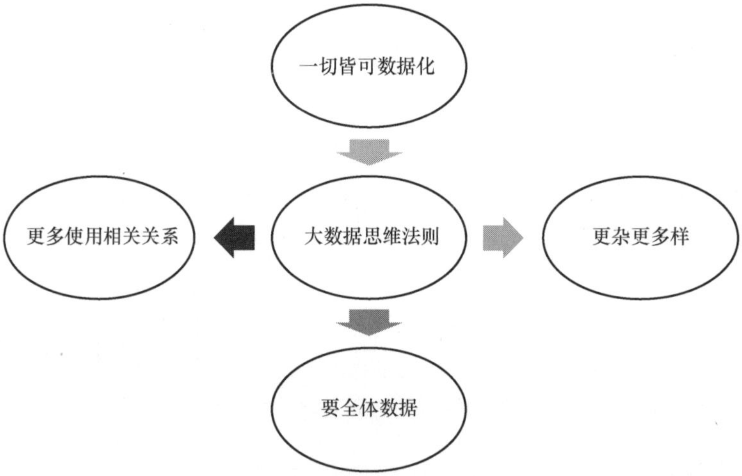

图 3-3 舍恩伯格大数据四大思维法则

维克托·迈尔-舍恩伯格曾先后任教于世界最著名的几大互联网研究学府，现为牛津大学网络学院互联网治理与监管专业教授。维克托·迈尔-舍恩伯格曾是哈佛大学肯尼迪学院信息监管科研项目负责人，哈佛国家电子商务研究中心网络监管项目负责人；曾任新加坡国立大学李光耀学院信息与创新策略研究中心主任，并担任耶鲁大学、芝加哥大学、弗吉尼亚大学、圣地亚哥大学、维也纳大学的客座教授。

维克托·迈尔-舍恩伯格的学术成果斐然，有一百多篇论文公开发表在《科学》《自然》等著名学术期刊上，他同时也是哈佛大学出版社、麻省理工出版社、通信政策期刊、美国社会学期刊等多家出版机构的特约评论员。

3.3.1 大数据思维缘起：一切皆可数据化

在大数据时代，一切皆可数据化，如图 3-4 所示。数据并不神秘，有效的方法铸就神奇，心中有数机会无数，数据的流动推动各种资源的集聚与融合是新时代的新常态，人们都有机会从数据的应用中获益，这也是新时代的必然，但数据也有可能会带来损失和伤害，这并不意味着数据错了。

"数据化"——万事皆用数，万物成大数

➢文字数据化　　➢方位数据化
➢沟通数据化　　➢万物数据化
➢万事数据化　　➢一切数据化

图 3-4　一切皆可数据化

剑法高超者，却因用来害人与救人，分别成为“恶”与“侠”。周易中有一爻辞说“利者，义之和也”，可理解为能给大多数人带来好处的生意才是有生命力的生意，用数据做生意也不能背离义利合一的经商理念。

而我们也要认识到，在互联网造就的新经济中，“义之和”也将广泛通过互联网场景上演，互联网大数据在重构人们的认知方式，掀起一场新的认知革命，并且新的历史条件下，有效运用区块链为代表的新数据技术，建构一种陌生人一次性建立信任的有效机制，技术在逐渐构筑人类迈向世界大同乌托邦的坚实基础，数据正在推动一场人类新文明的巨大社会变革，我们每个人都不应该和这样的社会变革无关。

如果说企业的大数据之旅源头是大数据思维，而与组织运行的各个环节结合就形成了一种可以累进的企业大数据价值链，让传统“陌生人”之间突破物理时空局限能通过互联网完成高效的生产分工和协作，正是这一次工业革命中通过互联网实现协同创富的生产范式和生产关系的根本基石，如图 3-5 所示。

“一切皆可数据化”，大数据成为空气，囊括了我们的方方面面，并且在倒逼每个企业组织主动改革，才不至于被互联网革了命。而另一方面，大数据对所有生产企业组织也都是新的起跑线，“一切皆有可能性”。

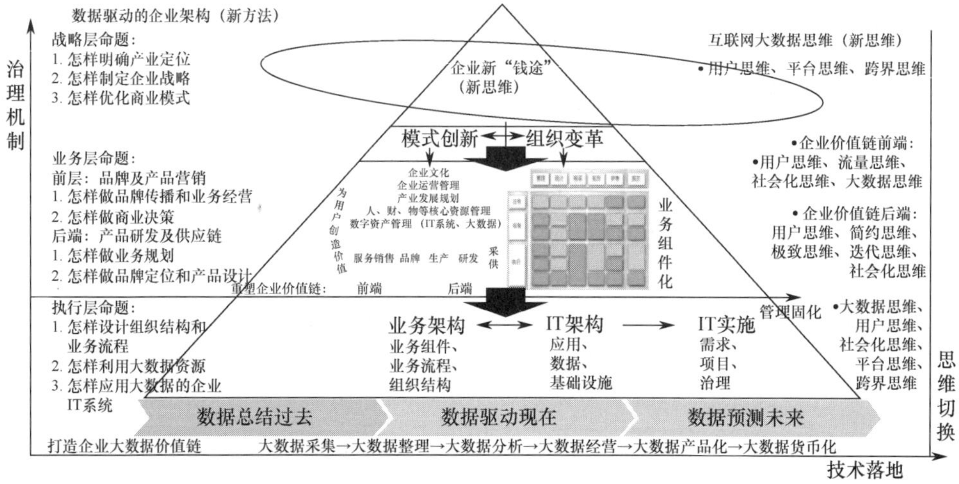

图 3-5 打造企业大数据价值链文化

互联网企业虽然拥有了消费端（C 端）的用户大数据，但由于他们缺乏实体经济的生产制造能力，自然也就没有生产端（M 端）的工业大数据。所以，在大数据面前，只要广大的传统制造业能尽快转变发展思维和发展模式，主动积累各项在物理空间中生产要素和生产活动经验而得到的数字孪生工业大数据，也能积累和掌握有独特价值的大数据资产。

所以，无论是德国的“工业 4.0”战略，还是美国的工业互联网理念，其本质都是先进制造业和大数据融合而成为工业大数据的统一体。而推动这次工业革命的新生产关系本质上也就是用户大数据和工业大数据在互联网平台上发生化学反应所得到的产消融合统一体。

3.3.2 大数据思维法则之二：更杂更多样

“更杂”——不是精确性，而是混杂性，孤立的数据价值不大，多样化的数据才能发掘出更大价值。大数据思维法则之二“更杂更多样”的基本要点如下。

① 在更多的前提下，允许不精确。

② 大数据的简单算法比“小”数据的复杂算法更有效。

③ 纷繁的数据越多越好。

执迷于精确性是信息缺乏时代和模拟时代的产物。通常情况下，只有 5%的数据是有框架且能适用于传统数据库的。如果不能接受混乱，剩下 95%的非框架数据都无法被利用，只有接受不精确性，才能打开一扇从未涉足世界的窗户。

3.3.3 大数据思维法则之三：要全体数据

"更多"——不是随机样本，而是全体数据。当数据处理技术已经发生翻天覆地的变化时，在大数据时代进行抽样分析就像在汽车时代骑马一样。一切都改变了，我们需要的是所有的数据，"样本=总体"。

以前的做法通常是随机采样，尽可能用最少的数据获得最多的信息，大部分靠经验进行分析判断。在大数据时代，则需要分析与某事物相关的所有数据，利用所有数据、全数据模式得到真正的结论。

3.3.4 大数据思维法则之四：更多使用相关关系

在大数据时代，知道"是什么"就够了，没必要知道"为什么"，我们没有必要知道现象背后的原因，而是要让数据自己"发声"。大数据思维法则之四"更多使用相关关系"的要点如下。

① 数据的相关关系是创造价值的源泉。

② 大数据可快速揭露"是什么"，而不是"为什么"。

③ 大数据改变人类探索世界的方法和决策的方式。

下面通过一个案例来分析"更多使用相关关系"大数据思维法则的应用方式。

例如，顾客满意度指数（Customer Satisfaction Index，CSI）是一种衡量经济产出质量的宏观指标，是以产品和服务的消费过程为基础的，对顾客满意度水平的综合评价指数，由国家整体满意度指数、部门满意度指数、行业满意度指数和企业满意度指数 4 个层次构成。

而 ACSI 是由费耐尔（Fornell）等在瑞典顾客满意指数模式（SCSB）的基础上创建的顾客满意度指数模型。ACSI 是一种基于差异理论的因果关系模型，它科学地利用了顾客的消费认知过程，将总体满意度置于一个相互影响相互关联的因果互动系统中。ACSI 模型可解释消费经过与整体满意度之间的关系，并能指出满意度高低将带来的后果，从而赋予了整体满意度前向预期的特性。

ACSI 模型共设置有 6 个结构变量，顾客满意度是模型研究的目标变量，预期质量、感知质量和感知价值是顾客满意度的原因变量，顾客抱怨和顾客忠诚则是顾客满意度的结果变量。模型中 6 个结构变量的选取以顾客行为理论为基础，每个结构变量又包含一个或多个观测变量，而观测变量则通过实际调查收集数据得到。

通过大数据应用来实事求是，正是维克托·迈尔-舍恩伯格指出的大量使用数据相关关系的思维方式。在大数据时代，人们可以通过大数据技术挖掘出事物之间隐蔽的相关关系，获得更多的认知与洞见，运用这些认知与洞见就可以帮助人们捕捉现在和预测未来，而建立在相关关系分析基础上的预测正是大数据的核心议题。

通过关注线性的相关关系，以及复杂的非线性相关关系，不仅可以帮助人们看到很多以前不曾注意的联系，还可以掌握以前无法理解的复杂技术和社会动态，相关关系甚至可以超越因果关系，成为人们了解这个世界的更好视角。

维克托·迈尔-舍恩伯格指出，大数据的出现让人们放弃了对因果关系的渴求，转而关注相关关系，人们只需知道“是什么”，而不用知道“为什么”。我们不必非得知道事物或现象背后的复杂、深层原因，而只需通过大数据分析获知“是什么”就意义非凡，这会给我们提供非常新颖且有价值的观点、信息和知识。

也就是说，在大数据时代，思维方式要从因果思维转向相关思维，努力颠覆千百年来人类形成的传统思维模式和固有偏见，才能更好地分享大数据带来的深刻洞见。

基于互联网大数据的新信息技术的发展和广泛应用，传统的市场信息不对称的情况已经被完全颠覆，可以说在万事万物皆可以数据化的今天，大数据已经不是问题，问题是如何从海量和复杂多样的“大”数据中获得企业所需要的信息。今天企业要根据市场的实际情况，探求市场的内部联系及其发展的规律性，从而认识市场变化的本质，就更离不开利用大数据资源发现新知识、创造新价值的能力。

对于每个企业来说，大数据思维就是建立“用数据说话、用数据决策、用数据管理、用数据创新”的管理机制，实现基于数据的管理决策机制，把落实企业深化改革的要求落地到日常企业运营每个生产经营管理活动的细节当中，从微观向宏观推动企业管理理念和公司治理模式进步，自内而外地完成企业中互联网时代的变革。

3.4 扩展：新的大数据思维法则

从思维层面，笔者在扩展维克托·迈尔-舍恩伯格的 4 条大数据思维法则的基础上，针对中国传统企业，加上了后面 4 条张氏大数据思维法则，如图 3-6 所示。

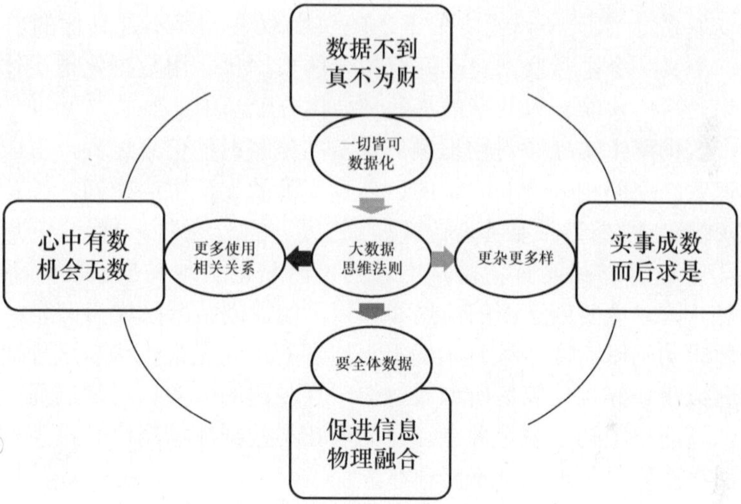

图 3-6 新的大数据思维法则扩展

这 8 条大数据思维法则可以全方位指导企业家用大数据推动企业转型的战略选择和落地部署，解决认识层面的困惑和问题。围绕这些思维法则，可以从思想认识上帮助企业家全面认识大数据的必要性和作用点，并启发企业结合自己的发展需要建构出可以落地实施的具体数据驱动应用场景。

当然，这里还涉及大量的微观方法和解决方案建构工作，大数据和企业组织的各个环节相融合，让组织运行的各环节逐步拥有强大的大数据创新能力，这自然就涉及更为广泛的话题，相关示例如下。

① 大数据与商业模式。

② 大数据与企业转型。

③ 大数据与企业管理。

④ 大数据与生产流程改进。

⑤ 大数据与设计创新。

⑥ 大数据与市场营销。

⑦ 大数据与客户关系管理。

⑧ 大数据与产品售后服务。

⑨ 大数据与产品全寿期管理等。

3.4.1 数据不到真不为财

当前在商业世界的各领域，各种数据正在取代传统的物理世界的买卖双方而成为市场交易的主体，今天或将来市场的买卖双方，都不是具体的自然人或法人，而是一个又一个由互联网自动匹配拟合的数据包。用数据化把实体资源虚拟化和碎片化之后，才能融入共享经济的社会化分配当中。

同时，数据孪生实现了对物理世界真实完整映射的信息世界，形成一个完全和客观物理生产空间相融合的完整的、高真实度的虚拟生产空间，并从中积累经验和相关知识。被誉为“数字孪生理念之父”的迈克尔·格里夫斯（Michael Grieves）表示：“产品光有精益是不够的，产品也必须是创新的，不仅要减少资源的浪费，同时也要创造新的信息和知识，使得创新产品成为可能。”

这个逻辑明确以后，传统有明确组织边界的企业也很快会被这种数据化大潮所推动的虚拟化和碎片化趋势所彻底解构，互联网的大数据就像汹涌而来的大海潮水一样，迅速把当初一个个独立存在的企业小数据池塘淹没并融为一体，过于依赖封闭而存在的组织形态将不复存在。

互联网大数据所推动的共享经济成为最锋利的“手术刀”，也让过去依赖信息不对称赚取交易差价的利润被彻底砍掉，因为大数据面前没有最低价，只有更低价，甚至免费都不够，还要倒贴更多红包来兜售产品或服务以维持企业的业务活动。

这个潮流的确很残酷，今天所有的企业如果还不改变，只有一个要命的交易对手，就是大数据，企业明显地局限在几乎没有局限的大数据面前，基本是没有任何可以与之博弈的筹码。

怎么办？企业如果不想被大数据这把“手术刀”杀死，唯有主动“自杀”，就是主动把自己原来的生产资源和业务能力迅速虚拟化、碎片化，用数据把自己彻底“肢解”之后化成一个个更小的组织甚至是单个细胞，重新融入互联网大数据所构造的共享经济生命体，唯有这样才能在这个新的经济生命体中求得更好的生存。

未来所有的生意必然是数据生意，企业没有数据，必然就没有未来。对于企业来说，已经不仅仅是数不到不为财，而是数不到不为继了。

这的确是一个大变革的时代，贵阳市委书记陈刚对此提出了一个“弯道取直”的概念，以替代“弯道超车”，正好是这个时代的注解。过去企业的发展轨迹都是有经验可循的，所以人们也理所当然地认为和发达国家的行业龙头企业是一个学习和赶超的关系。

而今天共享经济是一个所有的市场参与规则彻底改写的时代，不管以前是领先还是落后的企业，几乎都是赤条条地在这个新的市场土壤中重新找扎根之地，高速的赶超已经没有意义。因为一切都是新的，连一个模仿的对象都没有。唯有放下过去狭隘经验主义的成见，迅速顺应潮流而寻找与大数据最直接的通道，方能成为未来的领跑者，否则可能连跟跑者的资格都没有了。图 3-7 所示为企业大数据思维的四重境界。

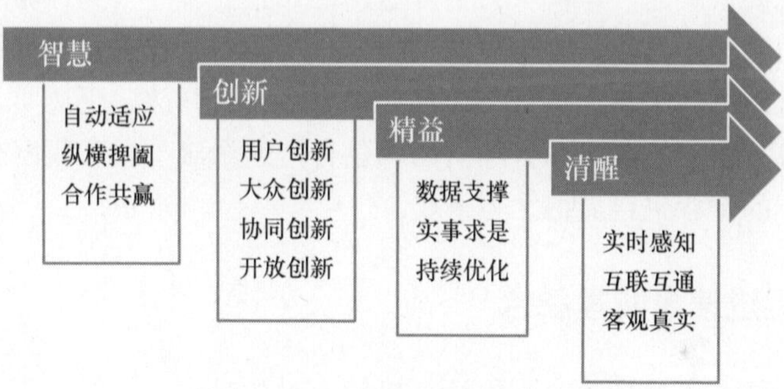

图 3-7 企业大数据思维的四重境界

近年来各种调查统计表明，各行各业获得相同金额的收入所需要的数据用量在与日俱增，笔者也是以这个趋势为依据提出了“数不到不为财”的观点，但这不代表传统生意经中“力不到不为财”就失去效力了，单凭数据资源就“空手套白狼”要么是别有用心的忽悠，要么是天方夜谭的空想。

我们还要清醒地认识到，组织唯有让业务能力更强，才有能更好地释放数据的价值，我们说大数据应用也好，说互联网信息连接也好，如果不能驱动一些生产能力与资源参与到市场实体的价值创造活动之中，不能以虚造实，那肯定也不能实现财富的“无中生有”。

3.4.2 心中有数机会无数

数据既可以用来了解历史和现状，也可以用来预测未来，而今天随着互联网泛在化形成的庞大数据资源，让人类对各种事物的演变过程拥有更全面和深入的认知能力，我们不能仅仅依靠模棱两可的玄虚言辞对未来给出预测和判断，还需要获取相应的数据加以支撑。实践证明，对于各种预测，数据越具体越有效。应用大数据的具体流程如图 3-8 所示。

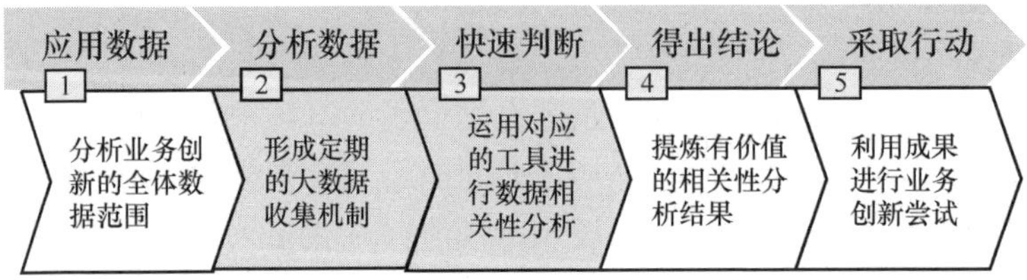

图 3-8　应用大数据的具体流程

随着信息要素缺乏的年代一去不复返，还靠企业领导人凭经验和直觉“拍脑袋做决定、拍胸脯定目标”的粗放型管理方式来左右企业的命运无疑是落后的，基于内外部客观形势来科学决策、让数据来说话、更开放、更透明、更民主的企业才能赢得各方资源的青睐和持续的品牌黏合，这个对于在互联网时代大浪淘沙的市场环境下的企业生存显得尤为重要。

3.4.3　促进信息物理融合

信息融合技术可概括为：利用计算机技术对按时序获得的若干传感器的观测信息在一定准则下加以自动分析、综合处理，以完成所需的决策和估计任务而进行的信息处理过程。按照这一定义，多传感器系统是信息融合的硬件基础，多源信息是信息融合的加工对象，协调优化和综合处理是信息融合的核心。

1. 各种生产要素的广泛互联和高效协作

当企业所有业务活动都依赖数据来驱动时，数据决定了企业的各种能力和资源的安排，并成为生产力要素的重要组成部分，如图 3-9 所示。

无论是使用者还是提供者，今天都可以通过互联网找到很多的选择，互联网是一个永不休息的大市场，地域和时段都已经不是问题。今天的个人网民通过互联网选择个人喜好的商品、服务、伴侣、朋友、工作，企业网民通过互联网选择原料、供应商、目标客户、合作伙伴，同时两者都把自己的各项要素资源贡献到网上供别人选择，在全球化背景下，地理和政治疆界都不会成为这些选择的障碍。

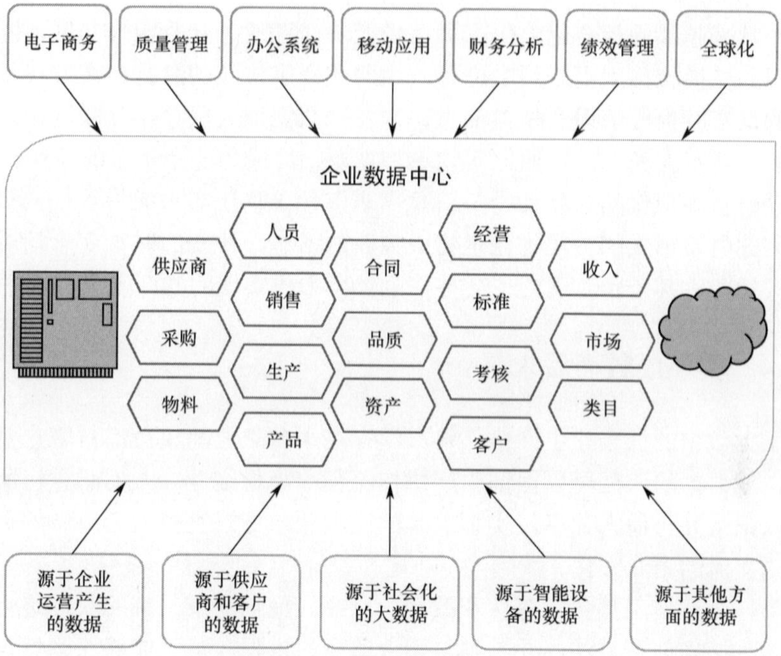

图 3-9　各种生产要素的广泛互联和高效协作

2. 物理世界与信息世界实时交互和融合

智能制造要对生产物理空间中各种生产要素获取的多个来源信息进行融合处理，实现多种生产要素信息的有效融合而形成最优生产计划，然后有效控制各种生产要素完成更高效的生产活动是实现智能工厂的核心关键，如图 3-10 所示。

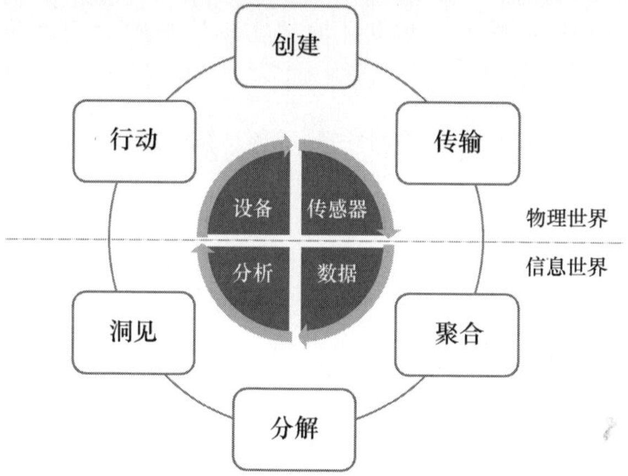

图 3-10　物理世界与信息世界实时交互和融合

现在越来越多的社会化大生产和市场经济活动通过互联网来开展，随着大量财富资源的交换转移到互联网中进行，由此改变了传统的财富存在方式，人们越来越多的财富转换成信用和权益信息，以各种数据形式保存在互联网中。诚如对于今天的“新新人类”，沟通比实物更加重要已经成为一个不争的事实。

驱动财富虚拟化的人性动力是信息需求取代了物质需求成为现代人类的第一需求，因此财富形式的去实物化也将成为新的常态，传统的财富观念随着这个趋势必将被颠覆，甚至私有观念也会被信息社会中所实现的共产主义彻底消灭。

3.4.4 实事成数而后求是

基于大数据的社会化生产协作将广泛存在于员工之间、员工与客户及合作伙伴之间，对数据的信任可以保证生产协作流程的高稳定性。人们愿意将所获得的认识加以记录并与他人分享，实事求是的民主领导方式重视人们所做的贡献，还有开放式交流的企业文化。

另外，企业员工具备包容性和改变的意愿。他们通过采集的数据进行系统性学习，随时接受创新方法，并且参与塑造改变的过程。员工能够深刻意识到不断提升自我技能和能力的需要。虽然依旧会犯错，但员工能够认识到自我价值，即推动发展的潜力。

近年来大数据技术的快速发展深刻改变了人们的生活、工作和思维方式。笔者认为，大数据思维最关键的转变在于对传统决策方式的改变，承认大数据中也有类似“人脑”的智能，甚至更智慧。

企业管理者在决策中，就是尽量让数据说话，数据是记录事实的符号。尽量用数据来说话，也就是尽量用大数据还原“实事”基础上的“求是”。

3.5 用大数据思维方式思考、解决问题

互联网时代，企业的边界正在消失，由于互联网可以让消费者和供应者建立直接的连接，从而消除中间环节的交易成本，互联网将可能取代传统的企业组织，成为一种更高效的市场资源配置的机制。

在互联网时代，企业想要发展得好，就必须学会站在用户、客户和供应商等不同的角度来思考，把自己打造成一个多边参与的开放平台，捕捉市场突发的商机灵活地扮演自身的角色，知彼知己、百战百胜，通过互联网采集的海量外部数

据知彼，通过治理好企业的数据知己，这样才能在互联网大潮中无往不利。

早在 2004 年，IBM 在全球范围内开展了一次包括中国企业家在内的 CEO（首席执行官或企业总裁）的调查，问题是“回答什么才是促使企业在市场经济环境中取得成功的关键要素”，450 名被访问的 CEO 给出了相似的回答：差异化、快速反应和高效率。

换句话说，强有力的差异化价值主张是实现增长和盈利的关键，而同时组织必须能够感知客户和市场的变换并快速做出反应，而且能够以灵活方式调整成本结构和业务流程，以保持生产率和降低风险。差异化关乎战略的制定，而快速反应和高效率关乎战略的执行。

过去，由于外部环境条件的限制和企业发展战略意识的局限性，很多企业都无法同时兼顾差异化、快速反应和高效率。而对于大多数中小规模的中国企业而言，往往处于全球产业价值链的低端，单纯依赖低价战略，往往只能采用低成本下的高效率运营模式，管理上过多依赖等级森严的家长式的高压指令，使得他们无力提供差异化的创新产品和服务，也没有办法快速反应市场和客户的变化。

今天的情况已经不同了，信息和通信技术的发展使得世界变得越来越扁平化，地理位置和距离的影响正在逐渐减弱，不同地区、不同国家的企业间协助变得越来越容易，企业可以通过网络找到符合业务需求的供应商并快速与其建立联系，企业的运营和财务状况越来越透明，企业间协助的风险和成本也日益降低。

因此，新的经济全球化环境要求企业必须尽快重新设计商业模式，兼顾差异化、快速反应和高效率三个关键要素，这样才能在全球化的产业价值链中找到让自己持续生存的位置。

本节主要围绕企业如何做到快速反应和高效率展开，怎样借助大数据分析的方法和技术的手段，结合业务的应用点，深刻洞察现在业务的问题，并提出解决方法应用在企业业务流程中，提高业务流程的效率和准确率，支持企业培养快速反应能力和高效执行力，才是基于数据分析的业务优化的出发点。

3.5.1 认识：业务优化的概念和发展

从 20 世纪至今，全球的企业都在不断寻求变革和优化的方法。IBM 经过分析大量数据发现，在过去三四十年间，企业的业务优化连续度过了以提升企业整体营运能力和素质为目的的 3 个内部专业化的阶段，如图 3-11 所示。

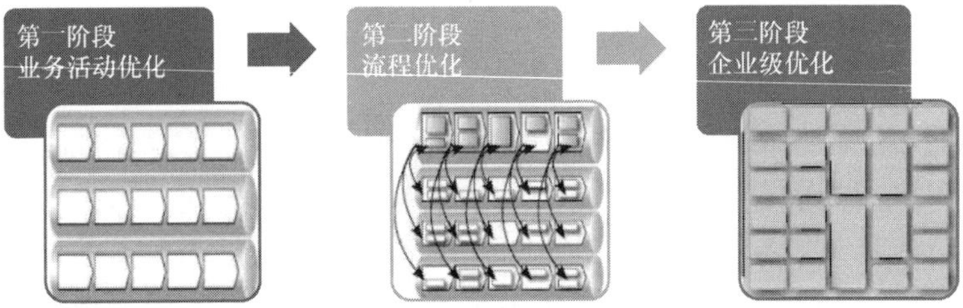

图 3-11　内部专业化的阶段

1. 第一阶段：业务活动优化

特点：早期阶段的业务涉及不允许跨部门业务活动的优化，因为那会使企业面临许多复杂性问题。

20 世纪七八十年代，很多企业几乎只关注业务单元级的优化，当企业围绕业务单元进行优化时，业务活动被划分到企业中不同部门负责和执行。当企业组织规模达到一定的程度，在极端的情况下，每个业务部门都各自为政，多个部门重复开展了大量的类似工作：从组织员工活动和出勤、接触客户到采购办公用品，其主要特征是提升每个员工的工作积极性，部门之间却缺乏相互协助和知识共享。

在彼得·圣吉《第五项修炼》中啤酒游戏的模拟中揭示了企业在这方面面临的许多问题：由于被切割的局限思考，每个业务单元都在努力扮演好自己的角色，独立地做出他们自己认为“对”的决策；而当问题发生时，通常会倾向怪罪于部门外的某些人或事情，自以为“正确”和努力地把企业的经营推向糟糕的局面甚至是深重的危机。

2. 第二阶段：流程优化

特点：处于这个阶段的企业继续保持业务部门孤岛架构，针对目标客户群体来开发特定产品。

在认清业务单元级优化的缺点后，很多企业开始了流程的优化。流程是企业自动化的起点，即一系列共同给客户创造价值的相互关联活动的过程，在传统以职能为中心的管理模式下，流程隐蔽在臃肿的组织结构背后，各自为政、协调复杂、效率低下、顾客抱怨等问题层出不穷。整个组织形成了所谓的“圆桶效应”。

为了解决在传统以职能为中心的管理模式下企业面对新的环境产生的问题，必须对业务流程进行重整，从本质上反思业务流程，彻底重新设计业务流程，以便在当今衡量绩效的关键（如质量、成本、速度、服务）上取得突破性的改变。流程优化不仅仅指做正确的事，还包括如何正确地做这些事。

流程优化是一项策略，通过不断发展、完善、优化业务流程保持企业的竞争优势。在流程的设计和实施过程中，要对流程进行不断的改进，以期取得最佳的效果。对现有工作流程的梳理、完善和改进的过程，称为流程的优化。

以下是流程优化的主要措施。

① 取消所有不必要的工作环节和内容。

② 合并必要的工作。

③ 程序的合理重排。

④ 简化所必需的工作环节。

3. 第三阶段：企业级优化

特点：通过集中原来高成本的跨业务部门和跨公司的主要流程，实现企业的规模经济效益。

业务优化的第三个阶段，企业开始优化企业级的决策整合跨企业的业务活动，以便实现规模效益。企业将过去分散的业务功能集中在一起，包括采购、财务、人事这类业务支持功能，以及销售渠道管理、跨部门销售和产品捆绑等业务运行功能，尽量减少不必要的重复活动。

业务的整合将企业转变成一个个业务模块组成的网络，每个模块中包含了一系列彼此关联的活动，每个业务模块都在组织中发挥独特的作用，同时又可以作为单独实体运行。我们可以把这些模块称为“业务组件”，业务组件是一个企业的基本构成单元，彼此松散地连接。因此，企业变成一个以绩效为中心的网络化“联盟”。

上面第一阶段的业务单元、第二阶段的流程中心和第三阶段的业务组件表面上都是企业的基本业务职能单元。而本质上，由于三者所处的企业结构是完全不同的，因此他们发挥业务职能和开展业务活动的方式也是不同的。

传统的层次型是高度面向业务功能的一维空间结构，企业对下属业务单位根据职能分工纵向划分为不同的业务管理线，每个业务单位都由确定的上级管理，工作安排只需向上汇报和负责。这种企业空间结构只能把业务的优化局限在单个的业务单元内部，而整个企业由于等级森严、部门沟通隔阂、协同困难，很容易造成业务管理上的僵化，难以对市场的变化做出快速响应。

而基于业务流程优化的企业，在原来纵向的工作业绩汇报线的基础上，围绕特定的项目和产品成立跨部门的项目团队或虚拟管理组织，以提高面对市场和客户需求变化的灵活反应能力，在企业的结构上形成了矩形的二维管理结构。

而成长到企业级优化的企业，其业务单元优化组合成既可以独立运作又可以和其他业务单元有机配合的业务模块，企业形成有机组织的结构，在这种结构中，每个业务组件成为高度专业化的业务执行单元，采用模块化的有机结构并不等于放弃集中的管理，虽然业务组件可以根据业务需要灵活组合，但它们必须与企业架构和战略保持一致。企业专业化从内部发展到外部的基本路径如图 3-12 所示。

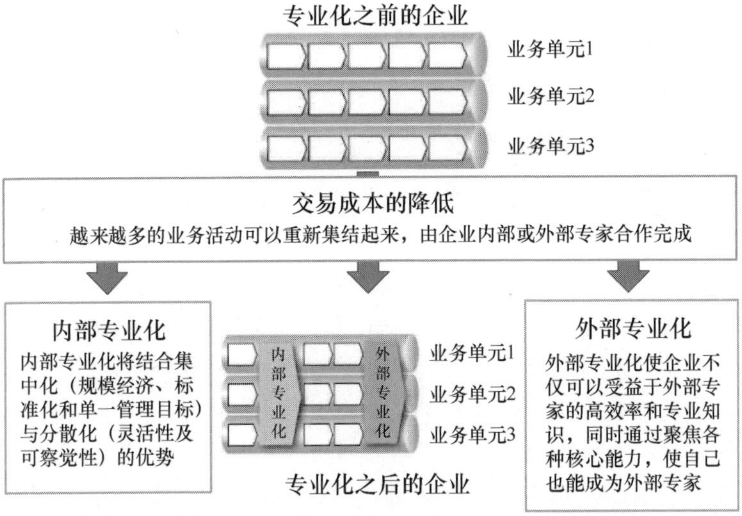

图 3-12　企业专业化从内部发展到外部的基本路径

当专业化的企业内部集成发展到一定程度，企业的战略管理和执行水平也上升到成熟的水平，松散连接的业务组件赋予了企业相当的灵活性，完成企业级优化的企业可以通过行业网络与外部合作伙伴进行低成本的协助，无论对方是独立的供应商还是其他大型组织的对外部门。

这时，企业可以把一些企业功能外包给特定的专业公司来完成，在自己薄弱的领域利用能力更强的合作伙伴，把企业的优化工作从内部网络化拓展到“行业网络化”。

行业网络化的企业专注在核心竞争力的业务活动，聚焦专业能力领域，同时进行组织改造以便在彼此协助的行业生态系统中发挥作用。这个阶段的企业优化已经提升到了“外部专业化”阶段。从内部优化拓展到行业网络化的基本路径如图 3-13 所示。

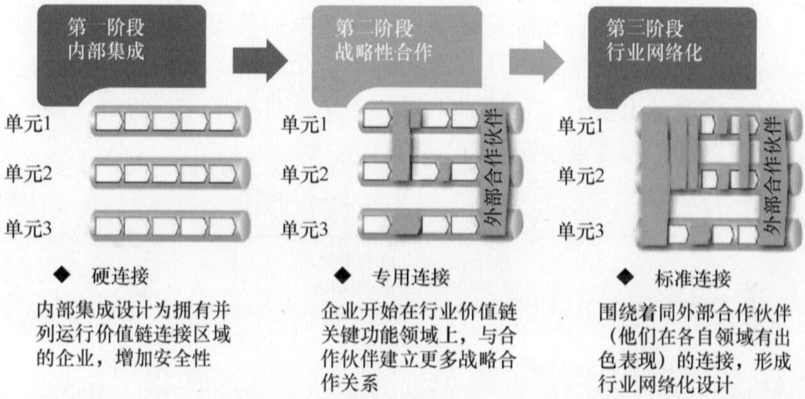

图 3-13　从内部优化拓展到行业网络化的基本路径

外部专业化进一步发展到一定阶段，企业将利用全球化商业平台实现低成本交易，并与广泛的外部专家建立基于行业标准化连接。企业领导人可以把精力从繁杂的内部管理事务中逐步抽离出来，聚焦在差异化战略的制定和管理上，并且利用行业价值网络来处理某些被标准化的业务活动。

一方面，通过这种行业特定的价值网络以及跨行业的产业协同价值网络，为企业差异化战略的落地提供价值。这种价值会随着协助交易量的增加、经济规模的发展，以及单笔交易成本的降低而不断成为支持企业价值链条的重要组成部分。企业以此利用外部的专业服务网络来释放企业资源，而这些释放出来的资源可以加强企业的战略性活动和流程。

另一方面，行业顶级的外部专家利用巨大的规模优势和功能的标准化来提高效率。换句话说，这些行业某个领域的顶级专业企业利用行业地位、规模经济和标准化的高效管理带来了低成本的优势，他们能更有效和更高效地提供某些能力，而企业内部培养此类能力并不会为自己带来任何差异化的优势。

所以，通过与全球范围内的供应商合作，以获取规模经济优势、灵活性和更加专业的知识是进入产业价值网络优化阶段企业的明智选择，这正是当今全球经济中 IT 流程外包（Information Technology Outsourcing，ITO）和业务流程外包（Business Pro-cess Outsourcing，BPO）的市场规模逐年攀升的根本动因。

3.5.2 实现：业务优化离不开大数据

企业的经营和管理都离不开决策，从管理学的角度，决策可以表述为：为了达到某一预定目标，在掌握充分、必要信息和数据的前提下，本着一定的价值评判标准，运用逻辑和数学推理方法，对几种可能采取的方案做出合理的选择。在企业管理中，无论是上层、中层还是下层，无论是生产运作、营销，还是人力资源管理、财务管理，都需要决策，如图 3-14 所示。

图 3-14　企业管理决策离不开大数据

例如，是否要推出一个新品种，是否要打进一个新市场，选择哪一套物流路线，如何对新招聘的员工进行培训等，只不过不同层次、不同部门的决策机会或决策权力有所不同，人们通常也把一些决策称为“决定”。

对有些决策问题，决策者可以根据其经验和判断力做出决断，而许多管理决策问题需要决策者从描述决策目标有关联的事物和现象状态、规模、变化趋势的数值出发，按照一定的思维方式和思维方法找出方案的评价值，再进行方案的选择。前一种情况是定性决策，后一种情况是定量决策，而定量的决策就需要用大量的数据。

企业领导凭经验和直觉做决策的时代已经一去不复返了，今天的企业领导必须重新思考使用信息或分析工具的机会。企业不仅要采用种种智能连接的技术和设备，同时还要具备将这些信息转变为新的智能行动的能力——强大的分析能力和广泛而一致的应用。

根据 IBM 对全球 225 位企业领导者所做的调查，发现很多企业在经营过程中存在较大的盲点，而且他们的重要决策并未建立在正确信息的基础之上。可喜的是，三分之二的企业已经开始运用分析工具弥合“差距”，并获取业务优势。

能持续进行企业级和行业价值网络业务优化的企业，必然能够从各种渠道获得精确、相关的信息，分析这些信息，并将其置于一定背景之下以及组织当中，用于实时决策和在恰当时机采取行动，这样的企业称为智能企业。根据 IBM 的全球研究、丰富的客户项目经验及与企业领导者的讨论，提炼出了智能企业的六大根本特征。

1. 清醒

智能企业是“清醒的”，也就是说，它们从所在环境中的每个节点、人和传感器收集、感知和使用结构化和非结构化的信息。它们将激励其员工和合作伙伴，与世界保持一年 365 天、每天 24 小时的密切联系。

IBM 历史上第一位女性 CEO 兼董事长罗睿兰（英文名为 Virginia Rometty）曾说过：“智慧企业就是迫使所有试题都成为真实可信的组织。”笔者也认为，掌控信息是成为现代企业生存的重要手段。

成为智能企业的最低门槛所涉及的大数据思维如下。

① 一切皆可数据化。

② 要全体数据。

③ 更杂更多样。

④ 实事成数而后求是。

⑤ 促进信息物理融合。

2. 联系

智能企业以一种符合其需要获取的业务结果的方式跨越地区、部门、业务单元和团队，将从前端到后端的内部和外部职能连接起来。它们能够将分散的团队联合起来，以共享和利用信息，从而实现互惠互利。它们会将各方面的人才相互联系起来，并与外部世界联系，以使他们能够全面接触可以获得的所有信息和想法。

商业智能的概念最早是 Gartner Group 公司于 1996 年提炼出来的，被定义为将数据转换为知识，将知识应用于商业行为，并以直观、形象的方式进行展现以支持企业管理者做出正确的决策的过程。商业智能应用是人、数据、流程、界面、技术工具的组合，它们之间相互作用，以支持管理人员和用户解决问题和做出决策。商业智能技术应用的本质如图 3-15 所示。

传统业务处理系统，开始于需求，结束于程序代码，数据是投产后的事情；

商业智能应用系统，则由数据开始，针对数据开发程序，分析程序得到结果匹配需求。

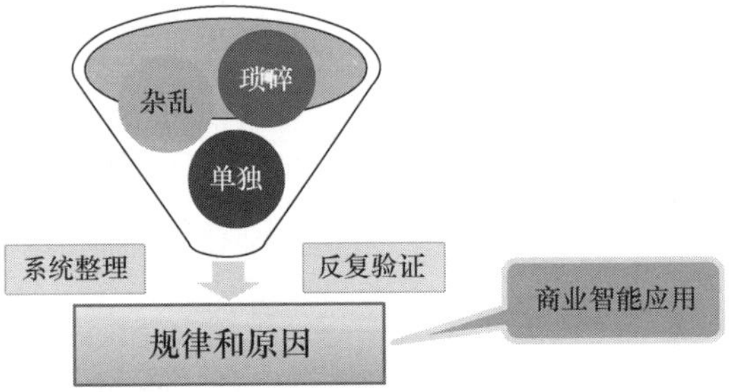

图 3-15　商业智能技术应用的本质

3. 精确

智能企业只使用最相关的信息来支持其更接近影响和结果的及时决策和行动。信息是在一定的背景下提供的，从而提供了以有力和有意义的方式迅速采取行动的能力。智能企业会重新分配“智力带宽”，所以员工能够专注于服务、创新和未来的改进。智能企业通常采用“数据驱动+用户驱动”相结合的实施方法，让决策和行动更加精确，如图 3-16 所示。

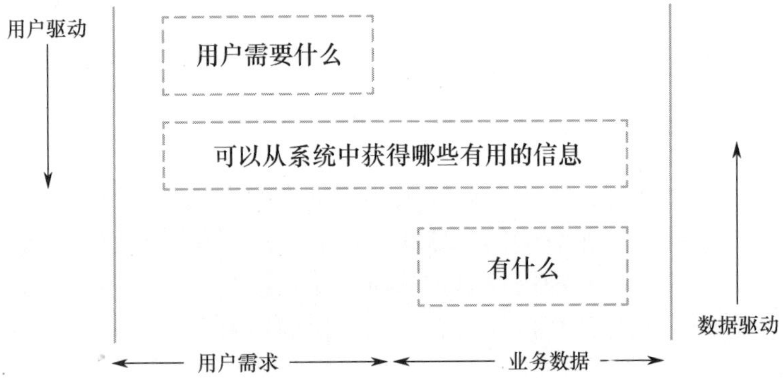

图 3-16　“数据驱动+用户驱动”相结合的实施方法

① 要根据当前数据仓库和业务数据的基础和质量情况，以可用数据资源的分析为出发点匹配用户需求，避免给客户不合适的预期承诺。数据仓库中数据的特征为面向主题、集成的、稳定的、时间相关（连续性）。数据参考的作用是整合各业务系统的数据，实现企业范围的统一视图；通过技术和管理手段，提供对商业智能应用和其他系统的数据支撑。

② 从业务需求解决的具体问题出发，确定系统范围和需求框架。

4. 质疑

智能企业会质疑现状，同时创造新的机会。它们很少按照表面价值来看待任务，而是发掘出其包含的机会：如何以更低成本、更快速度、更高质量完成这一任务？如何令某个客户更加满意？如何使这更安全？使工作处于掌控之下，不再是终点，而是改进明天工作的手段。

5. 赋能

智能企业支持和扩展员工的记忆力、洞察力、活动范围以及决策和行动的权力。随着自动化功能完成越来越多的常规决策，员工被授予进行更高价值的决定并据以采取行动的权力。向员工和自动业务代表赋能，要求文化上的转变：从一种连续监督的文化转变为一种信任和支持的文化。

6. 预测

智能企业会进行预测和未雨绸缪。它们不仅是做出反应或调整行动方案，还会驾驭和评估折中方案。而对未来的建模和模拟，则建立在过往事件的丰富历史记录和外部洞察力的基础之上。由于具备预测可能路线的能力，智能企业知道在新情况发生时应当做些什么。

上述智能企业的六大特征只是企业制定先进分析战略的起点，每个企业都是独一无二的，每个企业都有自己所属的行业、客户、股东、员工等利益相关者的要求。决定正确的组合和最有吸引力的愿景，是推动企业向企业级业务优化方向迈进的第一步，也是最重要的一步。实践证明，智能企业使用先进的分析和优化工具，可以在以下 3 个相互依赖的业务维度上获得明显收益。

① 获取深入洞悉市场的能力带来赢利性增长。智能企业在增加客户数量、改进关系、发现新市场和开发新产品和服务方面有更多的机会。

② 成本减少和效率提升。智能企业可优化资源和资本的分配与部署，以提高效率，并以一种符合其业务战略和目标的方式来管理成本。

③ 主动式风险管理。由于预测和识别风险事件的能力得到增强，再加上准备和应对这些事件的能力，智能企业在结果方面漏洞更少，具有更大的确定性。

反观企业追求业务优化的历程，根据彼得·圣吉的观点，企业通过自我超越、改善心智模式（打破固有的成见和僵化的观念）、建立共同愿景、团体学习，最后具备了系统思考能力，才能消除由于过去职能分割带来的组织思考的断裂和组织智商低下的问题，成为具有长远可持续发展智慧的智能企业。因此，优化的企业决策能力是企业实现业务优化的必要条件，而利用大数据是提升决策能力的前提。

3.5.3 精益：数据分析与业务流程优化融合

正如前文所描述的，业务的优化离不开优化的决策，优化的决策可以带来正确的企业行动，这样才能让企业真正实现业务优化和战略价值，而正确的决策离不开正确的数据和有价值的信息和知识。资料的准确性对于决策是至关重要的，从虚假的数据出发，很难做出正确的决策，“歪打正着”在复杂的决策中能够奏效的可能性几乎不存在。

人们是通过对数据（事物）间联系的分析来了解信息背后所隐藏的规律或事实，并在这种对事实了解的基础上做出更好的应对决策。造成企业在进行业务优化和升级过程中缺乏有效数据支撑决策优化的原因很多，而其中很重要的一条是企业普遍存在对 IT 投资的认识误区。如何避免这种误区，企业在融合数据分析与业务流程优化时，必须做到“精益”生产的原则，如图 3-17 所示。

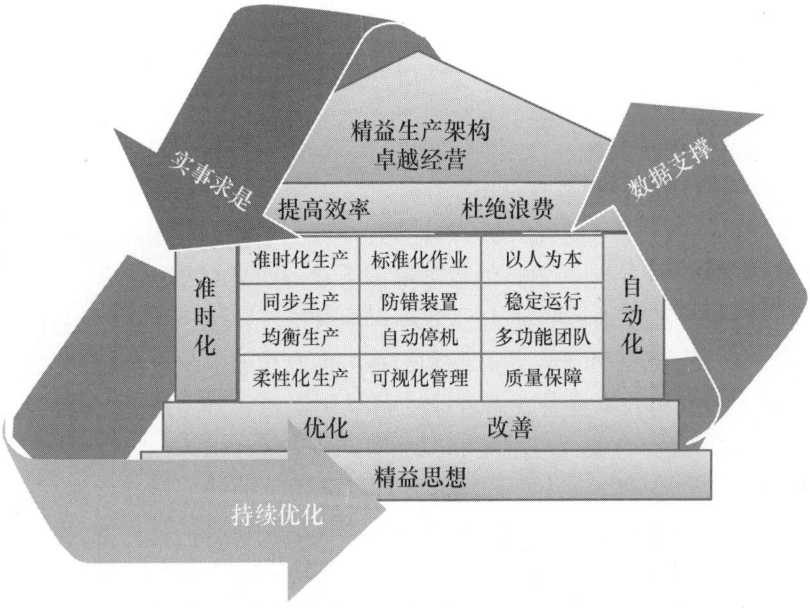

图 3-17 精益生产架构模型

1. 精益生产的概念和架构

数字孪生理念之父迈克尔·格里夫斯（Michael Grieves）曾说过："信息是被浪费的物理资源的替代品；在精益的理念世界里，我们最终能实现用最少的资源数生产产品的目标。"

①"精"：少投入、少消耗资源、少花时间，尤其是要减少不可再生资源的投入和耗费，得到高质量的结果。

②"益"：多产出经济效益，实现企业升级的目标，更加精益求精。

2. 实现持续优化的数据准备

智能企业的业务分析与优化是一个与企业战略和业务目标紧密结合的持续优化过程。这个过程从了解企业战略和业务目标、确定业务优化领域开始，通过分析业务优化的影响因素、数据的收集准备、利用创新方法分析提炼，直到帮助企业优化业务。同时，通过反馈数据，进一步修正业务目标，企业可以达到"精益"的持续优化。

企业要向"精益"的智能企业方向来实现业务优化，首先要在如下几个方面做好准备。

① 建立常态化的数据治理体系，并且纳入公司管理体系，确定相关负责部门和责任人。

② 加强信息基础的建设，建立系统统一的数据收集方法和数据标准。

③ 将数据应用固化到管理系统的关键步骤中，成为优化运营必需的依据。

④ 数据分析和业务优化与公司发展的战略目标和业务目标保持高度一致，紧密结合。

⑤ 数据治理及数据利用的水平是相关业务部门考核的关键指标。

⑥ 拥有成熟的工具和创新方法，对数据进行分析和解读，包括与第三方合作伙伴进行数据分析业务的合作。

3.5.4 创新：帮助消费者实现创意和梦想

创新（innovation）起源于拉丁语，共有三层含义：更新、创造新的东西、改变。创新从哲学上说是人的实践行为，人类通过对物质世界的再创造，制造新的矛盾关系，形成新的物质形态。这个概念应用到人类在社会化大生产的实践中，以现有的知识和物质，在特定的环境中，改进或创造新的事物，并且获得一定有益效果的行为。

联合国经济合作与发展组织（OECD）提出：创新的含义比发明创造更为深刻，它必须考虑在经济上的运用，实现其潜在的经济价值。只有当发明创造引入经济领域，它才成为创新。

政治经济学家约瑟夫·熊彼特（Joseph Alois Schumpeter）在其著作《经济发展概论》中提出："创新是指把一种新的生产要素和生产条件的'新结合'引入生产体系"。约瑟夫·熊彼特关于创新的基本观点中，最基础的一点即创新是生产过程中内生的。他认为经济生活中的创新和发展并非从外部强加而来的，而是从内部自行发生的变化。

今天的企业已身不由己地处于一个多样性、广泛互通、不稳定、不断失衡再平衡的生态圈中，企业唯有想办法在其中找到自己的位置，这是一个危机倒逼创新的时代，到底传统企业要如何做才能做到创新？

这是一个很大的问题，不同的企业面对的情况也不一样，因此也不可能有点石成金的金科玉律。笔者的建议是，每个传统企业在寻求这个问题答案的实践过程中，还是要结合自身的优势、劣势、风险和机会做客观清醒的分析，在这个基础上才能明晰自身在将来的生态圈中的价值定位是怎样的，从而找到比较确切可行的努力方向。笔者下面结合自身服务传统企业的经验给出一些创新策略，仅供参考。

1. 融入而非仅仅利用网络，保持随时在线

网络最明显的特征是它既没有明显的中心，也没有明显的边界，网络之中，人人平等。对于企业来说，区分组织内部人（我们）和外部人（他们）的标准正在发生根本性的改变——在工业时代，内部人表现为对于组织的绝对忠诚；而在网络经济中却变得不那么重要，现在内部人和外部人之间的唯一区别可能就是在不在线上保持持续的联系了。融入网络，随时保持与大众用户的在线联系，这应该说是企业在互联网中实现创新的最无可争议的必要条件。

2. 自主探究和深度学习

很多企业都已经投入巨资上了很多"高大上"的管理信息系统，可是对信息技术的应用并没有带来重大的结构性变革，很多传统的做法即使做了"互联网+信息技术"的包装，也没有改变骨子里那种已经不合时宜的想法和做法。因此，信息化的成效并不彰显，大量的工作换汤不换药，成本下不来，效率上不去，还衍生出类似数据质量低的信息化后遗症。

所以，在新工业革命面前，不是机器升级的问题，而是企业员工如何转型的问题。那种要高效率的机械性重复性工作必然会被机器取代了，而对未知领域的探究、创新、艺术这样不讲效率的工作将成为未来企业员工的新饭碗。在新工业革命中，每个人都要找新工作，只是有些人要换单位，更多的人可能是在当前单位中不断给自己找新工作。而要指向发明创造和艺术创作，没有知识的支撑这些工作是无法开展的，所以未来企业的人必须不断地自主探究和深度学习。

3. 拥抱集群的力量

大家要明白推动“互联网+万众创新”的背后是强大去中心化的力量，传统企业要向网络经济转型，用户思维是最为核心的价值定位，在网络喧嚣的声音面前，能快速赢得用户群体的法门也恰好就是创新 2.0 所强调的公众参与，利用各种技术手段让知识和创新共享和扩散，简单来说，还有什么比主动吸纳大众用户参与到自身的创新过程中更直接有效呢？

以生产者为中心的创新模式正在向以用户为中心的创新模式转变，如果说创新 1.0 是以生产为导向、以技术为出发点，创新 2.0 则是以人为本、以服务为导向、以应用和价值实现为核心的创新，创新 2.0 强调公众的参与，倡导利用各种技术手段，让知识和创新共享和扩散，创新 2.0 的典型案例包括开放源代码、自由软件等。在笔者看来，用一个简单的公式可以给出概括性的定义：创新 2.0=互联网+万众创新。

4. 追随免费的方向

在新的网络经济秩序中，创新远比价格更为重要，因为价格只是创新的副产品。工业经济的规模效应对于价值的提升是逐步而线性的，低投入、低回报；高投入，高回报。网络经济不同，所有能被网络复制的产品，无论是实体的还是虚拟的，都遵循质量不断提高、产量不断提升价格反而不断下降的趋势，而这样的趋势并不能影响它的价值是指数级增长的，给企业带来的回报也是指数级的增长。

因此，在网络中最有价值的应该是普遍存在而又免费的东西。企业的任务就是不断地制造出新产品，然后推动其降价，价格不断地趋近免费。在网络经济中最佳的策略就是先人一步推出低价，唯有对用户慷慨的企业才能在网络中胜出。“高大上”、高精尖的创新如果不能在价格上接地气、大规模拢人气，如果坚持曲高和寡、孤芳自赏，下场恐怕只能是迅速成为历史博物馆中的摆设。

5. 寻求“破坏性”创新

“破坏性”创新（Disruptive Innovation）也被称为破坏性科技，是指将产品或服务透过科技性的创新，并以低价特色针对特殊目标消费群，突破现有市场所能预期的消费改变。

推出“不完善”的半成品并不是降低成本的绝望表现，当客户比你聪明时，这是完善产品的最明智举动，在互联网中谁拥有最聪明的客户，谁就能获胜。网络经济中，客户和企业员工之间的界限消失了，随着大规模私人定制（工业4.0）的相关技术日益成熟和普遍，生产和消费合成一个整体：“产消”。今天随处可见的“产消”者正以亲身的实践和体验创造一个个了不起的产品，而未来企业将更像是供客户自娱自乐的创想实验室。

6. 优先激活产品的网络价值

在网络经济中从创造价值的角度，信息将胜过质量，所有的社会化生产和交易活动都会逐步向网络经济过渡，所有的经济活动都将或多或少地遵循网络规则，产品的关键区别是在网络中活跃与不活跃。

静态商品领域包括与经济信息脱钩的任何物体，例如，除价格标签外，不再包含其他任何经济性信息的产品，与这件产品有关的传播和通信等信息都不会影响到产品本身，这个产品从经济的角度是静态的。

而动态领域的商品则不同，产品与整个经济社会是紧密相连的，每一件产品都带有自己的识别标签码和与自身价值相关的信息，它们通过互联网与更加广阔的资源进行沟通，是动态的，是能够对事件做出反应的，那么它们和网络经济会融为一体，成为网络经济的一部分，换句话说，它们被网络激活了。

7. 与其解决问题，不如寻求新机遇

很多革命性的创新实践中已经证明，每一个新的发明都意味着更多的新发明，而那些新发明中又会创造出更多新的可能，毫无疑问，互联网是一个机遇的大工厂，新的创意意味着新的机遇，如果希望获得更多的机遇，就要接触更多的创意，因此“互联网+万众创新”意味着更多的财富机会。

而与之相对的是，传统企业经常在一些问题上钻牛角尖，总认为把当前面对的问题解决就能提高生产力，从而扩大规模取得更大的成功，殊不知问题层出不穷、没完没了，更加严重的是抓住了问题、错失了机遇，这样的执着很可能是一种事倍功半的低效习惯。

除了以上 7 项策略，笔者相信相关的策略还有很多，不过万变不离其宗。当今所处的时代是一个网络经济的风口，网络经济中有完全有悖于传统经济的规律，而我们决定采取怎样的策略，必须遵从网络经济下的新规则，这才是传统企业顺应网络经济潮流成功转型的生存之本。

3.5.5 智慧：让企业在新时代持续成长

当下智慧企业的理念核心就是在“创新、协调、绿色、开放、共享”的发展理念指导下，利用第四次工业革命智能制造的要求进行创新与变革，解决企业在“互联网+”的新时代可持续发展问题。互联网不但让实物财富变成了数据，也让知识和创意变成巨大的商业利益，随着越来越多的生产要素、生产场所、生产活动被搬到网上，数据本身就成为一项性命攸关的资源。

在互联网时代，得数据者得天下，拥有核心数据资源的行业龙头企业正依赖强大的数据资源积聚和处理能力形成新的垄断形态，利用信息优势占据产业链的主导地位，产业链其他企业只能沦为任其支配的附庸，信息资源成为行业龙头企业左右产业链资源配置话语权的“兵符”。因此，企业有意识地对自身业务数据资源加以积累和利用工作绝对不是附庸风雅，而是决定自身命运和前途的竞争手段。

1. 当前中国企业数据现状堪忧

在过去十几年的发展过程中，中国企业普遍开始使用各种信息技术，在产品设计、生产管理、库存管理、财务管理、行政办公等环节基本实现了计算机替代手工，这些信息技术的采用，大大提升了中国制造业的工艺水平和生产效率，并积累了日益庞大的历史数据，这些是将来转型升级智慧企业的物质基础。

而大家必须看到，大部分中国企业当初在投资建设这些信息技术应用系统的时候，是在缺乏统一规划的情况下开展的。具体的表现是，企业不同的业务职能部门，对 IT 部门纷纷提出了不同的信息化需求，以支撑本部门的业务运作和管理的需要，IT 部门以不同的服务器、软件平台和数据库平台，建立了不同版本的应用系统去满足这些业务需求。

因此，企业得到的是条块化的信息技术架构以响应业务部门不同的需求，形成了星罗棋布的企业信息系统格局。企业的核心数据零散地分布在各种独立开发的信息系统之中，这些系统之间的数据缺乏有效的集成和共享，形成了企业的一个个“信息竖井”或“信息孤岛”。

这样的企业数据现状扭曲了很多中国企业对信息化的认识，甚至造成了很多对信息技术了解不深的企业领导对信息化的恐惧和困惑。他们不是不愿意投资信息化，而是普遍感到信息化投资的建设效果不如预期设想。

由于投资信息化后解决“信息孤岛”问题缺乏有效的数据共享，在有些业务环节上，一个系统所需要的数据无法从相关的其他系统自动获得，只好重复录入，而同一个数据在多个系统的被重复录入使得客观上存在多个数据源，因此导致了信息的不一致，严重影响了各项决策工作。

几年前，中国制造业中普遍传播一个关于 ERP 的笑话：“企业不上 ERP 是等死，上 ERP 是找死”，这个悖论表明当前对中国企业的信息化困局。中国企业的数据割裂情况，客观上成为阻碍中国企业实现治理现代化的最大障碍。

2. 为什么智慧企业要数据说话

当企业规模还不大时，客户、产品与服务、员工的规模都很小，领导还能深入了解每一位员工，亲自拜访和认识每一位客户，对自己产品的生产过程或服务的业务流程了如指掌，所有的信息都可以通过现场面对面沟通获得并被记住。

国内曾有不少民营企业，老板没有任何企业信息化的概念，惯用手机来发号施令，亲自管理业务的方方面面，这样乾纲独断的治理方式仿佛也能把企业生意做得不错，当然在企业规模不大时，有一个能力超强的领导来推动高效率的执行是行之有效的。

另一方面，在以权力作为单一治理方式的企业中，信息的不对称恰恰成了权力游戏规则，企业各项业务信息的公开透明和权力阶层的利益立场恰恰是背离的。在高度开放和完全竞争的市场环境下，随着企业规模的扩大，企业的利益相关者也会越来越多，依赖少数人用权力说了算的企业管理方式明显已经难以适应把企业规模扩大的要求。

知己知彼是企业在竞争环境下取得成功的必要手段，而这种传统依赖少数人行使权力的企业治理手段，恰恰给企业带来巨大的风险。因为在信息不完整、不对称的治理条件下，企业的当权者固有的人性弱点和决策失误所造成的风险是显而易见的，将给企业的广大利益相关者带来的损失和伤害也是显而易见的。

可以说，在市场中形成的契约文化下，越来越多的企业利益相关者理智地认识到，当今企业的治理，必须从高风险的人治机制转型到风险可控的法治机制，以公开、公正、公平、平衡的方式处理好企业内外的各种关系，这样才能保障企业和业务的可持续发展，维护企业应有的权益。

企业各项活动的信息化和信息的披露，也正反映了企业内外利益相关者对有效控制企业风险、获得企业长期发展回报的利益诉求。让数据来说话成为取代陈旧的组织和权力文化，也必然成为管（治）控（制）好一个日益复杂成长的企业组织体系的不二法门，通过信息的管理取代通过权力的管理才能体现企业治理的成熟。

在这样的背景下，企业的信息化和智慧化建设，除了传统意义上建立应用系统来支持企业的业务运作和管理外，必须与企业治理工作紧密结合，通过对企业信息的运用来实现企业的治理。而从企业治理的角度，可以从以下几个方面体现对企业信息化提出的新要求。

① 从企业外部监管的角度，国家已经并且还会持续出台系列法规来要求企业持续信息公开，企业信息化如何满足越来越多的监管对企业信息外部披露要求。

② 从企业内部风险控制的角度，企业的信息化和智慧化如何满足企业领导对各业务单元进行管控的信息采集要求，如何确保企业决策者可以及时获取各项真实的业务运营情况。

③ 从企业各项资源使用和管理的角度，企业的信息化和智慧化如何帮助企业准确地掌握自己的“家底”，并且帮助企业最大化提升企业各项资源的利用效率。

④ 从企业转型升级的角度，企业的信息化和智慧化如何帮助企业执行业务转型战略，帮助企业各层级形成分工职责清晰和工作协同高效的业务机制和文化环境，从差异化、效率和成本三个角度培养重点业务能力，形成核心竞争力。

那么，在企业中如何才能让数据说话？在基于数据分析的业务优化企业中，运用大数据处理、商业智能和数据仓库技术，从许多来自企业不同的业务处理系统的数据中，提取出有用的数据，进行清理以保证数据的正确性，然后经过抽取（Extraction）、转换（Transformation）和装载（Load），即 ETL 过程，整合到一个企业级的数据仓库中，从而得到企业信息的一个全局视图。

在此基础上，利用合适的查询和分析工具、数据挖掘工具等对数据仓库中的数据进行分析和处理，通过合适的信息展示界面，让企业用户获取到决策过程中需要的各项数据、信息和针对性的知识，为决策过程提供支持。图 3-18 所示为用数据说话的业务流程优化步骤。

3. 推动信息化，让数据创造企业未来

在当今复杂的企业内外部环境中，不但战略发展趋势的调研需要大量的数据来支撑，日常的各项生产经营活动的决策也需要有客观数据和分析的支持，现在

都强调各项工作要实事求是，在数据文化的基础上，形成严谨、理性、实证的科学决策体系，从道德、文化、制度、技术等方面重构现实中的企业。没有信息化就没有现代化，这已经是一个不容置疑的客观发展规律的要求。

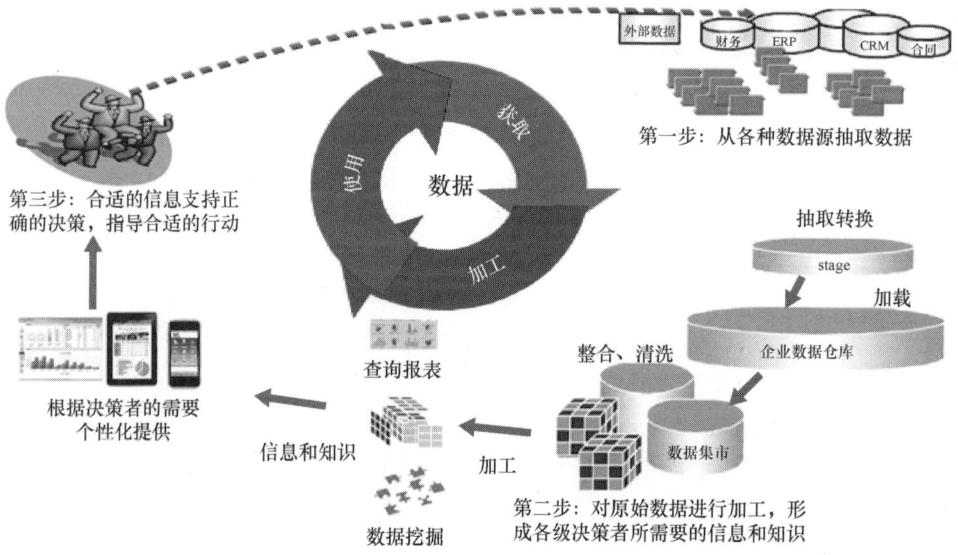

图 3-18　用数据说话的业务流程优化步骤

著名 IT 教授安德鲁·麦卡菲（Andrew McAfee）曾指出，IT 技术的应用有两大妙处：其一，就是 IT 提高了生产率，它加快了速度，提高了质量，加大了工作强度；其二，也是 IT 的核心意义所在，是 IT 能够让管理者按照自己的想法去设计公司。

针对中国企业，运用 IT 技术来提高劳动生产率的价值并不大，相对于中国传统制造企业本身所依赖的廉价劳动力，企业在信息技术方面的投资可能还远高于当初希望节约的人力成本，这样导致对企业信息化投资入不敷出的认识和企业信息管理部门成本中心、“烧钱”单位的定位。

对于迫切需要转型的中国企业的信息化定位，必须从单独响应各部门当前业务需求提升到整体配合企业转型升级的战略布局上，向现代化企业治理体制转型升级的顶层设计在前，信息技术支持随后，贯彻执行形成业务能力在后，这样才是一个符合中国国情的企业信息化的发展路径。

从商业运作、社会管理到技术创新，我们都确信大数据不可或缺，因此我们的信息化必须开放、自内而外，面向全球的同时也是重新检视自己，努力让企业信息化跳脱单纯的技术范畴的局限，把科技符号变成文化符号。

让数据来说话，不仅仅是在技术层面帮助实现现代化的企业治理方式以取代落后僵化的权力体系，更是从文化内涵的深层次重构企业持续发展的生态环境。

让数据来说话的观念，不只是明智领导的选择，也不只是精英人士的忧患，更应该是千千万万人能够在一个公平正义、开放包容的工作环境中开展竞争，实现创造性劳动价值的过程。中国传统文化精神、西方现代科学技术、社会主义核心价值观将在这个前所未有的数据大革命中达到更加和谐融洽的高度统一。

3.5.6 总结：坚持企业大数据，赢得未来

基于数据分析的业务优化过程是一个很大的概念，从底层的数据整合，到对现有的业务流程和系统的分析，识别哪些数据维度非常重要，需要跨公司层面地整合起来，然后在此基础上利用一些数据挖掘、优化的工具，并借助决策模型支撑，来解决企业的业务问题，并在实际业务中根据业务的变化、竞争对手的变化、数据的变化和客户的变化而持续优化设计出的模型。

所以，这是企业决策和业务行动的一个端到端的闭环过程，其本质在于通过商业智能技术对未来进行预测，告诉你将来会发生什么事情，应该如何去应对，怎样才能做到最好。而基于数据分析的业务优化最终的结果是将分析、洞察应用和固化到企业业务的持续优化中，让企业的业务更加流畅地运转。

企业投资 IT 的价值，恰恰也只能体现在 IT 和业务的深度融合、同步发展和帮助企业实现更高层次的业务优化的过程中。企业在 IT 技术特别是数据上的投资，归根到底是帮助企业更加清晰地了解自己，同时洞悉所处的时代潮流和市场环境，做到知己知彼，走未雨绸缪的必然之路。

作为企业的领导人，如果不在掌握基于数据分析来支持企业全方位业务优化的道路上积极进取，就难以让企业持续地兼顾差异化、快速反应和高效率三个在市场经济环境中取得成功的关键要素，从而丧失在全球化的产业价值网络中找到让企业持续生存和发展下去的位置。

从这点意义上，我们可以通过企业的数据看见企业的未来；用基于数据分析的企业业务优化，用大数据寻求“新钱途”，赢得企业的未来。

第 4 章

新工业革命为什么智能

工业革命的每一次到来，都会颠覆性地改变人类文明进程的发展，谁能抢占先机、顺势而为，谁才能有机会成为“革命”的弄潮儿，引领一个时代。

本章主要介绍新工业革命为什么智能，第四次工业革命及其成因分析、大众创新成为新工业革命中的新常态，以及如何在“互联网+大数据”的基础上实现智能化生产。

4.1 智能制造：第四次工业革命的全球目标

第四次科技革命，是继机械化技术革命（第一次工业革命）、电气化技术革命（第二次工业革命）、数字技术革命（第三次工业革命）的又一次智能化科技革命。本节主要介绍第四次工业革命及其成因分析。

如今，全球都处于第四次工业革命之中，“工业 4.0”的全球目标就是融合新一代的信息技术，开展智能生产，以满足社会化、个性化、服务化、智能化和绿色化等制造发展需求和趋势，从而实现真正的智能制造。这个目标是当前世界各国共同追求的目标。在这个时间点中，希望大家可以明白到底怎样才算是革命，这个可以引用马克思的观点。

自人类社会进入工业文明以来，技术进步引导变革来推进社会进步已经成为普遍共识，按照马克思的观点，生产力的改变不是革命，只有生产力发展到推动生产关系发生改变的时候，才是革命。纵观第一次、第二次、第三次工业革命，马克思的观点得到了社会实践的验证。现在已经到了一个革命的时代，那么我们的生活已经是在一个意义深远的转型期了。

4.1.1 面对革命——企业有两种态度选择

第四次工业革命所强调的生产的社会化、个性化、绿色化、智能化等，背后所体现的就是一个产消高度融合的趋势。那么，对于所有的企业来说，面对这样的革命，其实谁都躲不过去。

面对革命，企业有两种态度选择，即“+互联网”或“互联网+”，如图 4-1 所示。下面就以企业对互联网的不同态度，来映射企业对于革命的两种选择。

1. 态度一：“+互联网”

“+互联网”，即企业把互联网只看成是一个信息整合的技术和工具，没有从根本上去改变传统的生产观念和生产方式。这样使用互联网并不会给企业带来多么巨大的改变，这就是一种“+互联网”的态度，或者说是一种逐渐改良的态度。

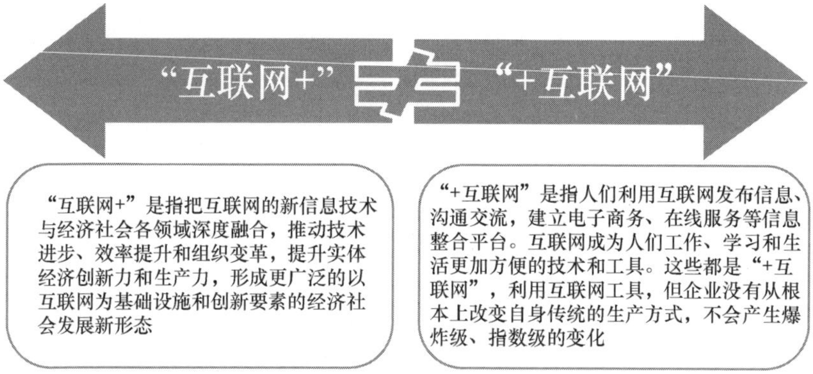

图 4-1　企业面对第四次工业革命的两种态度

2. 态度二：“互联网+”

“互联网+”其实就体现了互联网这种新的信息技术和经济社会各个领域的深度融合。“互联网+”的本质是传统产业在生产方式上创新，不是让互联网取代传统产业，而是让互联网更大地释放传统产业的生产力。

“互联网+”的融合是化学反应的概念，这种化学反应会产生新的物质；而“+互联网”只是一种连接，它不是化学反应。“互联网+”所强调的是通过技术的进步、效率的提升和组织的变革，通过运用互联网大数据这样一种新的信息技术，来提升企业的创新力和生产力，来改变企业形成更加广泛的以互联网为基础设施和创新要素的新生产形态。

当前，在传统制造业中运用大数据、云计算、物联网等技术，催生出了“互联网+智能制造”新模式，实现共享和协同的智慧服务。这里的“互联网+”不是简单的“+互联网”，这是因为主体不同，作用也不同。

“+互联网”仍停留在“传统业态+互联网”的观念，把互联网视为工具，而“互联网+”传递的信号则是“互联网+各个传统行业”，互联网不只是载体，而且是主体。它不是配角，而是当仁不让的主角，不可或缺。

自从互联网诞生以来，工具化就是互联网的主要特征。互联网作为具有革命性的工具，可以扩大和提升信息交流的空间和速度，从而让传统产业不仅生产效率继续有所提高，而且使得消费效率获得极大提升。

以信息化为代表的“3.0”运用的是数字手段，延伸的是人类的眼睛和耳朵，主要解决的是生产效率和消费效率之间的矛盾。但是，互联网仍然是工具，因此传统产业的基本形态并没有因互联网的加入而改变。

在“工业 4.0”阶段，互联网已经不再是传统意义上的信息网络，它更是一个物质、能量和信息互相交融的物联网，互联网传递的也不仅是传统意义上的信息，它还可以包括物质和能量的信息。

互联网的去工具化，从百度、腾讯等互联网巨头纷纷主动涉足传统制造业已经初现端倪。企业对于以互联网为代表的新信息技术，现在到底是“+它”的态度，还是“它+”的态度，这个态度会在很大程度上影响企业后续的战略判断及战略举措。

4.1.2 如何革命——成为新工业时代中的智能企业

“工欲善其事，必先利其器。”这句话对于现代工业来说是最贴切不过了，现代工业水平在相当程度上是依靠生产装备来奠定的。虽然传统的中华文化一直强调“君子不器”，可是无论是生产还是生活，人类已经前所未有地依赖于各类装备器具。特别是经过电子信息科技所推动的第三次工业革命，装备信息化和信息化装备已经成为现代工业的标准配备。

互联网发展催生的后工业化时代，数据化已经成为各种物质装备不可抹去的影子。特别是当 3D 打印这类快速成型技术日益成熟以后，装备的物质属性已经越来越不重要了，只要有充分的信息，所有的装备都可以在遥远的地方快速复制出来。到这个时候，所有数据化以后的装备都可以通过互联网随意地传递和复制，迅速地与使用这些装备的空间场景快速融合起来，完成各种类型的任务活动。

将来的物流可能和今天发一封电子邮件一样便利，只要把关于目标物完整信息的数据版本发送过去就完成传送了，科幻小说中描述的跨时空转移的景象很可能用这种方式变成事实。

相对于传统的制造业，新工业革命的未来场景是如此的超乎想象、匪夷所思，足以动摇所有对物质的崇拜和信仰，财富也因此需要重新定义。而由于数据所具备的可复制性和流动性，传统的物质财富在将来几乎一文不值了。

因为当人类经济社会发展到心想事成的生产力水平时，所有成型的物质财富就会失去私有制诞生以来的所有社会意义。当人的各类初级心理需求都得到充分满足时，唯一难以满足的就只有自我实现的最高心理需求了，而最有经济价值的稀缺品就是创意，同时创造将是自我实现最直接的方式。

所以，马克思所预言的共产主义社会中创造性劳动成为人的第一需求是符合人类历史发展规律的。今天这场新工业革命是否会把人类带入共产主义社会呢？目前做判断可能还为时过早，但每一个企业组织的变革都指向智慧企业（也被称为智能企业）几乎已经得到全球的共识。

目前新工业革命在全球有 3 种路径，代表国家有中国、美国、德国，路径虽然因为各国国情有所不同和取舍，但是目标都是一致的，就是可以实现高度自主生产的智能工厂。而具体如何实现智能工厂，毕竟企业个体的差异性很大，路径是各个企业要根据自己的情况来探索的，并没有统一的绝对正确的变革路线图。

抛开组织变革层面的复杂性，笔者认为装备层面实现全生命周期管理的智能化、可视化是非常必要的基础性工作。从生产力要素的角度来说，装备是实现现代化生产力的基础，如果这个基础的智能化工作不牢靠，那么后面与智能工厂相关的所有工作都会像建设在沙子上的建筑一样容易动摇。对于很多大型实体企业来说，大型设备既是核心固定资产，又是核心生产力要素，能不能用好这些大型设备，直接决定了企业的经济效益和发展前途。

我国已经步入了全面工业化，设备的大量使用，在电厂、电网、铁路、地铁、大型工矿制造业已经不在话下了，而越来越多的（如制药、食品饮料、服装等）生产企业也大量地使用流水线方式组织生产，也要用到大量的各类型生产设备。

而在设备管理领域，目前大量的中国企业只重视设备的投资和安装，却忽视了投产后的设备持续健康管理工作。明显的特征是：设备的运行管理信息化工作严重滞后，很多企业甚至连自己到底有多少设备、多少还在用或多少可以用都搞不清楚，更没有建立合理有效的设备健康监控养护机制。

除了设备的意外故障造成的停产，给企业带来巨大的事故性损失外，企业在养护这些设备时往往也只能采取盲目的人海战术，靠三班倒专人盯守的方式来进行设备运行的监护工作，高度依赖专家的经验、能力和责任心。

即使这样，由于人工管理方式天然存在的信息严重不全面、不精准、不对称、不及时、不符实，因此对于设备的运行状态还存在相当大的管理盲区，信息不对称造成的设备零部件的备件采购和库存的成本高的情况也很严重，事实上是企业尽管耗费了巨大的人力、物力成本，还是管不全、管不细、管不及、管不精，当然总体来说就是管不好。

生产力这个经济基础决定了生产关系这个上层建筑，而现代工业体系中的装备又构成了生产力的重要基础，可以说，现代工业生产力要素基本上就是围绕一系列的装备技术而展开的，信息技术无疑可以大大提升装备的使用效率和保养效益。

融合应用新信息技术，对可视化和智能化设备进行全生命周期的健康管理，不但能解决设备管理长期以来对专家经验的过分依赖，而且让设备的故障诊断和风险分析前移到萌芽状态，大大提高了设备运行的可靠性和安全性，还能把设备的运行参数和经济性、环保性及效益性等与企业的经营决策和业务战略高度结合起来。

换句话说，给无意识单调周期机械运动的机器注入了企业思想的灵魂，这无疑是实现智能的必要前提。所以，装备智能化管理是企业迈入新工业革命的垫脚石。

如何踏上这个垫脚石，则要从生产装备的规划、设计、生产、安装、投产、运维、改造直至报废的全生命周期出发，给设备建立终生的生活日记、健康档案和电子病历，给每一个装备都同时配置伴随其终生的数字孪生镜像，让各类利益相关者能从这面数字镜子中清楚地看到装备每个阶段的各项真实状态，能明确装备的每个安排和设置所牵连的前因和后果，能真切地感觉到装备健康生命力给企业带来的效益和价值。

以此作为企业的核心数字资产，来用活、用好这些庞大的传统企业核心物质资产，让大象群不但能跳舞，还能稳当地走过钢丝绳。不管是哪个行业的重装备企业，唯有具备了数字孪生、虚实融合的能力，才能真正有基础成为新工业时代中的智能企业。

4.2 创新成为大众化需求

信息通信技术的融合与发展，推动了信息共享与知识扩散，带动了创新民主化进程和知识社会的形成。在知识社会的形态下，传统意义实验室的边界及创新活动的边界也正在消融，持续创新成为企业在这样一个社会的大变革中能获得成功的新常态，如图 4-2 所示。

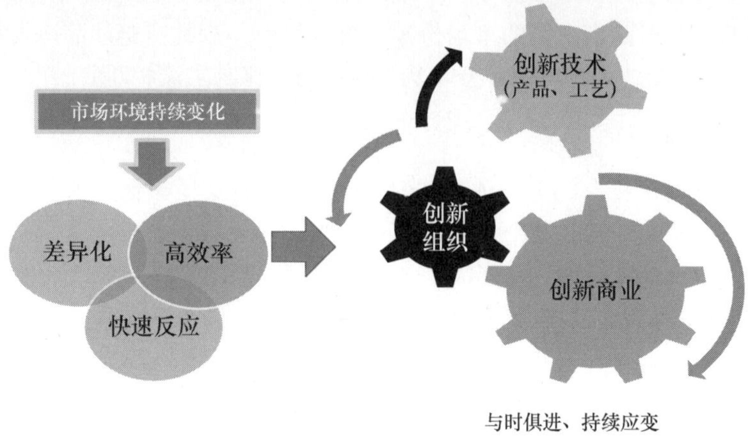

图 4-2　创新成为大众化需求

4.2.1 现状：创新不再被少数组织垄断而成为大众化需求

可以看到，在这样一场全民参与的新工业革命中，传统企业的话语权已经被消费者给夺过去了，所以创新也是一样，今天的创新已经不能在少数企业的组织边界内部去闭门造车了。

创新已经不再被少数的企业所垄断，而成为一种大众化的需求。今天的消费者正在积极地通过互联网向创造者这样一种角色转变。在这种情况下，消费者和生产者融合成了一个产消者，形成了一种新的组织方式和生产关系。

所以，从创新的层面分析也是同样的道理，创新已经不再只被企业垄断了，而是大量用户的高度参与创新。如今，用户都希望能够在产品中加入他们的想法和创意，在这样一个大的潮流影响下，创新变成了大众创新，消费者参与到企业的设计和相应的研究活动中。

1. 克里斯·安德森的"长尾理论"

在十几年前，《连线》杂志前任主编克里斯·安德森（Chris Anderson）提出了一个很著名的"长尾理论"（The Long Tail）。"长尾理论"认为，由于成本和效率的因素，当商品储存、流通、展示的场地和渠道足够宽广，商品生产成本急剧下降以至于个人都可以进行生产，并且商品的销售成本急剧降低时，几乎任何以前看似需求极低的产品，只要有卖，都会有人买。"长尾理论"毫无疑问为创造基于互联网的新商业模式奠定了基础。

"长尾理论"的概念总结：只要产品的存储和流通的渠道足够大，需求不旺或销量不佳的产品所共同占据的市场份额，可以和那些少数热销产品所占据的市场份额相匹敌甚至更大，即众多小众市场汇聚成可产生与主流相匹敌的市场能量。

专家提醒

根据"长尾理论"，iPhone、Windows、PS4 游戏机等由精英创造的大众化产品的市场份额实际只占整个市场份额的20%，而一些不起眼的由大众创造的小众化产品，如四轴飞行器、GeniCan 智能垃圾桶、YiREGO 脚踏式洗衣机、氚气荧光管、Dolfi 超声波洗衣器等，甚至是《外星人入侵生存指南》这样看似荒诞的产品，汇聚起来却可占到80%的市场份额。

① 四轴飞行器：一种4个螺旋桨的无人机。

② GeniCan 智能垃圾桶：每次扔垃圾时，垃圾桶会快速扫描垃圾上的二维

码，帮你记录丢弃物，提醒你购买用完了的东西。

③ YiREGO 脚踏式洗衣机：整个洗衣机的 40%是用回收材料制成的，为了更加节能，它甚至完全不用插电，改用一个脚踏板来驱动。

④ 氚气荧光管：利用氚半衰期长设计的发光管，可以自发光 25 年。

⑤ Dolfi 超声波洗衣器：利用超声波震动水分子以达到洗衣目的的小工具，省水省电。

例如，阿里巴巴专注于占市场 80%的中小企业、小商贩，用较低门槛的会员费吸引他们入驻，80%的长尾聚集在一起构成了马云的“财富帝国”。

亚马逊 50%的利润来自畅销书，50%的利润来自非畅销图书，对非畅销图书采用按需印刷，从而降低库存成本，实现盈利。1999 年开始提供市集服务，为专营店和个人售卖产品服务，到 2004 年占亚马逊销售额的 40%。

克里斯·安德森在 2015 年写了一本名为《创客》的书，副标题就是新工业革命。克里斯·安德森通过观察互联网的发展趋势，提出“长尾理论”来支撑在互联网上做生意、做营销的企业，并为他们提供一些相应的指导方法。如今，克里斯·安德森已经将“长尾理论”提升到了新工业革命的角度。

回顾前面所讲的产消者，实际上它和创客是一脉相承的。克里斯·安德森在《创客》这本书中对于创客运动和创客的概念，做出了一个完整的阐释，非常系统地回答了创客在新工业革命的市场土壤中是如何形成、发展和兴起的。在克里斯·安德森这本书中，创客的定义是具备包括使用各种数字化的工具，以及一些先进的生产加工设备，来完成一些定制化的设计、生产、开发作品的过程。

专家提醒

“创客”一词来源于英文单词“Maker”或“Hacker”，狭义上的创客是指那些酷爱科技、热衷实践、乐于分享，努力把各种创意转变为现实的人。广义上的创客是指有创意，并且能够付诸实践进行创新的人。如今，凡是参与“大众创业，万众创新”的人都是创客。创客的共同特质是创新、实践与分享。所以，从这个层面可以看到，其实今天的消费者都普遍地具备了创客的一些特质，即喜欢创新、喜欢实践和喜欢分享。

2. 关于创客的迷思

西方学术界公认的创客内涵是指能利用各种技术手段与方法把创意转化成“实体作品”的创造者。这表明，创客的创造能力必须通过实体作品体现出来。例如，西方学者界定的创客内涵本身，就是特别强调要能“利用各种技术手段与方法把创意转化成‘实体作品’”。

又如，率先提出“创客行动”口号的前《连线》杂志主编克理斯·安德森也认为，创客行动有三大特征：使用多种数字桌面工具；遵循共享设计和在线协作的文化规范；使用共同的设计标准以促进分享和产品的快速迭代。很明显，这里所说的三大特征，尤其是第一个特征和第三个特征都与“物质产品”的制作密切相关，而基本不涉及“精神产品”范畴；其中的第二个特征虽然也适用于“精神产品”的开发，但并非是不可或缺的。

依据目前西方创客领域学者的观点，实体作品好像只能通过“物质产品”体现出来。换句话说，要“利用各种技术手段与方法”实现“物质产品”的制作是成为创客的必然要求（是一种不可或缺的因素）。

这样片面的观点让人对创客的概念产生不必要的疏离和困惑，为成为创客制造了不必要的技术门槛，阻碍了创客文化的广泛推广。在教育学术界也引发了一些批评，如美国欧林工程学院的德比·查克拉教授于 2015 年 1 月 23 日在 The Atlantic 网站上发表了一篇名为《为什么我不是一名创客》（*Why I Am Not a Maker*）的文章，引起人们广泛关注。

德比·查克拉认为，创客过分强调制造产品的价值，而忽略了对非创客人群存在价值的尊重，是一种畸形的技术文化。为此，他对创客运动深表担忧。不过，像德比·查克拉这种观点在西方只是极个别现象，绝非主流。

按理说，构成人类智慧成果的实体作品应该既可以通过“物质产品”来体现，也可以通过“精神产品”来体现；“物质产品”的创造可能需要“利用各种技术手段与方法”，而如果是“精神产品”的创造，则只要大脑加上双手就够了。当然，对于“精神产品”的创造，若有技术手段的帮助，效率会更高一些；但在这种场合，技术手段的应用只是一种锦上添花，而非不可或缺的因素。

如果人们仍迷信人必须制作出“物质产品”才具有创客的资格，那么历史上众多推动文明取得巨大进步，且给后人留下巨大精神财富的伟大的思想家、政治家、文学家甚至科学家（包括爱因斯坦）都被排除出“创客”行列了。而当前人类社会中为数众多的人文工作者和服务从业者也同样无缘“创客”，这样显然是不对的。

分析当下对于创客的迷思，笔者认为根本的原因是把创客看成了一种外在的身份，而对这种外在身份的认定中，又特别地强调了物质（实物）的重要性，因此造成了对创客理解的片面性。

如果创客仅仅是一种身份，一方面，由于无法有效区分创客身份和其他身份的根本差异在哪里，也就无所谓创客不创客了；另一方面，人的身份是多样的，也是变换的，那么他此刻是创客，彼刻就不一定是创客了。那么他到底是不是创客本质上是一个难以确定的判断，这两方面都违背了关于创客定义的初衷。因此，要理解创客的根本是什么，必须要从推动人的外在行为背后的内在品格中加以理解。

3. 创客的根本是人格

根据伊曼努尔·康德（Immanuel Kant）的看法，人既是一种“自然存在物”，又是一种“理性存在物”。前者是一种有形的感觉世界（物质世界），后者则是一种无形的超感觉世界（精神世界）。人同时活在这两个世界之中，虽然这两个世界都与我的存在有密切的关系，但是它们对于人的意义截然不同。

伊曼努尔·康德认为，就有形的物质世界而言，人们作为自然中的一个成员，与其他一切自然存在物一样，只不过是大自然无穷无尽的因果锁链中的一环，从这个意义上来说，人的地位与一块石头或一棵树没有什么两样。然而就无形的精神世界而言，人不仅是自然存在物，而且是理性存在物，这无限提高了人类作为人格、理智的地位和价值。

人格是指一个人所具备的心灵、品格、整体的精神世界，这个概念目前还无法在科学上给出清晰的物质属性解读，但内涵非常丰富，人格包括了人的世界观、人生观、价值观等重大观念，包括思维方式、行为模式、处事态度、性格、气质、能力、习惯等。简单来说，人格指的是一个人整体的精神面貌，具有一定倾向性和相对稳定性的思想和心理的综合表现。

认知心理学的研究成果已经充分表明了，人的心灵在面对外界事物的时候，并不是一个被动的接收器，而是有着复杂而多层次的知觉和思维活动的。在这个活动中，任何外界的事物没经过内心的处理前，都只是毫无意义的原材料，人的内心会通过选择、分类、推断、排除、投射、关联这些有意识或无意识的心理活动，把自己的解释加给这些材料，从而建构了对这些事物的意义。

这就是人格作为人的整体意识结构而构成了作为人的精神本体，就是源于人与生俱来就具备的辨识是非善恶的能力，也就是王阳明所说的人与生俱来所具有的良知能力。人格中，人遵从与生俱来的良知和道德法则行动的时候，人类就摆脱了仅仅作为一个“物件”的他律地位，而具有了超越一切自然存在物、不受自然限制的自由和尊严。

因此，人能在建构复杂的社会关系的文明进程中塑造拥有自由意志的心灵，从而成为完全由自身决定自己存在的真正的自由，同时也给宇宙中天地万物赋予意义而成为万物之灵。

从浅的方面来说，世界因你观察的角度不同而不同，当某种世界观进入了你的意识，它就在很大程度上主宰了你。在这一生中，你是活得快乐还是郁闷、幸福还是悲摧，归根到底取决于你内心的决定。

从深的方面来说，世界因人格的不同而不同，在这个有人类的世界上，之所以有伟人与凡夫、先知与大众的差别，并不在于体力的强弱，也不在于智商的高低，更不在于出身的好与否，归根到底，是其内心人格的生命能量的大小。人类历史上在各领域取得过非凡成就的人，他们之所以能影响世界、改变历史，就是源于其强大的内心。

诚如约翰·戴维森·洛克菲勒（John Davison Rockefeller）写给儿子的信中所教导的，只有“与自己和谐一致”，才能成为“自己最忠实的伴侣”。用王阳明的话，就是“人只贵于自修”，其他的一切都不重要。

从人的社会性存在的角度来说，根据马克思的观点，人的本质是所有社会关系的总和，所以人格也必然需要和一定时期的社会关系相互作用。人格是所有社会关系的起点，而社会关系也反过来影响人格的形成和发展。在当下对物质所有观念强烈的社会关系中，人格也同样被“所有化”了，很多人把外在的“人所有”转化成了内在的“人所是”。

例如，面对这样的提问：“你是什么人”，很多人的回答往往是企业家、工程师、工人、农民、有钱人、穷人、美女、帅哥等，这些职业、身份、相貌等其实都是人的外相，而不能代表人的内在品质。

理论上，人外在拥有的东西都是可以被他人、被外在环境赋予或剥夺的，这些外在的东西都在变来变去之中。而人格代表了一个人内心不可分割的整体，是一个人相对恒定的总体品质，也是一个人在社会关系中区别于他人的最根本特征。

人格是一个人在社会关系中与生俱来、不可替代的权利和义务主体的资格，这种资格是法律上不得被转让和剥夺的，也是神圣和高贵的，是一个人在人类社会上存在的固有的合理依据。

如果把人格也“所有化”了，让外在控制了自己的内心，那么人的内心也因此成为外在的奴隶，而失去了内在的自由——高贵自在的心灵。如果从人的内在品格的角度来理解创客的定义，关于创客定义的迷思和困惑则可以迎刃而解，对创客定义的理解就能更加完整和合理。

首先，兴趣与爱好是个人内在的选择，没有自己内心的意愿，别人怎么也强迫不了。如果有人认为，重赏之下必有勇夫，那么这种外部激励所形成的行为，当激励不复存在时，行为自然也就终止了。所以，创客如果是在没有兴趣的情况下完成其创意作品的，其行为不是发自内心的，则这样的行为也必然是牵强和虚伪的。

其次，最为关键的是，创客的过程不仅被看成是一个造物的过程，而且忽视了这种行为过程对于人的内心的意义建构过程，没有意义，何为创意？杰罗姆·布鲁纳（Jerome Seymour Bruner）是 20 世纪 50 年代认知革命的倡导者，他提出将“人的高级心理过程”重新纳入人类科学的研究轨道，并将“意义”“意义的建构”确立为心理学的中心概念，而“意义”“意义的建构”是人区别于其他自然生命的根本特质，这也是伊曼努尔·康德把人看作“理性存在物”的科学依据。

而内心建构的意义通过人与人之间的交往、沟通协商、分享和传递，形成人类所特有的存在历史文化传统的社会关系，这就符合了马克思关于人本质上是所有社会关系的总和的观点。

最后，我们把创客看成一种人的品格，是从“人所是”而非“人所有”的角度来理解创客行为的，也就是从内在人格的角度来理解创客行为的存在本质，而非把创客看成一种功利的噱头和身份标签。这为我国通过创客教育对接人格教育，来开启落实立德树人、培养学生核心素养的教育体制改革并推进社会公平的工作，无疑会带来非常积极的现实意义。

因为“兴趣与爱好，努力把各种创意转变为现实”是每个人与生俱来的能力和权力，所以每个人都可以做创客，而且每个人也都应该做创客。

4. 创客应该是一种怎样的人格

创客应该是怎样的一种人格呢？下面先来看一个“煮饭仙人”的故事。

他是一位古稀之年的日本老人，他的名字是村嶋孟。在日本，他被大家称为“煮饭仙人”，因为他执着地用半个世纪的时间去煮好一碗米饭。而他煮的米饭有股神奇的魔力，吃过他煮的米饭的人都会赞不绝口。作为一家饭馆，他的门店简单，毫不起眼，可每到饭点，来这里吃饭的人就会络绎不绝。在他位于大阪的这家普通的“大众食堂”里，最热销的料理，不是色泽鲜艳的配菜，不是香喷喷的烤鱼，不是口感酥脆的炸虾，而是这个貌似不起眼，却不仅能满足客人的胃，还能温暖他们心的一碗白米饭。

村嶋孟这样解释自己的初衷：“经历过饥饿时期，所以就想家人能够一块吃好，我就是带着这个信念一直做到现在。”正因为对于米饭的特殊感情，自 1963 年开店以来，村嶋孟就坚持沿用古法，不用电饭锅，而是用灶台蒸煮米饭，一口锅竟然一直用了 51 年。在半个多世纪的探索中，老人也逐渐形成了一套精细复杂而又流畅连贯的做饭工艺，其烹制的米饭，也因滋味格外香甜自然而备受推崇。

在村嶋孟眼中，不好吃的称为白饭，好吃的称为米饭，只有纯正美味的米饭才称为“银饭”。“蒸饭的秘诀：第一是水、第二是水、第三还是水。”村嶋孟曾说。除了上乘的稻米之外，老人最为推崇的就是水，将其视为好米饭的“灵魂”。村嶋孟会将煮饭用的自来水放入装有优质白炭的大瓦罐中静置一晚上，把水中的漂白粉和其他杂味统统去掉。之后，老人单手拿着铝锅，轻松将水倒入锅中。加水后立刻盖上盖子，把火点着，整套动作一气呵成。

做饭之余，村嶋孟还坚信健康的力量。他称，只有“最健壮的体魄才能烹饪出最正宗的米饭”。为此，村嶋孟坚持每天早上 4 点起床锻炼身体，然后才开始每天 15 个小时的工作。村嶋孟表示：“集中精神才是做好米饭的前提”。

2016 年 1 月，村嶋孟应邀前往北京展示煮饭绝活，并受到了广泛好评。之后，老人利用 3 年时间走访中国各个稻米产地寻找优质大米，并传授煮饭技巧。虽被誉为“煮饭仙人”，村嶋孟仍认为自己“尚未到顶级”，虽年已古稀，但他仍有梦想，那就是用中国东北的大米煮出更多的“银饭”。

2016 年 5 月 25 日，85 岁的村嶋孟再次踏上了中国的土地，这次他没有任何牵挂，因为他已经把日本的店关了，而他关掉的大阪“大众食堂”常年宾客爆满，从他 4 月 26 日关店开始，在日本不知多少人为吃不到村嶋孟的“银饭”而惋惜。村嶋孟的名字在日本家喻户晓，他被认为是日本稻米文化与料理传统的捍卫者，已成为日本“匠人精神”的代表，可谓“国宝级”大师。

大道至简，如村嶋孟说的“做饭的人是根本，我所做的只是最简单的饭”。虽然村嶋孟老人坚持了 50 年的煮饭方法与高精尖的现代科技不怎么搭边，但是我们不仅能看到他满足“出于兴趣与爱好，努力把各种创意转变为现实”的创客行为表象，而且也能从他的行为看到远比兴趣、爱好和创意更深刻的人格内涵——匠人精神。

① 执着自己的梦想，对自己做的事情有宗教般的使命感，不计较名利得失。

② 知行合一，遵从内心的良知和本怀行事，同时也通过实际的行动来提升自己的认知。

③ 有独立的思考能力和丰富的内心世界，并且通过持续的实践不断丰富自己的内心感受。

④ 精益求精，不断改进自己的产品，把追求完美看成是自己的需求，而非功利的权衡。

正所谓平常心是道，煮饭是一件日常生活中的世俗工作，而老人的行为给这种世俗工作建构了新的意义，所以他的人格也可以成为所有有志于成为创客的人的榜样。创客人格本质上也是一种人生修行的自我塑造，所有正当的日常生活和世俗工作，都可以被赋予神圣而超越的意义。

所以，不论从事什么样的正当的日常生活和世俗工作，只要是出于自己的兴趣和爱好不断加入自己的创意，并持续地通过自身的努力把创意转变为现实，那么也就拥有了创客的人格。

5. 创客人格是让你对接宇宙能量的一把心灵钥匙

有什么样的人格，将决定你感受到什么样的世界、体验到什么样的人生，你立志成为什么人才能成为什么人。尽管人在物质世界中生存，不能缺少种种物质条件对生命的支撑，但是最终决定你感觉活得好不好的决定性力量，都不是物质层面的东西，而是你的人格。

如今，我们已经进入了一个被互联网大数据急速增广放大的人工智能全面应用的时代，数以万亿计的智能设备将通过物联网和工业互联网构成一个“人工心智社会”或“数字意识世界”，这个“数字意识世界”将会挑战我们每个人对生命意义的认知。

当人工智能成为社会关系一部分的时候，人必须学会和“数字心智”的相处。过去生产关系中存在的阶级矛盾、组织内部矛盾，很有可能让位给人和“数字意识世界”之间的矛盾，这将从根本上挑战人类社会的传统伦理和价值观。

我们将在未来的 30 年中，甚至一个世纪都会陷入一种旷日持久的身份危机，我们都要不断扪心自问人类的意义，这是人工智能时代给人类社会带来的最震撼的革命性改变。我们的下一代如何在这样的社会生存，这是当下所有人都必须静下心来认真思考和应对的问题，这关乎每个人的人生意义和人生品质。

当我们对创客的认识从外在的行为和物质的创造过程提升到内在的心灵和人格的建构时，那么我们投身到创客活动之中，就不仅是一个能把创意转化成实体作品（物质产品）的创造者，而且同时是一个能够把创新的思想、理论、方法转化为精神产品的创造者，我们也因此能超越物质世界上技术、方法、工具的局限，而获得一种类似王阳明所提到的“整体论”的人格存在。

所谓“整体论”，就是一种既非唯物，也非唯心，而是将认识主体（内心）和客体（外物）、物质世界与精神世界、我们内心的人格世界和天地万物的外在世界视为一个存在的整体，用王阳明最常用的话来表述，就是“天地万物，本吾一体”。

18 世纪文艺复兴时期，意大利哲学家维科（Giamb–attista Vico）指出，从哲学传统出发，人类完全不同于其他动物，使人类独一无二的是文化，因此，人类历史涉及的是人类自我创造的过程。文明社会确实是由人创造出来的，社会的各项原则都可以在人类自身心灵中发现，人类通过传承历史创造社会，塑造自己，每一种文化都关系人类的创造。

人的本质是所有社会关系的总和，如果没有自我的价值判断力、自由的诗意想象力、自然的良知感应力和自足的学习行动力，我们将失去作为人所拥有的一切。因此，创客人格和良知一样，既是一种内在于人的生命能量和道德准则，又是一种超越万物的精神本体和宇宙原力。它既内在又普遍，既平凡又神圣，这是一把开启自己内心能量的钥匙。

因为每个人的内心本来就具备了与宇宙无边能量网络相连接的巨大生命潜力，倘若你拒绝这样做，始终把自己与他人、与天地万物视为相互分离，彼此孤立（甚至对立）的个体，那么你的生命能量就注定是微弱而有限的。

做创客不是为了别人的看法或物质上的功利获取而去做的事情，而是为了让自己接通宇宙能量来努力实现自我人生价值的过程，也是为了建构和完善自我人格的过程。

当人们努力实现自己的工作和生活中各种创意的行为，建立和自己内心高度的和谐一致时，就能明白究竟什么是创客的情怀了。这种情怀是每个人在人工智能对人们的大脑发出势不可当挑战的当下，能保持作为人与生俱来的高贵和神圣的内心自由意志和人文情怀。

4.2.2 趋势：帮助消费者成为创客是新工厂必然趋势

在这样一个社会化生产的大潮流中，可以得出一个很明确的判断，那就是帮助消费者成为创客是新工业革命时代的工厂的必然趋势，如图 4-3 所示。

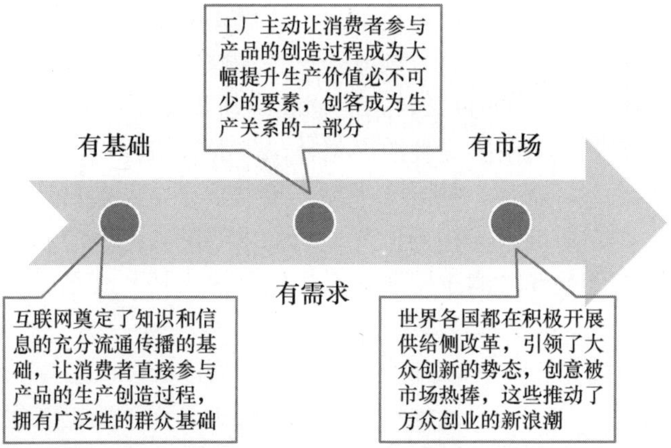

图 4-3　帮助消费者成为创客是新工业革命时代的工厂的必然趋势

1. 有基础

首先互联网已经奠定了知识和信息的广泛传播的群众基础，而且知识和信息的传播非常的频密、通畅；然后这种新工业革命形成了产消共享、融合智造的新生产模式，其中的“智”就是智慧的智。

2. 有需求

工厂如何主动通过变革来让消费者参与生产产品的创造过程，这就是体现智能制造的生产价值必不可少的要素。因为一旦用户参与创新，那么他们就成了创客。

需要强调的是，这里说的创客都是指消费者所参与的生产创造的过程，所扮演的角色就是创客，他们成为生产关系的一部分。如果你的工厂缺乏了创客的参与，那么你的生产价值就会明显比其他人低。因此，消费者对于生产的参与会成为生产价值必不可少的一个保障。所以，这种针对消费者创新的创客模式，工厂的需求非常大。

3. 有市场

现在各国都在积极开展供给侧改革，其实都是在引领这种大众创新的浪潮，这种创意所代表的是一种新的价值取向。创客的概念现在已经席卷全球，这背后所代表的是一种大众创新的潮流。现在可以看到，在市场上包括金融市场和传统的贸易市场，都在不断推动很多创客现象的出现。

所以，可以得出一个结论，现在这种创新也是很有前景的市场，加上前面的群众基础和广大需求，工厂帮助消费者成为创客实现更多创新，成为新工业革命中的一个必然趋势，同时也是工厂转型升级的必然趋势。

4. 自我革命——所有工厂都必须更新思维，支持用户成为创客

在这样一个世界性的革命大潮流中，所有工厂都要更新原来的思维，才能够让工厂向支持自己的消费者成为创客这样一种新的生产机制去转变。工厂只有把基于交易的关系转变成基于关系的交易，才能沉淀消费者、沉淀用户，如图 4-4 所示。

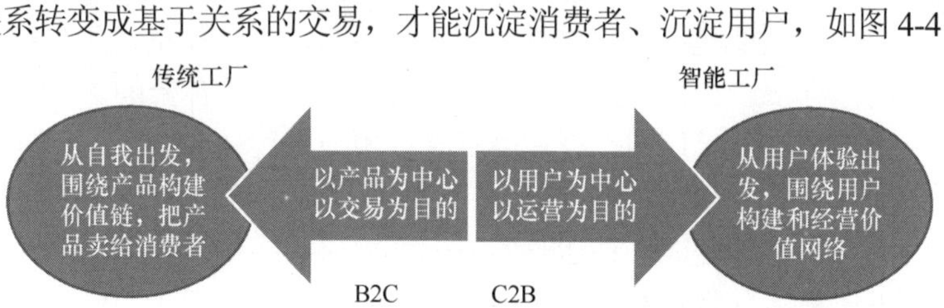

图 4-4　传统工厂和智能工厂的创客思路

① 传统工厂。我们可以比较一下传统的工厂，他们通常都是以产品为中心、以交易为目的，所体现的实际是一种传统的 B2C 思维，就是从企业组织单向向消费者推送他们的价值主张的过程，如图 4-5 所示。传统企业与消费者的关系是线性的交易关系，企业打造的是以产品为中心、以交易为目的的价值链。

图 4-5　传统工厂的 B2C 思维

这个单向过程在传统中就体现为一个称为价值链的思维，即每一个产品都是从自身的能力资源出发，然后形成自以为是的价值主张，并设置不同的企业经营生产活动的一些环节，把自己的价值主张转变成实际的产品，最后再形成商品推销给消费者的过程，这就是传统的 B2C 价值链的实现模式。

② 智能工厂。接下来看智能工厂是怎样一个形态。在新工业革命中，用户已经掌握了对产品生产的话语权，所以整个产品的创造过程必然是从他的创意或从他的体验和要求的角度来出发，来组织企业对产品的相关的生产活动。

所以，在智能工厂中，整个生产的组织必然是以用户为中心，再组合相应的能力和资源，这些可能就包括了不是本企业的能力和资源，以及消费者自身在内的生产要素的组织。

所以，从这个层面来看，传统工厂那种按部就班的、从头到尾的价值链思维，明显是无法满足这种以用户体验为中心的产品形成过程。因此，新工业革命中的新生产场景，很明显是以消费者、以用户的体验为中心，体验包括了他们的想法、创意和需求。

事实上，从原来传统的价值链的价值传递方式，要转变成一种称为用户价值网络的新价值形成方式。对于企业来说，传统价值链思维就是以交易为目的，归根到底就是想把产品卖给用户。

其实，这里有句潜台词，是否把产品卖给用户之后，跟用户的关系就可以中断了，也不用再认识他是谁了？但是，在新经济市场中，如果还是这样一种“一锤子买卖”的思维，那么肯定是无法让用户有一个良好的体验的。

所以，今天在智能工厂中，企业既然是以用户的体验为中心，那和用户的关系就不能再是那种“一锤子买卖”的交易关系，而是要持续地保证跟用户的沟通。企业的业务就要转变成一种运营的方式才能保持跟用户持续的关系。智能的工厂必然是以这种运营为目的的，典型的就是 C2B 或“私人订制”的模式。

未来的智能工厂，就是如何能够成为一个帮助消费者实现他的想法和创意的新车间。其实，工厂提供的就是一个生产平台，一种生产的能力、资源和要素组合的平台，或者说一个产品形成的场所和设施；而消费者通过这样的场所和设施，来把他的创意、想法转变成物质上的产品，这个过程就是新工业革命中的生产过程。

现在，在市场上支持用户私人订制的产品已经越来越受欢迎了，这个趋势在各行各业已经越来越明显。这就带来了一个命题：你的企业变不变？如果你不变的话，很可能就会输给互联网。因为现在的消费者都已经上网了，他们在网上已经可以完全按照自己的想法和创意来获取、来形成他想要的产品了，这样他还会选择你原来那种相对比较陈旧、传统、固化、大路货的商品吗？

所以，笔者认为，每个企业都应该有这样一个意识，即如何转变企业，让企业更好地倾听用户的声音，让企业更好地帮助用户，去实现他的需求、创意、想法和体验，这是每个企业都要去做的事情。

企业做这样一件事情，其实就是一种自我的革命，这也就是前面讲到的新工业革命在倒逼企业去革命。如果你不愿意去接受这样的革命，很可能就会被互联网淘汰。因为消费者在互联网中，会有比你现在的产品更好的选择。

4.2.3 目标：大数据帮助企业实现工业 4.0 的变革

当互联网时代的各种创新将企业间的围墙彻底打破后，企业将建立以互联网为基础的全球化的供应链，如此复杂的企业内外部广泛的协同关系，还依赖于人工指令的方式来控制与管理，效率上是不可能被接受的。所以，“数据”是企业内外部不同分工单元之间交流的必要条件。

1. 工业 4.0 的概念

到底什么是“工业 4.0”？“工业 4.0”就是通过互联网云计算等先进信息技术将工厂与工厂内外的事物和服务连接起来，创造前所未有的价值、构建新的商业模式的新一次全球性的产业革命。

“工业 4.0”的概念包含了由集中式控制向分散式增强型控制的基本模式转变，目标是建立一个高度灵活的高效链接需求侧的，社会化、个性化、智能化、绿色化的一体化生产和服务供给模式。

对于这次工业革命，要实现的是一种新工厂的生产机制的普遍共识。今天的工业生产已经很大范围地实现了这种社会化、全球化的跨界的生产能力，以及各种生产要素和资源的重新组合关系。

2. 实现方式

要实现第四次工业革命的目标，就必然需要通过互联网的信息基础设施来帮助企业完成脱胎换骨的改变，不仅改变企业的生产关系和生产方式，同时还把企业整个都搬到网上。这只是第一步，因为消费者都在网上了，如果你不在网上，就没法接触到现在的消费者。

另外，企业要实现信息和物理的融合，通过“互联网+CPS”（Cyber-Physical Systems，信息物理融合系统）实现智能化制造，总体掌控从消费需求到生产制造的所有过程，由此实现高效生产管理。在这种模式中，传统的行业界限将消失，并会产生各种新的活动领域和合作形式，创造新价值的过程正在发生改变，产业链分工将被重组。

通过这种信息和物理的融合，能够有效地帮助消费者调度各种生产的能力、资源和要素，将他的想法和创意融入产品的创造过程中，通过这样一种融合机制，把他思想上的一种创意转变成物理上的一个物质产品。

3. 发展战略

第四次工业革命是全球普遍共识的目标，从全球的角度来说，中国所提出的是“中国制造 2025”，美国所提出的是工业互联网，而德国提出的是“工业 4.0”，其实这里代表的是这 3 个工业大国各自的国情和工业发展的历程。所以，各国的路线可能会有所不同，但共同的目标都必然是上面所陈述的智能工厂。图 4-6 所示为“中国制造 2025”的 9 项战略任务。

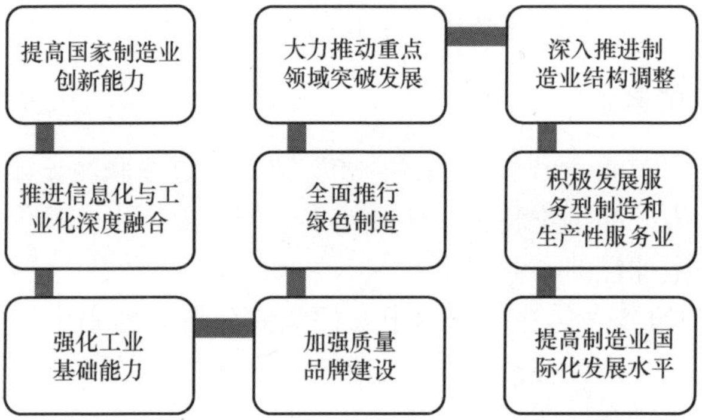

图 4-6 “中国制造 2025”的 9 项战略任务

从用户的角度来说，这个概念也很清晰，所谓智能工厂，就是能够帮助用户实现想法和创意的一个称为新工业的新车间。那么如何让工厂实现这样一种柔性生产的能力？

兰光创新认为，通过实现生产设备的互联互通（设备联网/数据采集）、基于大数据分析的决策支持、生产过程智能化的管理与控制，建设中国特色的智能工厂，这就是中国制造企业实施“工业 4.0”、工业互联网、“中国制造 2025”等战略的最佳突破口与落脚点。这种实施战略既符合全球新一代工业革命的趋势，又符合中国企业的实际情况，并具有投资小、见效快的特点。

4.3 智能工厂的特征和运作逻辑

智能工厂代表了高度互联和智能化的数字时代，工厂的智能化通过互联互通、数字化、大数据、智能装备与智能供应链五大关键领域得以体现。本节将重点分析智能工厂的特征和运作逻辑，帮助大家厘清智能工厂的发展道路。

4.3.1 智能工厂的基本特征

实现智能工厂需要企业的生产活动从数据、管理、运营 3 个维度达到 6 个方面的特征，这也符合了 IBM 所定义的智慧型企业的特征，如图 4-7 所示。

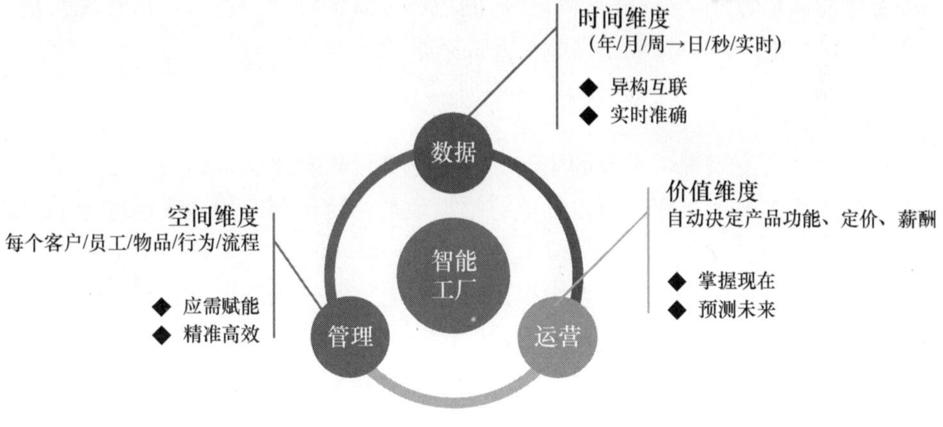

图 4-7 智能工厂的基本特征

1. 数据方面

在智能工厂中，可以从时间的维度来分析数据特征。传统工厂其实对于这种数据或信息，它的时间要求相对来说没有智能工厂的实时性要求这么高。另外，传统工厂的生产要素，或者一些生产过程中的信息管理，很大一部分还是靠人工的方式来完成。

如今由于大量的自动化设备在生产过程中被广泛使用，因此对于这种异构信息的实时互联的处理要求也高了很多。所以，从数据的层面来说，智能工厂首先要解决的就是多种不同类型的生产要素（人、机器、环境、物料和产品）的实时互联要求。此外，智能工厂的这些生产要素的实时信息需要准确地、实时地传递到需要这些信息的环节，这样才能够达到自动化、高效率的配合。

2. 管理方面

从数据的层面来说，智能工厂要满足时间维度方面的两个基本特征。从管理的层面来说，因为现在智能工厂中的生产基本上是按照订单来进行的，所以每个消费者可能对最终产品的要求都不一样，那么就需要按照这些消费者的不同要求来组织生产。

因此，智能工厂的生产肯定不能像原来传统价值链的那种按部就班的模式来进行，而是根据用户需要来组织各项生产要素、能力和资源的使用方式，这就是“应需赋能”的解释。然后，在生产过程中信息必须是精确的、高效的，否则就无法支撑能满足每一个终端消费者要求的生产方式的管理。所以，从管理的空间维度来说，智能工厂要实现应需赋能及高效准确的特征。

3. 运营方面

从运营的角度来说，今天的生产其实等于都没得预演了，因为不知道用户的需求和想法将来会怎么变，所以只能够根据他现在这一刻的想法或创意来组织这一刻的生产。

产品形成过程中，必然涉及很多工位、工艺、技术的环节，你都要能够及时地掌握当下相关的生产要素的实施状况。所以，从运营的角度来说，不仅要很好地掌握现在，还要很好地支撑对未来的用户体验和潮流转变的预测，要同时满足这两个特征。

从这 3 个维度，得到了关于智能工厂 6 个方面的特征，也正好符合了 IBM 在十多年前所提出的智慧地球的概念，落到企业这一块就是智慧企业这样一个具体概念的陈述。其实，智慧企业和智能工厂在概念上是相通的，可以说智慧企业的理念落到具体的制造业工厂中，也就是这样一种实现的形态。

4.3.2 智能工厂背后的运作逻辑

智能工厂要处理的各种关系越来越广泛和复杂，而要组织各种内外部各种生产力要素和资源实现业务一体化运作，肯定是要围绕与各种生产要素相关信息的数据的传递和处理来进行。如果没有对相关大数据资源的处理能力，企业就无法在这场革命中找到立足之地。

智能工厂要去支撑新工业革命中的社会化协同生产，产业链的高效协同，还有企业内部系统的一体化。在这样的运作下，它涉及生产要素、生产关系、生产资源、生产环节、生产的利益相关者和参与者等。

那么如何让这样的生产机制能有效地、顺畅地运作呢？其实背后就是把这种生产中的多样性信息通过数据的形式来承载。换句话说，其实今天智能工厂的背后必然是要通过数据来驱动的，为什么？因为在生产过程中各种要素的组合，都需要用到它背后的信息，通过将这些信息进行数据化处理，用数据驱动来安排和部署各种生产要素，从而实现这种智能生产机制。

所以，从这个层面来说，这样形成的数据量很大，也符合大数据的相关定义。如前所述，如果企业今天没有一种能够高效地处理这种大数据的能力，那么必然无法在这样一场新工业革命中去完成脱胎换骨的自我革命的过程，那么自然就很难在这场革命中找到立足之地，这也就是智能工厂背后的逻辑。

4.4 智能工厂是大数据驱动自主生产的“新制造”模式

总体来说，智能工厂实际上就是用大数据来驱动工厂中的各项生产要素、能力和资源，形成一种以用户体验为中心的自主生产的新制造模式。当然，智能工厂的出发点是以用户体验为中心的。

4.4.1 智能工厂像是一辆具有自动驾驶能力的无人车

这里借助之前介绍的大数据商业模式的“飞轮模型”做个类比，智能工厂就好像一辆无人车。我们可以将企业的各项生产要素构建在互联网“底盘”和大数据的“轮子”上，企业转型为数据驱动的智能化自主组织的平台生态圈，就像一辆具有自动巡航能力的无人驾驶车，如图 4-8 所示。

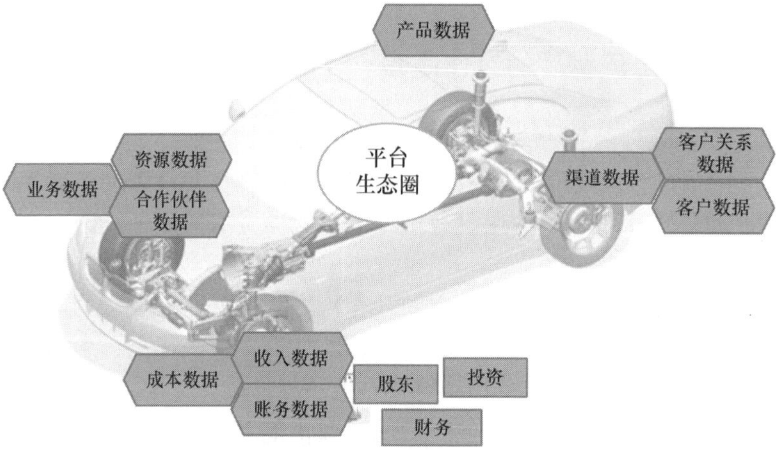

图 4-8　企业转型为数据驱动的智能化自主组织的平台生态圈

4.4.2　类比：谷歌无人车由数据驱动而具备自动巡航能力

例如，谷歌的无人车行驶了最少 50 万千米了，它完全就是用数据来驱动，让它具备了这种自动巡航的驾驶能力。谷歌无人车是怎么形成自动巡航能力的？主要在于车上装了很多的视频摄像头、微型传感器和车载雷达，以及激光测距仪和电脑资料库等设备，这些设备可以让谷歌无人车能够感知周围的环境。

① 车载雷达：以三前一后的布局分布，负责探测较远处的固定路障。

② 微型传感器：负责监控车辆是否偏离了 GPS 导航仪所制定的路线。

③ 视频摄像头：用于侦测交通信号灯，以及行人、自行车骑行者等车辆行驶路线上遭遇的移动障碍。

④ 激光测距仪：能够及时精准地绘制出周边 200 米之内的 3D 地形图，并上传至车载电脑中枢。

⑤ 电脑资料库：精确地储存了每条公路的限速标准及出入口位置。

就像与智能工厂类比一样，可以在一个固定的物理空间中感知各种生产要素的状况，这和谷歌无人车上装的这些设备一样，其实是同样的道理，只有对物理空间有很好的感知的情况下，才能够更好地开展自主生产。

4.5　商业革命——未来都是数据生意

这一次的新工业革命所代表的是一种巨大的商业变革，今天所有的生意都会产生数据，而且也要做数据方面的一些工作，所以都是一些数据的生意。从经济学的角度来说，这种生意可以称为“丰饶经济学”，而与之相对的称为“稀缺经济学”，这种稀缺经济学的商业逻辑就称为“物以稀为贵”。

换句话说，就是利用这种稀缺的效应来让单品价格尽量卖高一点，其实就是传统的“一锤子买卖”。通过这种方式能把这笔买卖做大一点，这就是传统的商业逻辑。而在互联网时代，因为互联网已经高度开放和透明，用户都非常精明，所以企业如果还想做这种一笔交易就大赚的美梦，已经不现实了。

4.5.1 革命必然：“互联网+大数据”的智能化生产方式

以太网的发明人罗伯特·梅特卡夫（Robert Metcalfe）提出了一个“梅特卡夫”定律：“网络价值与网络节点数的平方成正比”。这句话的解释主要是：在网络经济中，数量越多越充分，价值就越高，就能够颠覆信息不对称的传统商业“物以稀为贵”的法则。

前面提到了智能工厂所体现的是以用户体验为中心的用户价值网络，这个网络的价值是和这个网络的节点数的平方成正比的。网络中的节点是什么？很明显，一个用户就是一个节点。换句话说，只要用户越来越多，这个用户价值网络就会越来越大，它带来的价值也会越来越大，而且价值是和它的节点数的平方成正比的。

在这十多年中，我们可以看到很多互联网企业在短短的时间内就发展得很大。其实，这背后就是一种称为“倍增”的方式，包括速度的倍增、发展规模的倍增，这也暗合了罗伯特·梅特卡夫提出的定律。

笔者也在这个基础上，总结了自己的观点：未来没有不以网络为基础经营的企业，所以所有企业都要通过网络流转数据，以前是力不到不为财，未来还要加上数不到不为财。

也就是说，如果你没有数据，你就没办法在网络中开展经营，没有用户的数据就没有自己的粉丝，也就等于没有订单了。竞争将会使各行各业在未来需要使用更多的数据才能保障盈利不降低，反过来说，未来没有足够的数据，就无法保持与今天等量的财富收入。

当然，只有“互联网+大数据”是不够的，“互联网+大数据”其实只是一些新经济中的基础设施，我们还要在这个基础上建构一个智能化的生产方式，这才是每一个企业在新工业革命中的唯一出路。

在这一次用户需求大数据推动的工业革命中，企业必然彻底脱胎换骨，改变自己的构造，完成一系列艰巨而彻底的变革任务——扩展商业空间、改变买卖方式、改变盈利模式、改变生产关系、重构价值链，最终成为帮助优化实现想法和创意的互联网新经济平台，这样才能继续生存。

所以，新工业革命所代表的就是创客运动。同时，创客运动下的新工业革命让企业要处理的各种关系越来越广泛和复杂，而要让各种内外部资源实现业务一体化运作，肯定是要围绕数据的传递和处理来进行，若没有对相关信息物理资源的融合能力，则企业就无法在这场革命中找到立足之地。

4.5.2 知识经济：全球化的分布式创新让创客大放异彩

从产业创新经济的角度来说，当今之先进制造业，广泛的产业分工和创新协同已成为市场主流形态。例如，现在普遍使用的智能手机，如苹果的 iPhone，一个小小的手机就集合了多项高精尖的技术，也是这个小小的手机成就了苹果公司的高额市值和巨额现金盈余。

我们在感叹这个奇迹的时候，抛开乔布斯的光环，iPhone 手机是怎么生产出来的，怎么被“送”到全球消费者手上的。如果我们翻开多份内幕的报道，就会发现这背后并不尽是硅谷高科技的风光，也有类似富士康流水线上的生产工人、世界各国 iPhone 市场推销人员的血汗。由此可见，一个小小的手机的生命周期已经是全球流转，带动的是一个全球化庞大的产业利益共同体，给社会经济带来普遍的影响。

这个案例说明，在今天经济全球化格局下，某个领先产品的成功可以带来一个产业的复兴，甚至造成一个国家在国际地位上的优势，古有中国的丝绸，今有美国的苹果，皆以单一品牌产品而改变世界。

我们聚焦一个领先的产品往往是冰山一角，而水面之下是表面看不到的更为庞大的制造业、生产服务业、流通、销售服务业、售后服务业等经济产业集群的各种资源配置和连接。如果说今天企业的产业升级，还不从全球视野寻找破坏性创新突破点，那么只能屈居全球化大生产产业价值链的下游。

同时，在“工业 4.0”的产业环境下，私人定制和差异化生产对于微创新是刚需，这种创新的需求将颠覆传统大企业的集中式研发模式。全球化的分布式创新成为“工业 4.0”时代的创新“新常态”，作为创新黏合剂的生产性服务业则大有可为，而生产性服务业无疑将给“创客”带来巨大的劳动力市场机会。

接下来自然要谈到“创客”，当今世界知识经济大行其道，“知本主义”取代资本主义日益成为全球经济主旋律。“知本主义”即以知识为基础，以知识的实际应用推动社会和经济的发展，是一种以人的解放和自由为目的，追求国民幸福与和谐，提倡社会平等合作，鼓励个人积极创造，提倡信息和知识均衡，以网络等现代化科技手段为媒介，连接社会成员，寻求文明的自我认同。

信息通信技术的融合与发展，推动了信息共享与知识扩散，带动了创新民主化进程和知识社会的形成。在知识社会的形态下，传统意义的实验室的边界及创新活动的边界也正在消融，持续的创新成为企业在如今这样一个革命的大变局中能获得成功的新常态。

如前分析，“工业 4.0”下的强势品牌的持续经营很自然就带来巨大的生产服务性需求，这种创新涉及的需求的突出特征是项目式、碎片化。创客活动和创客文化是“创新 2.0”和“工业 4.0”的结合，在“全球创客”面前，笔者发现自己 20 年的 IT 从业经验也微不足道。

第5章

建设智能工厂障碍分析

随着互联网大数据时代的到来，工业发展的方向也发生了翻天覆地的变化，企业正在逐步由数字化工厂转型为智能化工厂。越来越多的工业企业为了保持未来的企业竞争力，都开始了智能化工厂的探索和尝试。但是，在这条转型道路上，企业还需要跨过很多障碍，才能保证智能工厂真正落地，才能保证企业在市场竞争中立于不败之地。

5.1 工业生产过程中的信息需求和演变过程

虽然我国已经是制造业大国，中国制造的产品也已经遍及全球，但对于我国制造企业，特别是数量庞大的中小企业而言，正是由于“工业 3.0”所代表的信息化在中国并未彻底完成，因此大多数企业中各项生产控制和管理决策普遍缺乏信息化手段的支撑。

由于互联网经济推动的外部市场环境越来越网络化和数据化，现在越来越多的企业在面对互联网大数据的冲击和倒逼，随着事实上用户需求侧早已互联网大数据化了，作为供给侧的广大企业只有果断跟上这个步伐才能保有为用户提供产品和服务的资格。企业今天已经不是还要不要发展互联网大数据的问题，而是还要不要在这样高度数字化的市场环境下生存下去的问题。

本节将从第四次工业革命智能化大趋势的角度，分析企业在工业生产过程中的信息需求和演变过程，给出可以结合各企业实际生产经营情况融合落地的战略路径，激发各企业家自我革命的勇气，正确面对新工业革命带来的战略机遇与风险挑战，处理好长期发展和短期维持的利益平衡关系。

5.1.1 工业生产过程中的信息需求

对于中国企业来说，电脑普及 20 多年了，企业信息化也早已经不陌生，现在企业总会有形形色色的数据采集和处理应用场景，可能很多人还是会存在概念上的困惑，到底这个数字化和信息化是不是一回事啊？

近几年，国家在智能制造和工业互联网上的战略布局，也对传统产业的新旧功能转换吹响了号角，数字化战略已经成为任何一个供给侧的市场主体都躲不过去的转型任务。的确，与信息化相比，互联网在数字化经济大潮中扮演了不可或缺的角色，也因此奠定了数字化战略中必需的网络基因。

现在业界普遍把 2011 年麦肯锡发布的关于大数据概念的报告看成大数据时代的起点。的确，从这份报告中可以清晰地看到，大数据作为一种新的战略性资源，有着非常巨大的经济发展潜力，但这并不是数字经济的起点，只能说是信息化发展了这么多年后，积累下来的数据资源可以变现为实际经济收益的时代机会起点。

相对于数字化而言，信息化的基础性地位也无须赘言，不过我们还是要清楚两者内涵的巨大差异。在普遍的工业生产过程中，信息需求可以提炼成 3 个方面，即生产要素、生产计划和生产活动。

1. 生产要素

生产要素就是为了满足生产需要，需要对一些物理的要素（包括人员、设备、工具、仪器、设施、物料、半成品和产品等）的静态和动态属性、状态、关系、能力等数据，进行采集、存储、处理、传播、分析和应用，以支持生产计划和活动中各项组织工作的管理决策和控制判断。

2. 生产计划

生产计划需要考虑在满足时间、成本、质量等指标要求和约束的前提下，全面了解和综合考虑与计划的生产活动有关的各生产要素本身及其能力的限制，对生产活动进行合理的组织、规划和安排。

3. 生产活动

生产活动是在生产订单信息等驱动因素的作用下，在生产计划的指导下，把生产要素按一定关系和流程组合起来，完成特定的生产任务的过程。为了满足产品质量需求（如精度）、用户功能和其他客户需求（如交货期）、企业自身其他需求，需要对生产过程中的人员、设备、物料、产品等生产要素及与其相关的生产活动进行检测、分析及优化控制。

5.1.2 工业信息化的基本演变过程

从生产要素、生产计划、生产活动这 3 个方面回顾一下工业信息化的演变过程，如图 5-1 所示。

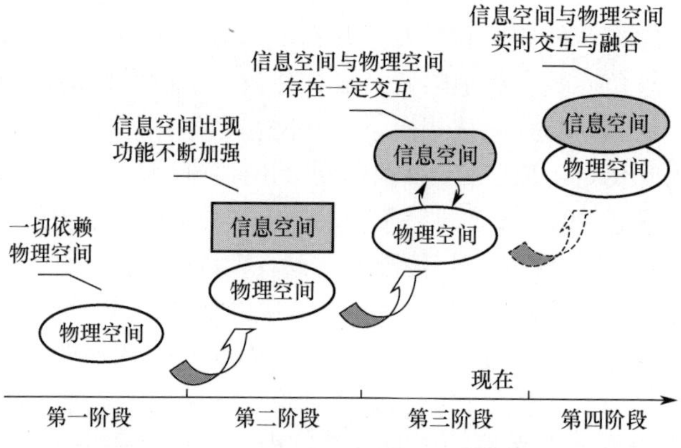

图 5-1 工业信息化的演变过程

1. 第一阶段

信息化发展于计算机在企业生产管理中普遍应用这样一个产业发展潮流，在没有计算机这种信息处理工具之前，企业的各项生产活动的信息处理是在员工头脑中进行的，依赖笔、纸、算盘等工具，一切决策行为均要依赖在物理空间中开展的人脑信息处理工作，这种工作完全依赖于人脑的经验记忆和思维能力，很难处理复杂而大量的信息，因此生产过程的优化是一个极其缓慢而艰难的过程。

在完全没有信息化、没有电子计算机之前，工业信息化的第一个阶段就只有物理空间，一切的信息都依赖于物理空间中的人工处理。

① 生产要素：生产要素信息主要通过人工记录在纸质媒介上，传递和分析困难，信息准确性和使用效率低。

② 生产计划：生产计划主要凭借人的经验，以手工方式完成，效率和准确性低，对计划者能力和经验要求高，难以优化，选择余地小。

③ 生产活动：监测依靠人的感官实现，依据人工经验判断；控制靠手动操作进行人工调整与执行。

2. 第二阶段

此时，在工业中引入了一定的计算机电子信息处理系统，但这些信息系统的数据采集输入基本上也是人工的方式，与第一阶段相比只是多了一个信息系统，即把原来用纸记载的信息电子化处理了。

① 生产要素：引入人力资源管理、设备管理、物料仓储管理、产品数据管理等信息系统，但数据主要通过离线的人工输入方式，数据质量低、实时性差、效率低。

② 生产计划：引入计算机建模技术，开展基于数学模型的生产计划，可以支持不断优化升级等功能，但局限在产前阶段，多是静态方式产生，缺乏对实际生产过程中扰动的考虑。这种生产计划的形成，相对来说是在比较理想化的情况下做出来的，在实际的生产过程中有可能受到各种要素的干扰，此时可能会出现计划跟不上变化的情况，生产计划不能支撑对变化的需求，很容易就过时了。

③ 生产活动：数字式仪表和计算机的引入提高了检测结果的科学性和准确性，并提高了控制精度，但控制过程还是人工，存在较大延迟，与实际生产脱节。

计算机的出现极大地提升了信息的加工处理能力，并且通过数据的存储和加工，出现了一个可以独立于物理空间而存在的信息空间，数据的加工处理能力大大超过了人脑记忆容量。

通过信息技术的运用，可以大大减少原来由于信息不对称而存在的大量物理资源的浪费或闲置，企业在生产经营管理过程中很多业务活动的效率得到大大提升，信息空间的功能不断加强也给业务能力和生产力水平带来巨大的提升。当然，早期的信息化的数据采集基本都是依赖人工输入，所以这个信息空间和物理空间是没有直接的互动的，信息空间的数据和物理空间的真实情况会出现一定程度上的脱节。

3. 第三阶段

经过多年的两化融合发展，其实第三次工业革命就体现了信息化和工业化的融合。第三阶段的特点如下。

① 生产要素：通过物联网技术，用 FID（Flame Ionization Detector，火焰离子检测器）和传感器等实现了生产要素数据的自动采集，实现了信息系统数据的在线输入，可以替代原来的人工在线输入数据的工作；同时实现了信息系统数据和生产要素实时数据的实时同步，但信息空间和物理空间的数据还缺乏交互与融合，生产要素管理的智能性、主动性、预测性比较差。

② 生产计划：通过实时采集各生产要素的数据，生产计划逐渐以动态方式产生，并且对计划实施情况进行跟踪，根据扰动实时调整，但预见性、联动性、智能性依然较低。

③ 生产活动：物联网提高了生产过程控制的实时性，但生产过程的智能性和全局能力依然不足。

当信息技术发展到网络时代，网络结合一些自动采集数据的传感器等手段，让信息空间与物理空间存在了一定的交互，上面这 3 个阶段就是过去近 50 年的企业信息化一步一步走过来的历程。

4. 第四阶段

现在实际上已经进入了工业信息化的第四个阶段。所以，从全球的范围来看，如何实现物理空间和信息空间的进一步融合，是当前各国共同面临的难题，是实现智能制造的迫切需要，更是制造车间未来发展和演变的趋势。数字孪生作为实现物理世界与信息世界实时交互和融合的一种有效方法，近期得到了全球的广泛和高度关注。

在第三阶段时，虽然信息空间和物理空间有交互，但是这种交互还不能满足智能化生产的需要，这个需要可以归结为两方面，一方面它的预测性功能还不够完善；另一方面，是因为智能工厂需要协调很多企业内外的生产能力和资源。所以这种全局的协同生产制造能力就需要信息空间和物理空间有更加实时的交互和融合。

随着新一代信息技术（如云计算、物联网、大数据等）与制造业的融合与落地应用，世界各国纷纷出台了各自的先进制造发展战略。例如，美国的工业互联网和德国的“工业 4.0”，其目的之一是借力新一代信息技术实现制造的物理世界和信息世界的互联互通与智能化操作，进而实现智能制造。

与此同时，在“制造强国”和“网络强国”大战略背景下，我国也先后出台了“中国制造 2025”和“互联网+”等制造业国家发展实施战略。此外，党的十九大报告也明确提出“加快建设制造强国，加快发展先进制造业，推动互联网、大数据、人工智能和实体经济深度融合”，其核心是促进新一代信息技术和人工智能技术与制造业深度融合，推动实体经济转型升级，大力发展智能制造。

因此，如何实现制造物理世界与信息世界的交互与融合，是当前国内外实践智能制造理念和目标所共同面临的核心瓶颈之一。

5.1.3 信息化和数字化战略到底是矛还是盾

从上面这个历程可以看出，虽然信息空间的能力在不断增强，而在社会经济中担任生产力主角的还是物理空间的各项生产要素，包括人、财、物（厂房、设施、机具等物理资源）。

所以，企业信息化是局限于单个组织内部的，本质上还是单个组织围绕物理空间的生产要素的信息管理而展开的，是先有了产生业务价值的物质要素和生产活动，才会沉淀出数据资源。在这种情况下，数据资源明显是生产活动的成果，而不是原因。

互联网经济明显颠覆了这种假设，当原来企业信息化所形成的各种小的信息空间被互联网连接成一个大的虚拟空间以后，信息资源跨组织、跨时空的自由流动催生了很多在原来单个生产组织中无法想象的新的商业模式。

这样的模式刚出来的时候，连迈克尔·波特（Michael E.Porter）这样的竞争战略大师都极为不认同，其在 2001 年 3 月的《哈佛商业评论》中撰文指出：“互联网业务的许多先行者，无论是网络公司还是传统公司，它们的竞争方式几乎都违背了战略的方方面面。”

但 18 年后的今天再回头看，大量的互联网公司做了大量的试错之后，互联网经济站到了市场的核心地位，已经成为任何一个公司战略不可回避的问题。诚如 2014 年开始流行的互联网思维所指出的，未来将没有互联网企业与非互联网企业之分，所有企业都会成为互联网企业。

而在互联网中开展经济活动，没有数据是不可能的，因为互联网能流转的只有数据。这样一来，数据资源对于企业来说，从传统生产方式中的业务活动的结果变成了互联网新经济的筹码，甚至是业务活动的原因。笔者提出的“数不到不为财”的新商业口号，就是基于这样一个今天已经普遍存在的事实。

既然数据已经成为生产活动的原因，那么这种以数据为源头驱动的生产方式就已经被数字化的信息空间紧紧给绑定了。信息空间不仅在企业的价值创造过程中扮演了新基础设施的地位，还将主导企业生产经营管理中各项决策的进行。

传统完全依赖人脑在物理空间中的感官感知和其自身经验所做决策的方式，在一些机械性重复性的生产决策场合已经非常不合时宜了。在商言商，那种基于事实做出判断、选择、控制和反应的业务活动，不需要人决策参与的自动化控制是所有企业共同的追求。机器替代人是这种生产事物的必然，否则没有一个企业可以在工业互联网生产高度协同、日益频密的市场经济环境中生存下来。

在这种分析下，我们可以很清晰地看到，信息化对于企业组织来说，人还是信息处理的主角，而数字化则是机器替代人的组织变革的必然趋势。如果大家都能明白这个必然趋势，那么技术上的投资就已经不是最核心的工作任务了。正如德国亚琛工业大学、德国工程院等联合推出的《工业 4.0 成熟度指数》指出的，先进数字化技术可以获得更广泛的数据，但对数据的潜在利用能力，完全取决于企业的组织结构和文化。

从这里，我们也可以理解很多传统商业基因的企业对于数字化战略“叶公好龙”的表现。数字化产业的前景和机会是人所共知的、很有吸引力和想象力的，而要落实到自身的企业组织，本质上必然涉及很多复杂的利益和人事关系的变革“阵痛”，触及很多既得利益的牺牲取舍。

什么“技术上的实施难题”“缺乏知识经验”之类的话，只不过是一些人不愿意改变的合理化借口而已。相比于习惯了在大风大浪中大进大退的互联网基因企业，绝大部分的传统企业管理者在此时此刻的矛盾和犹豫心境是可以理解的。

这个矛盾，也是当前每个企业要真正迈入数字化战略道路都必须面对的客观事实。工业互联网已经是“中国制造 2025”国家战略的关键性一步，笔者整合从各种渠道得到的信息后发现，在这种新旧功能的转换过程中，企业能否跟上工业互联网就是一个新时代命运的分水岭，那些上不去的企业会因为其落后的产能而被逐步淘汰。

如今，对于所有传统企业来说，当所有决定经济的生产力要素都上了工业互联网之后，自己的企业再不融入数字化转型大潮的话，则只有被淘汰，所以再矛盾也要想办法才能有新活法。

既然数字化战略是企业挣扎求存的必然，我们几乎可以说，数字化战略对于企业来说既是矛也是盾。

① 作为矛，数字化领先的企业会获得更大的市场话语权和国家政府层面的众多扶持，这毫无疑问是一个跨越式发展的战略机遇期。

② 作为盾，数字化战略是一条挣扎求存的荆棘之路，路上再艰难也比停在原地不动地被慢慢淘汰强。

只有当我们的认知能够看穿矛盾现象背后的必然时，那么解决矛盾的思路自然就会豁然开朗。虽然数字化是实现精益生产的必要条件，但对于创新驱动的新时代经济发展趋势来说，也是把人从机械性劳动中彻底解放出来，让人能真正发挥自身创造性在生产中的巨大价值。

5.1.4 实现智能工厂要克服的障碍和要解决的问题

在第 3 章中，笔者介绍过迈克尔·格里夫斯（Michael Grieves）针对用大数据思维方式思考、解决问题的精益要求，其实迈克尔·格里夫斯后面还有一句话，那就是：“而光有精益是不够的，产品也必须是创新的，不仅要减少资源的浪费，同时也要创造新的信息和知识，使得创新产品成为可能”。

同时，“数字孪生车间”概念的创始人陶飞也说过：“如何实现制造物理世界与信息世界的交互与融合，是当前国内外实践智能制造理念和目标所共同面临的核心瓶颈之一”。

所以，从这个层面来说，我们可以具体分析实现智能工厂需要克服的障碍和要解决的问题。首先作为智能工厂，它需要对于物理空间的各种生产要素（包括人、设备、物资、产品、物料和环境等）进行实时地感知，所以必然就需要有一个能够完成各种生产要素信息管理的信息系统。同时，这些信息系统一定要互联互通，而且这些信息系统的数据输入需要通过用物联网技术自动采集，来满足智能感知的能力。

只有达到实时互联的基本要求，才能够支撑企业实时地了解这些生产要素的各项状态。然后在这个基础上，对于物联网智能感知所获取的数据，能够通过网络有效地传输和集成。因为这里涉及的数据量非常大，如 GPS 定位的信息，实际上一天中获取的数据非常巨大，那么我们如何能够在一个网络中可以快速地对这些数据进行分析。

每一个企业在成为智能工厂的过程中都需要解决以下 4 个方面的问题，而且都是一些非常具体的技术层面的问题，其中肯定都需要信息化的支撑。

第一个问题：如何达到对于物理空间中的生产要素的各种状态和信息的智能感知和异构互联的问题。

第二个问题：因为在工业层面采集回来的各种生产要素的信息所形成的数据量是很大的，而且它的格式也多种多样，所以如果要把这些数据资源通过网络来传播、融合、共享，就涉及大数据的传播与集成加工的问题。

第三个问题：如何在这些从网络上传播流转的数据的基础上，来对各种生产要素的能力和资源实现交互和控制？

第四个问题：因为智能制造是一个社会化的“大生产”模式，那么如何解决生产协作的问题，以及生产要素、生产资源、生产成果的融合问题。

5.2 企业信息化发展规律和发展水平评价模型

随着企业的战略扩张，企业的快速发展和业务规模日益扩大，企业的管理和业务的协同也日趋复杂，组织的膨胀同时也带来了沟通不顺畅、信息不对称等问题，给企业发展战略的贯彻执行和稳健运营带来前所未有的挑战。

以信息化建设为契机和手段，推行管理与运营的规范化和科学化，帮助企业打造高效、紧密的公司管控模式，并强化各事业部和下属业务执行单元的业务运营能力，提升顾客对企业品牌的认可度和满意度，实现业务高度协同与资源优化整合，优化业务结构，用信息化手段支撑企业的发展战略落实到具体的管理和业务活动中，促进企业实现整体效益最大化，推动信息化建设已经是企业非常重要的战略举措。

5.2.1 企业信息系统发展的困境

企业面临各部门和下属单位提出的迫切信息化支持的需求，它们都希望有信息系统可以尽快支持实际的业务处理，减少手工劳动，提高工作效率。而纵观国内外企业信息化发展历程，如果在信息化建设的初期不匹配外部市场和政策环境的发展趋势、从集团全局的层面做出统一的科学规划，形成统一的建设思路，缺乏可以遵循的统一标准，那么后果是相当严重的。长此以往必然会出现以下信息系统发展的困境。

① 各部门根据自己的需求，按照自己的想法来分别实施信息化应用系统，并且在缺乏对信息技术全面认识的情况下，对信息系统的建设抱着急于求成的心态，可能造成投资的重复和浪费，很可能会造成信息化建设的无序和混乱。

② 各业务部门建立信息系统缺乏全局的考虑，只是满足本部门当前业务的需要，而不考虑与其他部门和应用系统间的数据共享和应用整合，不同应用系统对不同信息技术厂商的引入，当应用系统数量不断增加时，相互之间的整合难度也越来越大。

③ 由于不同应用系统的数据格式不统一，数据表达上的不一致导致信息互通过程中出现偏差的可能性大大提高，同时增加了大量的人工方式信息整合工作，因此造成管理成本的上升和组织管理效率的降低。

在各项社会要素紧密联系的今天，企业也不应该再用机械的、分裂的职能条线分工的方式来治理了。今天的业务工作已经毫无疑问地需要多个专业、多个职能部门的高度协同和配合。可以说，如今企业发展的众多瓶颈表现出一个很讽刺的现象，就是高层领导经常成为最后知道真实情况的人。

这就是源于各个职能部门利用 IT 系统的割据实现事实上的数据私有化，并且利用数据的私有化保护小团体或个人的利益，形成潜在的行政割据局面，导致决策层不可能正确地认识企业的运作实际情况。这对于企业长期的发展无疑是一个巨大的毒瘤，如果不及早消除只会逐步侵蚀企业的生命活力，把企业文化带入不健康的生态环境，并造成领导错误决策的巨大风险。

因此，在此关键时刻，需要对信息化发展的长期性和艰巨性有一个清晰的认识，谋定而后动，通过整体的、有前瞻性的规划来消除企业所面临的巨大运营风险，以避免企业将来在信息化发展历程中由于外部约束或内部要求的不适应情况，导致出现推倒重来、重复投资等诸多问题。

1. 企业信息化规划介绍

企业战略是企业为了谋求生存和发展而做出的长远性、全局性、关键性的决策和方案。企业级信息化规划是将业务战略和信息化建设综合考虑的过程，信息系统规划蓝图将作为连接各个业务战略与具体解决方案的纽带。企业在发展具体的业务能力和开发建设与之配套的信息系统时，必须遵循架构的原则和蓝图，从而保证企业战略的实施。

信息化规划是业务战略和 IT 架构综合考虑的过程。

首先，对业务战略进行解读，在落地战略的角度对需要建设的业务能力进行了解和分析。

其次，从业务事件流和信息资源分析等方面，审视业务的活动对信息系统的要求。

再次，从应用、数据、技术、信息化管理体系等方面给出未来信息系统的总体架构，以及与此相关的规范和标准。

最后，分析现状和未来的差异，在具体的建设项目定义中把每一个信息化建设任务和内容细化，由此设计出信息系统总体架构的实施路线图。

信息化规划是一项科学的、严密的、专业的工作，一般由专业的咨询师配合企业管理层完成，以避免规划中由于不能和行业最佳发展水平匹配而丧失或部分丧失指导意义。专业的信息化规划是按严格的咨询项目来实施的，分为 3 个阶段实施，即企业战略解读和现状分析、信息化蓝图规划及信息化建设策略。

① 企业战略解读和现状分析。主要回答为什么要开展信息化建设，即回答信息化的商业价值，主要通过大量的调研访谈，解读公司战略，分析管控模式、业务模式的现状和发展要求，结合业界最佳实践，对比分析信息化现状，找出信息化差距，提出管理、业务对信息化的需求，作为最终形成的信息化总体蓝图的决策依据。

② 信息化蓝图规划。主要回答企业信息化到底做什么，描述的是企业信息化的建设目标和蓝图的方向性问题，包括建设怎么样的 IT 应用系统、每个系统应该具备什么功能、系统有什么业务价值、对于企业数据资源的管理有什么样的要求、网络和服务器等信息基础设施应该如何选型和配备，以及信息化管理组织和流程应该如何匹配信息化建设的要求。

③ 信息化建设策略。主要回答信息化怎么做的方法和大的步骤，包括信息系统是集中建设还是分散建设；建设先后顺序；信息系统是废除、优化还是新建；通过什么样的项目来执行；建设的合适的时机和牵头负责的部门等。

良好的信息化规划可以起到 3 个方面的重要作用。

① 凝聚共识。通过规划中广泛的沟通活动，让高层与中层之间、各个部门之间、业务与 IT 之间达成一致意见。每个部门、每个人都对未来管理规范提升、信息化支撑有推进的思路，但是需要从公司整体的角度出发，合并同类项，兼容并蓄。

② 规避风险。从公司全局角度考虑，从避免重复建设、减少信息孤岛出现，考虑信息化建设的技术关键点、系统依赖关系、难易程度等因素，综合全面地进行规划，有效降低信息化建设中很容易出现的重复投资、盲目投资、错误投资等风险。

③ 引领方向。通过信息化规划，明确企业未来 5 年在信息化领域所要使用的技术有序引进的路线图，包括 IT 基础设施建设、云技术架构实施、面向服务体系构建等。未来信息化建设按照规划要求分步进行、有序实施。

通过信息化规划工作设计的整个企业未来若干年信息化总体发展蓝图，制定相关的实施方法以指导未来企业的信息化建设工作，以确保企业信息系统的建设能在一个数据共享、信息整合、业务协同的技术环境下开展，确保信息化建设能有序、稳定、可持续健康发展，以有力支持企业发展战略的落地。

2. 成功的企业信息化的含义

信息化成功的标志，除了能有效支持战略的落地外，还应该能给企业带来多方面的、实际的好处和进步。

① 利用信息技术有效降低运营成本，消除效率提升的瓶颈。

随着市场经济的深入，市场的透明度越来越高，行业内的竞争越来越激烈，降低企业的生产运营成本成为大家共同追求的目标。企业纷纷积极开展 ERP、CRM、SCM（Software Configuration Management，软件配置管理）、CPC（Collaborative Product Commerce，协作产品商务）等应用，以客户需求为导向，缩短产品上市周期，减少不必要的中间环节，以求大大节省费用。

② 利用信息技术掌握客户资源，提升企业的品牌价值。

市场经济环境下，客户在迅速变得成熟，来自客户的挑战主要有客户的专业化程度加强、客户对服务的需求增长、客户需求的不断变化等。如今，企业的业务模式正随着市场环境和客户观念的变化而改变，顾问式营销和个性化服务，已经越来越成为许多企业在转向以客户为中心的经营战略时的核心策略。

③ 利用信息技术创新业务模式，实现与知识经济的发展潮流的融合对接。

电子商务的兴起，给供应链中的各个角色带来角色重新定位的挑战。互联网技术及其应用，使上游厂商合作的渠道得以拓展，而集团企业的业务发展，要放在产业价值链条的角度来看待，以跟上整体产业升级的步伐，这样才能避免被边缘化和惨遭淘汰。

④ 利用信息技术创新管理模式，让企业重新站在行业的排头兵位置。

现代企业管理制度正在不断创新以适应经济的发展和竞争的需要：管理组织扁平化、业务重组、团队协助、风险管理……而实现管理创新除了制度和战略人才的准备以外，一整套企业信息系统的有效支持对于企业的可持续发展也越来越重要。

3. 企业信息化的最佳实践经验

成功的信息化是一个复杂的系统工程，需要企业把信息化建设工作看成是一个长期的、系统的、企业各组成要素协调优化提升的工作，以下是业界信息化建设经验的总结。

① 高层推动、资源匹配。信息化的成功要靠最高领导班子集体的高度决心，高层推动、中层尽责、基层支持、全体广泛参与是信息化工作有序推进的重要保障。领导对信息化的重视是公司信息化建设的关键因素。

信息化建设需要扎实的组织保障，必须保证集团总部及下属分支机构的信息化专业人员的配备，保障专业技术人员和应用推广人员的技术水平和结构平衡；必须明确公司的 IT 管控模式，明确各层面的信息化职责和分工，为公司信息化建设提供人才配备的基础条件；必须加强业务人员和信息技术人员的沟通，让信息技术人员抛弃清高的心态，让业务人员增强对暂时性故障的耐心和耐性，主动帮助信息技术人员做好需求的梳理和分析工作，大家用一家人的主人翁精神扮演好相应的工作角色。

② IT 建设、管理先行。这是信息系统的先行条件。信息化建设本身是管理和信息化结合的事项，信息化需要固化相对稳定的管理规则、流程、制度、表单等内容，这需要业务部门在信息系统项目启动前，或者同步推进内部管理、优化的项目，这样才能为信息系统创造好的前提条件。

③ 积极进取、有效推进。信息化建设是需要科学规划、长期坚持、不断调整的一项工程，这需要公司上下形成高度的共识，有开放的思路，能勇于接受逐步适应信息化推进所带来的企业的“阵痛”，并同心协力、互相理解、共渡难关，进而才能一条心做好企业的各项工作，以实现企业经营状况的持续改进。

最后，我们必须认识到，良好的信息化规划只是企业变革的一个非常重要的基础环节，而综观成功实施信息化的企业，信息化建设本身所带来的变革，已经远远超越了信息技术的单纯应用。

企业信息化的同时也是企业经营观念意识的持续跨越、管理模式的持续变革、工作方式的持续改变的过程。成功的信息化建设除了切实的规划、科学的实施和充足的资源配备外，更为重要的是企业的信息化要真正和企业的发展战略、管理模式、业务流程、组织部署、资源配置相融合、相匹配，通过信息化的手段形成一个持续实现企业业务价值的闭环链条。

我们必须从企业发展全局的高度，坚持用战略的、发展的和系统的观点来投入企业信息化规划和后续的建设工作，才能真正理解和回答企业为什么要信息化、做什么信息化、最后怎么信息化这个核心问题，真正提升企业的业务能力和品牌价值。

5.2.2 企业信息化的发展评价模型

20 世纪 80 年代，美国哈佛大学的教授理查德·诺兰（Richard L. Nolan）总结了美国一些企业计算机应用的发展规律后，他认为，任何组织由手工信息系统向以计算机为基础的信息系统发展时，都存在着一条客观的发展道路和规律。

理查德·诺兰提出“六阶段模型”，即把企业信息化发展分成起步、扩展、控制、集成、数据管理、成熟 6 个阶段，简称“诺兰模型”，如图 5-2 所示。

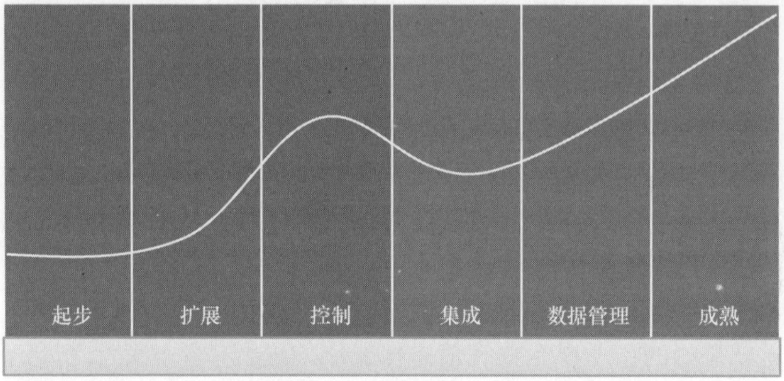

图 5-2 诺兰模型

“诺兰模型”是对企业具有 10～20 年的计算机应用历程的总结，解释企业的 IT 应用是一种波浪式的发展过程。“诺兰模型”反映了企业计算机应用一定的发展规律，前 3 个阶段具有计算机时代特征，后 3 个阶段具有信息时代的特征。“诺兰模型”把集成和数据管理分成前后两个阶段，似乎可以先搞集成后搞数据管理，但后来的大量实践表明这是行不通的。

在继承和发展“诺兰模型”的基础上，20 世纪 90 年代，米歇（Mische）对“诺兰模型”提出了补充意见，推出了“米歇模型”。他认为，在“诺兰模型”中，作为前后两个阶段的集成与数据管理其实是不可分割的，集成阶段的实质和主要特征恰恰就是以数据集成为核心的数据管理。

因此，“米歇模型”认为信息化的一般路径是由起步、增长、成熟和更新4个阶段所构成的，以反映当代信息技术发展的新特征。“米歇模型”作为衡量企业信息化发展阶段的经典理论，是目前国际公认的衡量企业信息化发展水平的参照标准，很多企业在制定3～5年的企业信息化战略规划中，依据“米歇模型”作为信息化管理定位和转型的参照。IBM所做的“米歇模型”如图5-3所示。

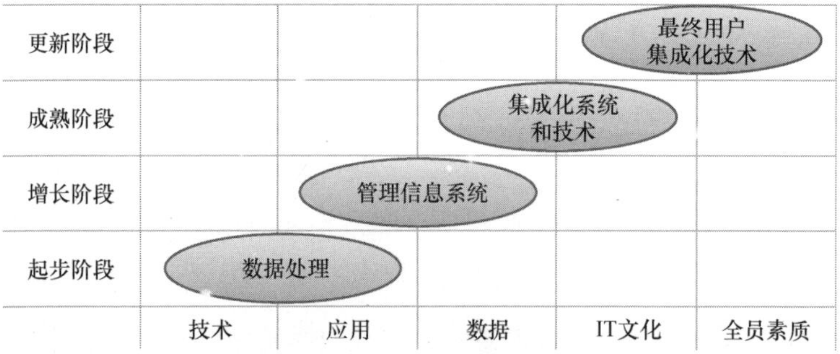

图5-3　米歇模型

从上面两个企业信息化发展水平评价模型中，可以看到一个共同点，即企业信息化应用水平的高低在相当大的程度上是由其所管理的业务信息的数据规模和使用方式来决定的，可以说企业对其数据的管理工作是支撑企业级的信息化应用大厦的不可或缺的基础。

信息化是一个长期的、艰巨的、战略性的过程，不是一锤子买卖，也不是一下子花钱就能搞好的，所以企业在信息化发展的过程中，一定要制定一个有明确时间周期的能落地实施的信息化战略规划。

5.2.3　企业信息化发展的阶段论分析

企业信息化的发展规律是分阶段的、长期的、要持续进行的，可能企业家们会问，难道它不能跳跃式发展吗？这个问题笔者可以给大家一个很肯定的回答，那就是企业后边的发展阶段是要依赖前面发展阶段的一些建设成果的，就像人上台阶一样，想一下子就跨到第五级，这是不太现实的。

上台阶是要一级级上的，如果要跨越式发展，只能说在很短的时间内同时弥补了前面几个层次需要做的工作和一些短板。其实，企业信息化要做的工作还是要一步步做好，这样才能够更快、更稳地进入下一个阶段。

1. IBM 公司总结的五层企业信息化发展模型

我们在评价企业信息化对企业的价值时，可以用 IBM 提出的信息化水平五层境界来给已经应用 IT 技术的企业的信息化应用水平打分。

第一层：IT 辅助手工。

辅助阶段：只满足基本信息记录，如财务、人事、物品等基础信息要求。

打分标准：企业信息技术最原始的应用是 IT 辅助手工完成一些业务工作，对于当今的企业信息化来说，可以给这样的企业打 20 分，因为这样的企业都还够不上被称为开始信息化了。

第二层：IT 支持业务流程。

支持阶段：能辅助企业进行业务规范、流程管理等。

打分标准：企业在一些职能部门的业务流程中，通过一些单项 IT 应用系统的实施，实现部分业务处理流程的自动化，这样的企业可以打 45 分，但还不合格。

第三层：IT 改善业务流程。

增值阶段：能显著改善运作水平，降低总体运营成本，提升效率。

打分标准：如果 IT 能做到全面保障业务的正常运作，确保业务运作的效率和提高客户满意度，那么这样的企业可以说是迈入了信息化的合格门槛，也具备了现代化企业的基本特征，可以打 60 分。

第四层：IT 优化用户体验。

竞争优势阶段：能够通过信息和信息管理来达到卓越管理及获得竞争优势，增加客户满意度，增加业务服务或顾客关系的价值。

打分标准：如果 IT 做到帮助企业灵活运用各项信息，对业务模式进行整合和优化，则可以打 80 分。

第五层：IT 促进业务创新。

战略牵引阶段：信息化能促成企业战略转型和企业变革，驱动企业进行持续的业务创新。

打分标准：如果 IT 能做到对业务创新的引领和促进，就可以打 90 分以上了。这样的企业，在信息系统的配合下，加上自身业务执行单元的组件化改造工作，随时可以让自己的业务模式与时俱进地做出调整，应社会形势而变，应市场需求而变，成为真正意义上应需而变、有智慧的企业。

2. 笔者将五层信息化发展模型进行三段简化

笔者把信息化水平五层境界简化成 3 个层次，如图 5-4 所示。

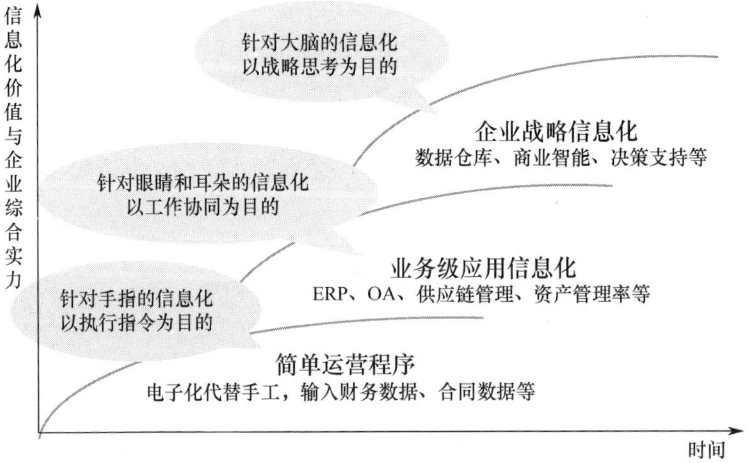

图 5-4　笔者将五层信息化发展模型进行三段简化

第一层：简单运营程序。

在起步阶段做一些作业票输入之类的简单应用，将采购单、入出库单等数据用程序输入到计算机，并简单保存在数据库中，供查询使用。此层次上的计算机应用用户主体是企业的基层员工，通过计算机的使用提高工作效率，减轻工作量。

第二层：业务级应用信息化。

信息系统是根据职能部门制定的业务流程来设计的，流程通过信息系统固化，旨在使职能部门的业务处理过程更加通畅，使业务流程所涉及岗位员工的工作规范化，减少人为控制因素，并自动化一些流转环节以提升流程的效率。

第三层：企业战略信息化。

到第三层信息系统，是为企业管理层提供全面的经营分析和决策支持，对存储在计算机中的企业数据针对企业各层级的管理者运营管理需要进行加工整理，为管理和决策提供有效的信息支持。

可见，企业的信息化是从简单的单一应用到部门级管理信息化，再到整个企业运作的信息化，企业信息系统的应用水平的高低在相当大的程度上是由其所管理的数据规模和方式来决定的。

可以说，企业的数据管理水平是支撑企业级的信息化应用大厦的基础设施的重要组成部分，与建筑行业生产力水平的演进类似。随着企业信息化应用水平的不断提升，企业信息化的规模也日益大型和复杂，因此离不开企业更为强大的企业信息资源管理体系结构的支撑。

3. 总结：企业信息化 3 个阶段的特征对比

笔者把信息化的发展水平与建筑行业生产力的水平做类比，总结了企业信息化 3 个阶段的特征对比，如图 5-5 所示。

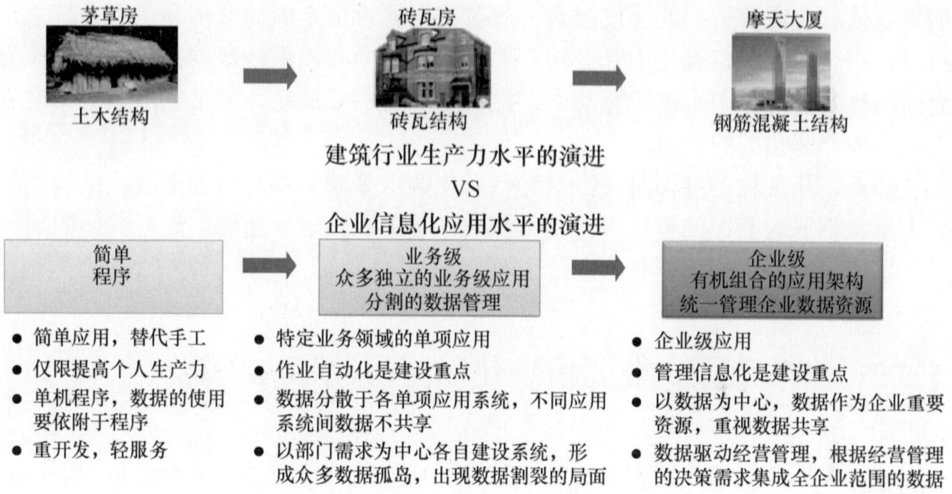

图 5-5　企业信息化 3 个阶段的特征对比

① 简单程序层 VS 茅草房。

简单程序层面的信息化就像土木结构的茅草房，因为它只是一些针对个人的简单应用，只是用来替代手工而已，来满足一些数据的应用要求，数据基本上就是依附在这个程序上面。对建筑层面来说，茅草房的用户体验肯定非常差，漏雨、刮风很难遮住等问题在所难免，但当时用户的容忍度也比较高，只要有个房子就满足了。

② 业务级应用 VS 砖瓦房。

第二个是业务级的信息化层面，它最突出的表现形式就是基本上都是围绕着各个业务领域的一些单项应用的信息系统的建设，如 ERP、OA 等特定领域的生产管理系统。这个业务流程能够实现一定程度上的自动化，但是这些系统往往是以某些业务或某些部门的需求作为出发点来建构的，数据还是分散在各自的系统中，它们之间其实是不共享的。所以，客观上在整个企业的角度就形成了很多“数据孤岛”，系统之间的数据是割裂的。

业务级应用与建筑相比，就好像是那种砖瓦结构的房子，它里边每一个建筑构建其实是环环相扣的，每堵墙都是受力件，都会参与受力。换句话说，砖瓦结构的房子的墙体拆不得，用户如果有什么需求改变也改不了，这种信息化的生产水平层面会处处受限。

③ 企业级应用 VS 摩天大厦

第三个阶段企业级应用更加强调企业战略层面的信息化建设需求，这个阶段的工业信息化需要数据的高度融合，此时数据就肯定不能被分割到单个系统中。所以，在企业级的信息化中，必然就要以数据为中心，重视数据共享。数据作为企业的重要资源，由数据来驱动生产经营管理的各项活动，并根据这些数据的驱动来完成一些相关的决策。

那么，从架构的层面来说，这种信息化的水平就像那种钢筋混凝土结构的摩天大厦，钢筋混凝土结构可以把受力都放在基础设施这个层面，然后其他的墙体就可以根据需要进行调整和改变。

5.3 当前中国企业的信息化局面普遍不容乐观

根据上面提到的企业信息化的三段发展规律的分段方法，下面衡量一下当前中国企业信息化的局面。

5.3.1 企业面对规模扩张带来的信息难题

因为笔者在工作过程中接触过很多大型企业，观察到当前中国企业的信息化水平普遍还是在第二个阶段，即业务级应用阶段，鲜明的特征就是一个企业内部存在大量的、相互独立的业务级信息系统，而且这些信息系统的数据都是各自采用不同的格式和表述方法。

① 以部门需求为中心各自建设系统，相互之间缺乏沟通，数据割裂严重。

② 数据分散于各单项应用系统中，不同应用系统间数据不共享。

③ 大量相互独立的业务级信息系统，大量各自表述的独立数据。

所以，从一个企业的信息化局面的角度来看，数据的分散导致了大量的“数据孤岛”，而且企业所建设的信息系统越多，“数据孤岛”就越多，数据割裂的局面就越严重。特别是现在中国企业要走出国门实现全球化发展，在面对不同的国家、不同的文化、不同的货币等情况时，可能形成的信息系统就更多了，这种割裂的“数据孤岛”的现象就更加严重了。

5.3.2 企业在移动互联网时代遭遇“被信息化”陷阱

早在 1995 年，尼古拉斯·尼葛洛庞帝（Nicholas Negroponte）在《数字化生存》一书中就预言，“计算不再只和计算机有关，它决定我们的生存”。在这 20 多年的时间里，特别是近几年进入移动互联网时代，众多的事实已经证实了尼古拉斯·尼葛洛庞帝的预言，代表数据的比特，作为“信息的 DNA”，正在取代物质的原子而成为人类社会的基本要素。

笔者在尼古拉斯·尼葛洛庞帝观点的基础上，进一步提出“数据不再是和信息产业有关，它决定了企业的生存”的观点。下面笔者根据这个观点，分析那些信息化工作跟不上时代发展步伐的企业，当前或者很快就会面临的“被信息化”陷阱。

1. 关于移动互联网

移动互联网（mobile internet）是一种通过智能移动终端采用移动无线通信方式获取业务和服务的新兴业务，移动互联网的兴起是一个划时代的分水岭。在移动互联网时代前，信息技术的应用场景还是局限在与“看得见”的计算机相关的领域，这个领域被限定在了一些特定的时间或地点；而移动互联网时代中，随着各种方便携带的智能移动终端，日渐具备强大的数据转换和处理能力。

1988 年，美国科学家马克·韦泽（Mark Weiser）所概括的普适计算阶段已经成为事实，计算机已经变得很小，小得让人们看不见。人们可以在日常环境中广泛部署各种各样的微小的计算设备，在任何时间、地点都能获得并处理数据，计算最终和环境融为一体。

普适计算（现在也称为物联网）解决了很多传统计算机难以解决的问题，如身份认证的问题，传统计算机的人机分离的使用界面是不可能自动识别用户身份的，而普适计算的设备由于能和用户融为一体，因此其自身就可以充当用户的身份标签。可以说，普适计算极大地丰富了对物理环境和人类社会生活的信息化程度。

2. 关于信息经济

当这些小得看不见的普适计算设备通过移动无线通信方式和互联网结合起

来，它们所处理的数据能实时地放到网上的时候，无处不联网，无处不计算，必然导致了无处不数据。如今，互联网上的大数据资源事实上已经成为人类社会日常生活的基本要素，具体体现在以下 3 个方面。

① 习惯方面。互联网上的大数据资源非常丰富，使用也非常方便，每个人使用互联网大数据已经成为像呼吸空气一样每时每刻无意识的本能动作。

② 使能方面。我们参与各项社会活动对互联网的大数据已经越来越依赖，不仅人类会使用互联网的数据参与各项社会活动（如工作、学习、交友、购物、投资、理财），还有很多工业产品（如可穿戴智能设备、智能家电、智能汽车等装备设施）也需要依赖互联网的数据才能正常发挥功能。

③ 经济方面。互联网金融的出现正在重构作为现代经济核心的货币金融体系，人类的财富也将以数据的方式在互联网流转和配置，当互联网上的资金数据彻底取代传统货币充当交易的支付手段，将迫使所有商务活动不得不在互联网中完成。

现代市场经济中，越来越多的经济活动要通过互联网进行，企业开展各项经营业务活动已经绕不开互联网，越来越多的企业活动直接或间接受的到互联网的影响。

如上所述，这些在互联网中开展的各项企业业务活动所使用的数据资源，是决定经济资源配置的基本要素，这是市场经济迈入信息经济阶段的基本表现。

3. 今天数据的角色

“企业的客户在哪里？哪些是企业的目标客户？不同的客户会给企业贡献多少价值？”这些问题是每个在市场上求生存的企业都要回答的。5 年前可能用不用数据的区别只是定性的经验或是定量的分析，只是洞察粗放或精细的水平程度差异，数据还属于对业务的事后分析的范畴，还不至于构成竞争成败的必需要素。

而今天，如果要通过互联网做生意，没有数据就代表没有入场券，因为互联网无论是让生产者还是消费者都有了很多的选择，很多原来不相关的行业都有了整合业务需求和资源能力协同交付、合作多赢的可能。

在互联网上做生意的业务价值链，链接起了不同地域和行业的广泛利益参与方，商业模式从传统经济的双方交易拓展到了多方合作。互联网充分的信息联通和交流把社会化大生产的交易时间和成本压缩到极致，生意的参与者根本不需要见面，甚至不需要认识。在这样的场所里做生意，数据是必需的，如果没有相应的数据资源参与交易前的信息交换，那么就和传统经济中没有资金支付的处境类似，恐怕无法参与交易和业务合作了。

从上面的分析笔者得到一个论断，数据已经从业务的结果转变成业务的原因，这个论断有力支撑了笔者在文章开头提出的“数据不再是和信息产业有关，它决定了企业的生存”的观点。

4. 关于“被信息化”陷阱

在无处不数据的互联网时代，社会和市场变成了一个大数据的海洋，每个社会组织和成员都已经被大量的数据所包围，当这些数据无法被企业所掌控时，就会给企业带来“被信息化”的陷阱。

企业的“被信息化”陷阱是指企业对外开展各项业务活动时，对业务所需要的数据资源缺乏可自主管理的能力和权力，信息不对称导致在信息经济的市场中处于不平等的经济地位。那么，企业为什么会陷入“被信息化”的陷阱？主要有以下 3 个方面的原因。

① 从思维观念上。如果企业不能认识到数据已经从业务的结果转变成业务的原因，还是停留在传统思维，则必然对开放、透明、无孔不入的互联网大数据海洋环境水土不服，难以融合。当自己心中无度、手中无数的时候，为了还能参与交易，无奈之中只好把业务资源的数据话语权让给企业外部的势力，自己甘于“被代表”和“被信息化”。

② 从发展模式上。很多企业习惯了非技术粗放型扩张，企业的经营管理过于依赖组织能力和“人、财、物”这些有形资源的投放，决策过程也不能公开透明，重业绩结果轻业态生存土壤的培育，并不能认识到让数据说话对于完善企业现代治理机制的重要性，对信息化采取了被动和消极的态度，也就迟迟不能完成企业治理水平的现代化工作。

③ 从技术层面上。目前，很多企业的信息化水平偏低，各自为政的信息系统缺乏统一的数据整合，数据治理工作空白和缺失，形成了低质量的企业数据局面。

归根到底，企业陷入“被信息化”的陷阱，其根源还是自身的内部机制跟不上互联网信息经济时代的要求，被互联网上各路数据“水军”的夹击下，在自身数据资源的阵地上失守了，只好成为别人所拥有的数据的“奴隶”。

5. 何去何从

在这个新时代的分水岭上，笔者所描述的被信息化的企业只能是一个不可持续的过渡状态，其中一部分有所觉悟也有能力变革的企业，会积极寻求转型，跟随时代的脚步，逐步转化成信息化企业的组织形态。而不能及时完成这种转型的企业，可以预计，随着客户、员工、供应商等关键资源的流失，业务会逐渐萎缩，组织会逐渐解体，进而结业消亡或被兼并收购。

何去何从？看来也只能让数据来说话了。

5.4 如何实现制造物理世界与信息世界的交互与融合

互联网时代新常态下，需要每个企业都转型成一个数据驱动的信息化企业，信息技术和企业各项现代化生产经营管理活动深度融合是必然的趋势。只有顺应时代的要求，企业才能得到生存和发展的机会，每个现代化企业都离不开科学的、前瞻性的、与企业战略和业务发展水平相匹配的信息化中长期建设规划蓝图的指导，通过良好的信息化战略来推动企业的成功转型。

其中，企业架构是处于企业信息化技术体系金字塔尖地位的前沿理论和技术实践，企业架构通过对真实物理世界企业的业务流程和信息世界的 IT 设施的抽象描述和建模，从全局的角度贯彻企业战略、组织、职能、业务流程、IT 系统、数据、网络部署等描述，形成完整的一体化系统。

企业架构反映了企业业务的状况，并体现了业务与 IT 的映射关系，能明确各类 IT 设施对业务的支撑关系。从信息化投资对企业战略成长的核心价值的角度来说，清楚地回答企业为什么要信息化、做什么信息化、怎么做信息化，这个信息化投资决策的根本性的问题，最终实现制造物理世界与信息世界的交互与融合。

5.4.1 新常态下企业怎么做好信息化工作

全球正出现以信息网络、智能制造、新能源和新材料为代表的新一轮技术创新浪潮。在产业阶段方面，工业强国如德国已经顺利完成了“工业 1.0”到“工业 3.0”的 3 个工业化阶段，并已进入“工业 4.0”时代。而我国工业目前尚处于“工业 2.0”与“工业 3.0”阶段并行的状态，我们必须走“工业 2.0 补课、工业 3.0 普及、工业 4.0 示范”的并联式发展道路，所以我国实现“工业 4.0”的任务要更加复杂、更加艰巨。

正是由于“工业 3.0”所代表的信息化在中国并未彻底完成，因此中国的大多数企业还是处于粗放型的管理水平之中，在进行信息化建设投资时都会跳过企业架构这个环节而直接进入信息化项目的建设，这样就会导致重复投资、数据孤岛等必然现象的出现，也客观上造成了当前企业信息化发展水平低下和各种遗留问题，最终成为阻碍企业转型和持续发展的瓶颈。所以，建设企业架构是当前国际上开展 IT 战略规划的主流方法，有效的企业架构对企业的生存和成功具有决定性的作用，是企业通过 IT 获得竞争优势的不可或缺的手段。

5.4.2 企业信息化大变革已经势在必行

随着互联网大数据的发展，如果企业不进行自身变革，那么这种“小”数据瓶颈会带来巨大的问题，如图 5-6 所示。不仅数据孤岛越来越多，而且管理者做决策的时候，也很难从这些数据碎片中得到很好的建议。管理者就通过开会这种人工信息集成的方式，让大家在会议上对各种信息做一个集成和拼凑，来解决数据割裂的问题。

另外，各个企业的信息系统其实都是黑箱，业务人员根本就没办法知道数据在这个系统中是一种什么格式，是怎么存储的，他也不可能离开这个系统界面去使用这些数据，所以企业的数据黑箱越来越多，看不见的盲区就可能越来越多。

所以，数据孤岛、数据割裂、数据黑箱形成了传统企业的“小”数据的巨大瓶颈和障碍，阻碍了企业向那种更加高效互动、更开放互联和网络集成的方向发展，如图 5-6 所示。对于企业的互联网大数据改革潮流来说，时间上的要求已经越来越迫切，企业必须要加紧打破自身的“小”数据瓶颈，如图 5-7 所示。

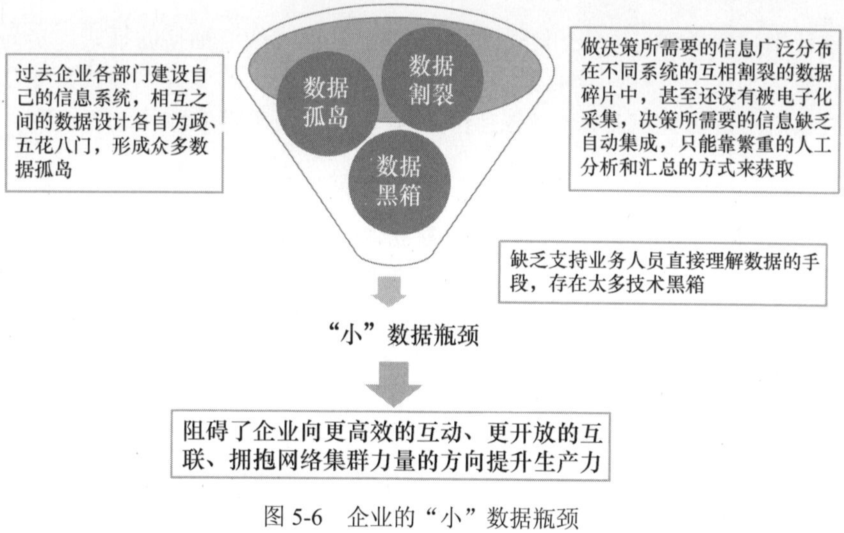

图 5-6 企业的“小”数据瓶颈

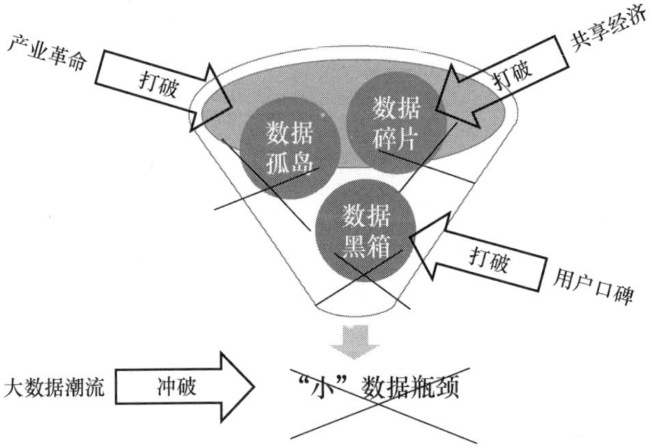

图 5-7　打破企业“小”数据瓶颈的方法

1. 产业革命

首先，产业革命所需要的广泛协同特点，要求企业打破原来那种“数据孤岛”的模式。物理性的“数据孤岛”是指数据在不同部门相互独立存储、独立维护，形成了物理上的“孤岛”。

这种“数据孤岛”会造成企业各部门的数据间缺乏关联性，数据库彼此也无法兼容，从而无法实现协同，不仅会增加大量的沟通成本，而且还容易出现“数据的污染”，严重影响企业决策。

2. 共享经济

要让用户深入参与企业和产品的生产过程，形成产消衔接的模式，走向共享经济。要达到这个目标，企业就要打破原来那种“数据的零碎”模式，要从用户的角度去思考，为他们带来一个完整的体验，而不是零碎的体验。

3. 用户口碑

“数据黑箱”是指企业的数据相对独立，数据格式和表述方式多种多样，难以被其他人理解和运用。面对企业的“数据黑箱”问题，用户的口碑就可以颠覆这个“黑箱”，口碑数据非常直观明了，不仅可以让用户的沟通更加顺畅，还能够增强用户的信赖感，促进产品复购率和企业形象。因此，企业要积极拥抱互联网上的消费者，借助社群和口碑的力量去转型升级。

这种互联网大数据的潮流，必然会冲破当下的企业“小”数据瓶颈。要么你被人家信息化，被动地被其他人淘汰，被互联网公司把你边缘化；要么你主动地自我变革，去打破原来的瓶颈。

5.5 如何应对互联网大数据越来越迫切的倒逼

互联网改变了人类社会的信息传递方式，不久的将来，完全“线上”化的信息流通方式必然颠覆传统的“线下”信用中介服务方式，让企业原有的市场、用户、产品和价值链被重新“洗牌”，传统行业的界限和竞争格局已经消失。

当下互联网倒逼传统企业的改革，就是把自己的根基尽快重新深深扎进互联网广阔的大数据土壤中，重新吸取未来市场的巨大养分。因此，互联网大数据越来越迫切的倒逼，给传统企业所带来的不只是挑战和压力，更是可以预期的巨大红利，关键是看企业如何利用“互联网+”的“洪荒之力”。

5.5.1 企业面对“互联网+”该如何选择

随着互联网大数据越来越广泛、越来越深度的发展，对于一些有“小”数据瓶颈的传统企业来说，会出现越来越迫切的倒逼，如图 5-8 所示。

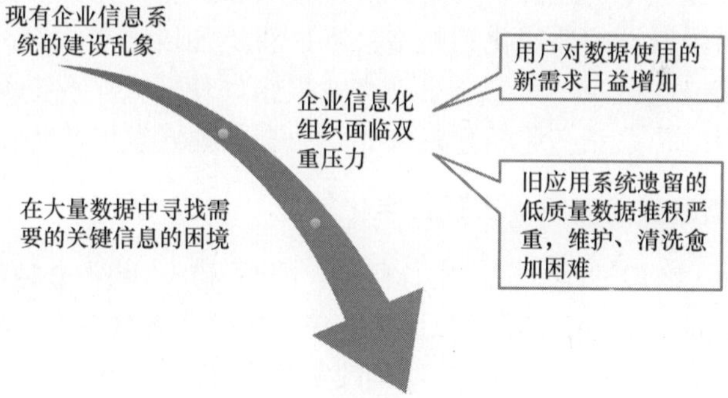

图 5-8　企业面临的困境越来越严峻

面对“互联网+”的发展，企业普遍面临以下两方面的信息化困境。

1. 被动信息化

很多企业对信息化建设是盲目的、被动的，很多企业信息系统的用户还没有想清楚为什么要进行信息化、系统建成后能发挥什么作用就盲目上马。典型特征是站在系统建设的角度衡量，什么系统功能都要有，为建设而建设；但站在应用的角度衡量，却什么系统都用不到、用不全。

各子系统功能不完善、接口不完备、没有信息整合平台、系统之间发展不均衡、部署策略混乱、维护困难、稳定性差。企业只拥有低质量的数据资源，这样的数据资源自己都用不起来，更不要说放网上“献丑”了。

2. 被别人信息化

如果因为自身数据不可用而在“互联网+”的过程中企业在互联网上开展业务活动的数据只能依赖于别人，企业的各项信息被放在微博、微信、点评网、下游分销商，以及各种外部关系人和客户的各种信息系统中。

这样企业彻底丧失了对重要数据资源的掌控力（话语权），实质上成为拥有这些数据资源的互联网平台的附庸，甚至被别人“过顶击球”（Over The Top，OTT）式地颠覆原本的行业地位。

5.5.2 数字化战略与转型路径怎么做

如今，各行业各领域都在加快推进“互联网+”战略，壮大数字经济，发展新业态新模式，促进平台经济、共享经济健康成长。在国家政策的大力推动下，本来就具有极高渗透性的数字化和网络技术，将更加以席卷之势，具有极高的渗透性功能，迅速地向第一、第二、第三产业扩张，使三大产业之间的界限模糊，推动了第一、第二和第三产业相互融合的新业态新模式发展趋势。

1. 持续创新、快速变革，实现数字化转型

数字经济如大海般波涛汹涌，衣食住行、吃喝玩乐、购物金融各种生活需求全都可以在智能手机上找到相应的信息服务，现在的消费者鲜有不上网的了。消费侧的数字化应用领先并且翻过来倒逼供给侧改革是当前数字经济的基本格局，作为供给侧的每一个企业乃至政府机构社会团体在内的各种类型依靠业务职能而存在的组织，事实上都已经完全处于一个 VUCA［Volatility（易变）Uncertainty（不确定性）、Complexity（复杂）、Ambiguity（模糊）］的数字经济市场环境中。

在这种大环境下，企业试图找到一个稳定的蓝海战略来维持生存是不合时宜的，所谓的蓝海只是暂时的避风港。只要某个领域或商业模式有利可图，野蛮的资本和“山寨草根”顽强的力量就会借互联网大数据等数字技术的跨界渗透能力快速跟进，迅速把蓝海变成红海。因此，企业组织只有持续创新、快速变革，不断对变化中的各种情况做出快速的反应并及时适应，才能保存组织在数字经济海洋中的存在价值，未来企业之间的竞争，归根到底是变革效率和变

革能力的竞争。

孙子云："胜兵先胜而后求战"。商场如战场，这就是企业战略应有角色，而事实上，今天很多商业界的企业家是忽视战略的，或者缺乏科学的战略管理，而数量庞大的小微企业，更加视企业战略和商业模式为高贵而无用的摆设，敬而远之，避而不谈。

不可否认，互联网普及之前供需信息不对称维持相对稳定的市场格局，让绝大部分传统企业在自留地里自然生长。所以，大多数企业领导人的核心任务是只需要管好眼前的业务和队伍，可能对目标、结果、业绩会更关注。

而在数字经济时代，企业要在 VUCA 市场环境里采取"红海行动"，需要持续不断地根据外部环境的变化调整其战略、设计其业务。战略管理和业务设计能力成为新时代企业领导者的重要能力，摆在各级管理者面前的共同命题是：如何有效地推动企业的数字化战略，并且在数字化转型道路中动态地、随机应变地、创造性地设计业务，适应数字经济环境。

就像宿命般的深秋落叶，传统企业在当今的数字经济大潮中，或早或晚，都无可避免地踏上了数字化转型的旅程。无论是途中的"老司机"或新手都要清楚地知道"数字化战略转型转什么"。其实这也是传统企业战略中最关键的问题，解决的是"道、法、术、器"中"道"——战略层面的问题。不同行业、相同行业内不同企业、企业的不同发展阶段，答案都有差异。

2. 从"开源""节流"中找到转型机会

对于企业来说，数字化转型的目的最终都还是回归到企业的生存与发展上，为了生存，要持续提升效率与效益；为了发展，需要新方向的探索，就是实现"开源节流"。"开源"对应客户营销、客户体验、新业务模式的探索领域；"节流"则要求企业运营效率的最大化，覆盖资源获取与分配、产品设计与生产、原料与产品供应链、经营管理等运营领域。因此，数字化战略可以从"开源""节流"两个维度来分析企业业务的创新与变革，发现其中的数字化转型机会。图 5-9 所示为 IBM 提出的"开源节流"转型方法论。

从"开源"维度，围绕企业在市场中吸引客户的价值主张（产品）来稳定和提高企业的市场影响力，数字化对于企业价值主张和业务的提升程度可以依次分为改善、拓展、颠覆 3 个阶段。

① 改善：数字化致力于改善客户体验，吸引新客户和留住老顾客，如实现客户多渠道一致性的体验、预约排队数字化、产品交付过程的透明，提供便捷的客户自助服务等。

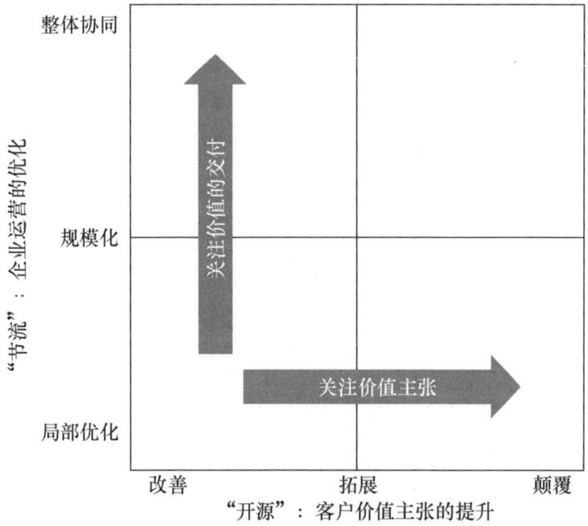

图 5-9　IBM 提出的"开源节流"转型方法论

② 拓展：拓展销售渠道和营销方式，增加新的收入来源，如增加数字化渠道、数字化精准营销等。

③ 颠覆：实施新业态新模式，主动颠覆行业传统市场格局，如发挥企业在行业中的龙头地位、构建生态平台、各方协同共赢、实现平台的价值等。

从"节流"维度，应需而变的灵活性对企业的经营效率和运营能力提出更高的要求，数字化对于企业运营的优化程度可分为局部优化、规模化、整体协同。

① 局部优化：在企业价值链中某个业务智能领域通过数字化提升人员效率、设备效率、能源效率、资源效率等，如生产机器人和自动化机床、设备预测性维护、仓库自动导引运输车（AGV）等。

② 规模化（企业级优化）：实现跨流程、跨部门的优化，如生产计划优化、能源计划优化、库存计划优化等。

③ 整体协同（行业级优化）：在社会化价值网络中实现产业协同，如数字化供应链与企业非核心业务职能的业务流程外包（BPO）。

通过"开源""节流"两个视角可以具体分析和发现，每个企业在数字经济时代的转型需要转什么，从而明确数字化战略具体要做什么，具体要怎么走。而作为数字化组织基础设施的建设者，对应地，企业 IT 工作也需要转型，这时 IT 部门将承担企业数字化战略转型的推动者及业务赋能者的角色，是企业数字化组织的重要组成，其职能定位、技能要求、考核体系都将发生转变。

第6章

智能工厂关键技术介绍

随着科技水平的不断发展，以及智能工厂的不断创新和演变，在这个过程中需要用到很多技术，来实现实时、可靠、高效、低成本的生产要求。本章主要介绍实现智能工厂的一些关键技术，包括数字孪生、工业互联网、云制造、机器人、工业大数据、区块链、人工智能等，通过这些工具和技术相互协同来完成智能工厂的建设。

6.1 数字孪生：有效实现智能工厂的关键技术

智能工厂的关键是什么？前面已经提到了，智能工厂所有的业务活动都是依赖数据来驱动的生产方式，“数不到不为财”。实际上，数据已经成为企业基因中很核心的一部分了，数据决定了企业各种能力和资源的安排，数据成为生产力要素非常重要的基础设施。

全球领先的信息技术研究和顾问公司 Gartner 将战略科技发展趋势定义为：具有巨大颠覆性潜力、脱离初期阶段且影响范围和用途正不断扩大的战略科技发展趋势，这些趋势在未来 5 年内将迅速增长、高度波动、预计达到临界点。前 3 个战略科技发展趋势探讨了人工智能（AI）与机器学习（machine learning）将如何渗透至几乎任意领域，随后的几个趋势集中于混合数字与物理世界，以打造一个沉浸式、数字增强型环境，其中就包括数字孪生。

“工业 4.0”定义了数字孪生（digital twin）的概念：充分利用物理模型、传感器更新、运行历史等数据，集成多学科、多物理量、多尺度、多概率的仿真过程，在虚拟空间中完成映射，从而反映相对应的实体装备的全生命周期过程。

6.1.1 数字孪生关键技术支撑智能工厂的养成

由美国密歇根大学的迈克尔·格里夫斯（Michael Grieves）指出，物理对象具有信息的等效性，所有的物理对象都包含用于描述自身的信息，如几何性质、材料特性、功能用途等，人类智慧使人们有能力从物理对象中找到和提取信息，以满足人们的特定需求。

正是由于产品信息等效性的价值，产品信息可以作为避免生产过程中浪费的物理资源的替代品，如时间、能源和材料。正是由于产品在本质上具有双重性——它们既是物理的，也是信息的，因此在工业制造过程中创建物理产品的同时，可以通过有效的信息采集而创建与之如影随形的虚拟产品。

从产品的全生命周期的角度来说，我们可以通过产品的信息属性来完成很多特定的任务，这样就可以在许多情况下显著地减少物理资源的使用。虚拟产品虽然不是物理产品的替代品，但扩大这些虚拟产品的使用范围和程度，可以有效地减少物理资源的浪费。而虚拟产品的成本，也就是信息的成本，虽然初期应用信息的成本可能是巨大的，但是使用信息并不会带来信息资源的损耗。而物理资源总是有限的，所以长期来说使用虚拟产品的信息成本肯定是会大大低于物理资源的浪费的。

数字孪生的概念最初正是迈克尔·格里夫斯教授于 2003 年在美国密歇根大学的“产品全生命周期管理”课程上提出的，并被定义为三维模型，包括实体产品、虚拟产品及二者间的连接。

数字孪生是以数字化方式创建物理实体的虚拟模型，借助数据模拟物理实体在现实环境中的行为，通过虚实交互反馈、数据融合分析、决策迭代优化等手段，为物理实体增加或扩展新的能力。作为一种充分利用模型、数据、智能并集成多学科的技术，数字孪生面向产品全生命周期过程，发挥连接物理世界和信息世界的桥梁和纽带作用，提供更加实时、高效、智能的服务。

在这个概念的基础上，我国学者陶飞认为车间是生产制造活动的执行基础，所以为了践行这种智能制造和智能生产的理念，陶飞的团队在 2016 年提出了一个数字孪生车间的概念。同时，陶飞的团队从整个理论建构和技术发展的方向上，设计了数字孪生车间的主型架构和运行机制，阐述了相关的特点和设计的关键技术。

前面已经提到过，智能生产需要物理空间中的多种生产要素的实时融合和集成，要解决这个问题，必然就要有能够体现物理世界中的生产要素背后的信息世界，并且和实际物理世界实现交互和融合。

物理空间所代表的就是实，信息空间代表的就是虚。数字孪生这种虚和实之间的高效交互和融合，必然就需要用到一系列的技术。陶飞教授针对数字孪生的实践应用，提出了一系列技术综合应用的解决方案。

① 物理车间“人—机—物—环境”互联与共融技术。

② 基于数字孪生车间的智能生产与精准服务技术。

③ 数字孪生车间运行技术，如实时交互技术、多源数据协同控制技术等。

④ 车间孪生数据构建及管理技术。

⑤ 虚拟车间建模、仿真运行及验证技术。

笔者将其总结为以下 5 个方面。

① 物理上生产要素互联互通。

② 虚拟中生产方案不断优化。

③ 现实中生产活动更加高效。

④ 过程中知识财富不断积累。

⑤ 未来工厂能自主学习和持续进化。

6.1.2 数字孪生是实现智能工厂的有效途径

在工业领域中，当前自动化技术广泛应用，最具革命性意义的是机器人开始出现在工作人员身边。引入机器人的企业需要评估机器人是否能在生产环境中准确执行人的工作，机器人的尺寸和伸缩范围会不会对周围的设备造成干扰，以及它有没有可能导致操作员受到伤害等。机器人成本昂贵，更需要在早期就完成这些工作的验证。

随着产品制造过程越来越复杂，制造中所发生的一切需要进行完善的规划，而一般的过程规划是设计人员和制造人员基于不同的系统独立工作。设计人员将产品创意提交给制造部门，由他们去思考如何制造。这样容易导致产品信息流失，使得制造人员很难看到实际状况，增加出错的概率。一旦设计发生变更，制造过程很难实现同步更新。

而在产品的制造过程中，制造系统中所有流程都准确无误，生产才可以顺利开展，但万一生产进展不顺利，由于整个过程非常复杂，制造环节出现问题并影响到产出的时候，很难迅速找出问题所在。因此为了实现卓越的制造，必须清楚了解生产规划及执行情况。企业经常抱怨难以确保规划和执行都准确无误，并满足所有设计需求，这是因为如何在规划与执行之间实现关联，如何将在生产环节收集到的有效信息反馈至产品设计环节，是一个很大的挑战。

数字孪生高效的解决方案是搭建规划和执行的闭合环路，利用数字孪生模型将虚拟生产世界和现实生产世界结合起来，建立包含所有制造过程细节的数字孪生模型，在虚拟环境中验证制造过程，发现问题后只需要在模型中进行修正即可。

例如，机器人发生干涉时，改变工作台的高度、输送带的位置、反转装配台等，然后再次执行仿真，确保机器人能正确执行任务。数字孪生模型是以数字化方式为物理对象创建的虚拟模型，它依赖传感器数据理解其状态，来模拟其在现实环境中的行为，对变化做出响应，改进操作，增加价值。

制造企业通过搭建整合制造流程的生产系统数字孪生模型，能实现从产品设计、生产计划到制造执行的全过程数字化。可以在数字孪生模型中对不同的生产策略进行模拟仿真和评估，结合大数据分析和统计学技术，快速找出有空当时间的工序。调整策略后再模拟仿真整个生产系统的绩效，进一步优化实现所有资源利用率的最大化，确保所有工序上的所有人都尽其所能，实现盈利能力的最大化。

在数字孪生技术中，所需要制造的产品、制造的方式、资源及地点等各个方面可以进行系统的规划，通过数字建模将各方面关联起来，实现设计人员和制造人员的协同，如图 6-1 所示。一旦发生设计变更，可以在数字孪生模型中方便地更新制造过程，包括更新面向制造的物料清单、创建新的工序、为工序分配新的操作人员，在此基础上进一步将完成各项任务所需的时间及所有不同的工序整合在一起，进行分析和规划，直到产生满意的制造过程方案。

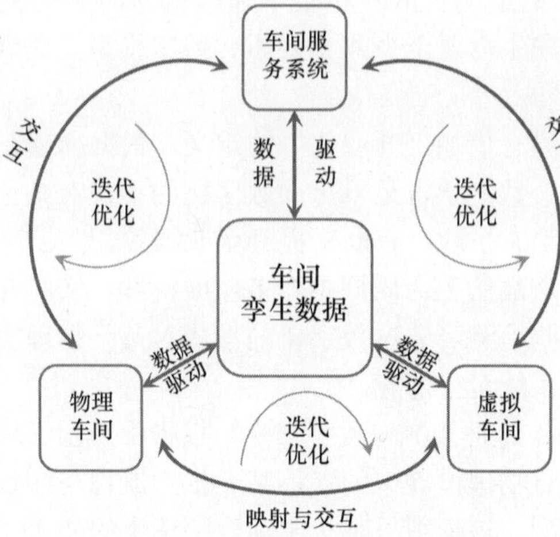

图 6-1　数字孪生技术的基本途径

此外，还可以使用大数据技术，直接从生产设备中收集实时的质量数据，将这些信息覆盖在数字孪生模型上，对设计和实际制造结果进行比对，检查二者是否存在差异，找出存在差异的原因和解决方法，确保生产能完全按照规划来执行。

借助数字孪生模型在产品设计阶段预见其性能并加以改进，制造流程初期就掌握准确信息并预见制造过程，保证所有细节都准确无误，这些无疑是具有重要意义的，因为越早知道如何制造出色的产品，就能越快地向市场推出优质的产品，抢占先机。

6.1.3　数字孪生为何成为战略科技发展必然趋势

简单来说，数字孪生是指以数字化方式再现物理世界中真实的实体或系统。例如，美国宇航局在 2010 年对飞行器的真实运行活动进行镜像仿真，试图在虚拟世界中，尽可能地模仿飞行器在物理世界的太空中真实发生的一切事件。

数字孪生是现实世界中物理实体的配对虚拟体（映射），这个物理实体（或资产）可以是一个设备或产品、生产线、流程、物理系统，也可以是一个组织。数字孪生概念的落地是用数字化所构建的“虚拟实体”去映射现实世界中的物理实体来实现。

这种映射通常是一个多维动态的数字映射，它依赖安装在物体上的传感器或模拟数据来洞察和呈现物体的实时状态，同时也将承载指令的数据回馈到物体导致状态变化。数字孪生是现实世界和数字虚拟世界沟通的桥梁。Gartner Group 公司认为，一个数字孪生需要至少 4 个要素：数字模型、关联数据、身份识别和实时监测功能。

数字孪生在企业界有更加“商业化”的定义，根据德勤在《工业 4.0 与数字孪生》报告中的观点：数字孪生是以全面数字化的形式对某一物理实体过去和目前的行为或流程进行动态呈现，有助于提升企业绩效。

数字孪生以针对产品的生命周期中众多层面持续、实时开展的大量物理世界数据检测为基础，这些检测可通过数字化的形式对某一物理实体或流程进行动态呈现，从而有效反映系统运行情况。

德勤在其发布的《工业 4.0 与数字孪生》报告中给出了新工业生产流程中的数字孪生模型，这是将物理世界中的工厂某一生产流程与在数字世界中的数字化镜像而相辅相成的模型。该模型呈现了驱动数字孪生的要素——物理世界的传感器和促动器、集成、数据和分析，以及持续更新的数字孪生应用程序。

在物理世界中的生产流程中配置的传感器可发出信号，数字孪生可通过信号获取实际流程相关的运营和环境数据。若确定应当采取实际行动，则数字孪生将在人工干预的情况下通过促动器展开实际行动，推进实际流程的开展。

在“工业 4.0”的数字世界中，传感器提供的实际运营和环境数据将在聚合后与分布在企业各应用信息系统的数据合并，如物料清单、企业系统和设计规范、工程图纸、客户投诉记录及外部来源数据等。对这些从实际生产环境中感知得到的数据，利用分析技术开展算法模拟和可视化程序，通过分析这些数据给各项生产控制和决策提供依据，不断积累这些数据也更进一步支撑各种人工智能技术的深度学习。

数字孪生的核心是模型和数据，为进一步推动数字孪生理论与技术的研究，促进数字孪生理念在产品全生命周期中应用。陶飞教授的团队结合多年在智能制造服务、制造物联、制造大数据等方面的研究基础和认识，将数字孪生模型由最初迈克尔·格里夫斯提出的三维结构发展为五维结构模型，包括物理实体、虚拟模型、服务系统、孪生数据和连接。关于这个五维结构各部分所扮演的角色和发挥的作用如下。

① 物理实体是客观存在的，它通常由各种功能子系统（如控制子系统、动力子系统、执行子系统等）组成，并通过子系统间的协作完成特定任务。各种传感器部署在物理实体上，实时监测其环境数据和运行状态。

② 虚拟模型是物理实体忠实的数字化镜像，集成与融合了几何、物理、行为及规则 4 层模型：几何模型描述尺寸、形状、装配关系等几何参数；物理模型分析应力、疲劳、变形等物理属性；行为模型响应外界驱动及扰动作用；规则模型对物理实体运行的规律、规则建模，使模型具备评估、优化、预测、评测等功能。

③ 服务系统集成了评估、控制、优化等各类信息系统，基于物理实体和虚拟模型提供智能运行、精准管控与可靠运维服务。

④ 孪生数据包括物理实体、虚拟模型、服务系统的相关数据，领域知识及其融合数据，并随着实时数据的产生被不断更新与优化。孪生数据是数字孪生运行的核心驱动。

⑤ 将以上 4 个部分进行两两连接，使其进行有效、实时的数据传输，从而实现实时交互以保证各部分间的一致性与迭代优化。

基于陶飞教授的团队提出的上述数字孪生五维结构模型实现数字孪生驱动的应用，需要针对应用需求及场景对象分析物理实体的特征，以物理实体忠实的数字化镜像建立虚拟模型，构建连接实现虚实信息数据的交互，并借助孪生数据的融合与分析，最终为使用者提供各种服务系统中的具体应用。

根据 Gartner Group 公司的技术成熟度曲线显示，数字孪生正处于冉冉上升的阶段。同样，IDC 预测到 2020 年，全球头部 2000 家企业的 30%，都会使用 IoT（Internet of Things，万物互联）产品中的数字孪生来提供产品创新。尽管数字孪生尚未成为主流，却是每一个企业都不能回避的命题。

工业互联网将是数字孪生的应用加速器。工业互联网使得工业中所有生产要素的物理实体的各种工业大数据收集、交换，都要借助 IoT 来实现，它将机器、物理基础设施都连接到数字孪生上，将工业大数据的传递、存储分别放到边缘或云端。可以说，工业互联网激活了数字孪生的生命，它天生具有双向通路的特征，使得数字孪生真正成为一个有生命力的模型。

如何判断数字孪生能成为第四次工业革命中战略科技发展趋势，而不是昙花一现的科技概念炒作呢？笔者认为核心理由是数字孪生使得未来所有的工业行为能在准确把握消费者需求的基础上，在合适的时间、合适的场景，基于孪生数据做出实事求是的、实时正确的决定，这意味着工业将可以更好地服务客户的想法和创意。

数字孪生是工业互联网的重要场景，也是“工业 4.0”中的产品全生命周期中各种智能化应用场景的完美搭档。在“工业 4.0”中通过工业互联网，任何一个产品在其全生命周期中的各方面信息处理应用，都可以调用数字孪生各项模型和数据。

数字孪生可以支持产品全生命周期中各种应用场景的数据需求，从而支撑企业可以及时获取和分析大量的关乎产品各阶段各种状态的数据，包括生产效率、宕机分析、失效率、能源数据等，并形成完整的评估结果，可以反馈并储存到孪生数据中，使得产品设计、生产、运维和回收全生命周期的管理模式都可以得到实质性和可持续的优化。

数字孪生能够帮助产品的利益相关方（包括产品的各种生产者和消费者）在物理世界和数字世界之间全面建立准实时联系。第四次工业革命中，消费者和人工智能都会成为新生产关系中必然会出现和发挥作用的组成部分，而数字孪生是帮助这些新生产关系中各种要素发挥作用的必选项。新生产关系中各方利益相关者都要依赖数字孪生形成的高度信用化的工业大数据资源，这是该技术的最真实的价值所在，也是成为必然的战略科技发展趋势最坚实的理由。

所有真正有生命力的创新，都离不开对必然趋势的先知先觉和抢先行动，而趋势成为现实，也需要不断地创新。数字孪生是“工业 4.0”中必然的战略科技发展趋势，而企业的落地也离不开持续变革和创新。

6.2 工业互联网：物理上生产要素互联互通

在智能工厂生产过程中，物理上的各种生产要素需要实时互联互通，否则没办法实现以用户体验为中心的应需生产能力。所以在物理上，首先要解决的就是生产要素的互联互通，具体的技术体系就是工业互联网。

工业互联网是智能制造体系和智能服务体系的深度融合，是工业系统产业链和价值链的整合和外延。工业互联网由美国通用公司提出，代表全球工业系统与智能传感技术、高级计算、大数据分析及互联网技术的连接和融合。其核心三要素包括智能设备、先进的数据分析工具、人与设备交互接口，如图 6-2 所示。

工业互联网的相关技术可以实现对于生产要素实时状态的智能感知，这种数据的自动采集和自动线上输入能够通过互联网及时传播，然后交付到需要用这些数据的对应信息系统中。

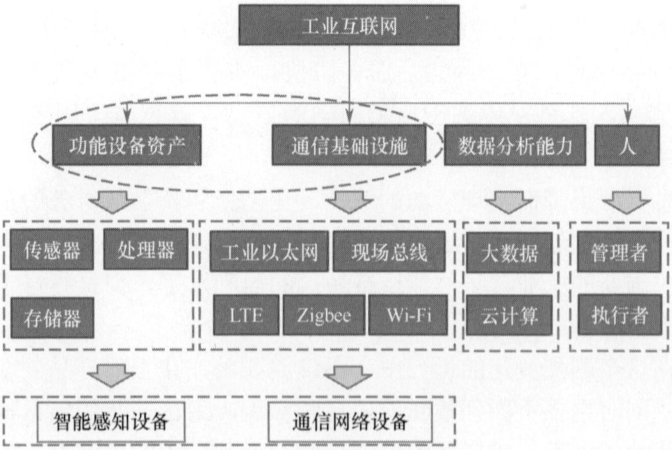

图 6-2　工业互联网的基本结构

工业互联网要融合大数据分析、云计算和互联网技术的连接，首先就需要具备感知能力的智能设备，能够感知环境和自身状态。其次要有先进的大数据分析工具。

最后是人，包括管理者、执行者和最终用户等，通过人机接口来实现这些生产相关者和设备的交互融合。

工业互联网是由很多相关的技术融合在一起的，这 3 个核心要素解决的是智能感知、信息传递的问题，实现物理上的生产要素的互联互通，通过信息空间虚拟现实空间的生成过程，信息可以替代物质的损耗。在信息空间中可以对各种方案做实验和测试，而不会产生任何成本和损耗，可能只是多花点时间，所以，我们在虚拟空间中就可以对生产方案不断进行优化和改进。

在互联网带来的新时代，新的需求、新的机会层出不穷，同时带来的问题是用户可能更喜欢竞争对手的新产品带来的新体验。满足 21 世纪需求的商业模式，也可以称为“工业互联网”。越来越多的工业生产能力和资源通过互联网与客户、供应商和合作伙伴结合成协同创新和生产的紧密联系。

这种情况下，产品只有精益对用户来说不再有任何作用，产品也必须是创新的。而创新意味着变化，原来生产中所掌握的信息和经验很可能过时了，因为创新要进入一个未知的领域，所以肯定会有资源的浪费。信息可以用来减轻风险和减少不确定性，在原先耗用物理资源的地方，只要有可能，都应该尽量使用信息。例如，在产品设计阶段，需要对产品设计的所有方面有更高的预见性，需要执行更多产品性能分析和仿真，还需要提前进行产品的集成和概念验证工作；在产品制造阶段，需要更多仿真与产品设计相结合的过程，为了尽可能早地捕获潜在的制造过程中的问题和产品质量缺陷，也需要知道供应商制造过程状态的持续信息；在产品售后服务阶段，需要了解更多产品在实际使用中的各项状态信息，越早发现关于质量问题的信息，就越能采用更低成本的方式来补救和解决。

通过信息资源来降低物理资源的消耗，让创新和精益从财务的角度找到相互兼容的目标。只追求创新而不追求精益的企业，存在得不偿失的巨大风险；追求精益而不追求创新的企业，虽然能维持短期的盈利水平，但最终肯定会被追求创新的竞争对手所超越。

所以，在这个剧烈变化的世界中，不仅需要关注在当前产品制造中如何减少资源的浪费，同时也要不断创建新的信息和知识，用这些新的信息和知识支持我们对产品的持续的创新，包括新的设计、新的工艺、新的生产方式和新的商业模式等。

6.3 云制造：虚拟中生产方案不断优化

云制造是一种基于网络（如互联网、物联网、电信网、广电网、无线宽带网等）的、面向服务的智慧化制造新模式。企业为什么都要有云计划？主要原因如下。

① 新时代的大势所趋。

② 所有企业都要面对。

③ 新工业的必由之路。

云制造融合与发展了现有信息化制造（信息化设计、生产、实验、仿真、管理、集成）技术，以及云计算、物联网、面向服务、建模仿真、智能科学、高效能（性能）计算、大数据等新兴信息技术，将各类制造资源和制造能力虚拟化、服务化，构成制造资源和制造能力的服务云池，并进行协调的优化管理和经营，使用户通过终端和网络就能随时按需获取制造资源与能力服务，进而智慧地完成其制造全生命周期的各类活动。

专家提醒

大家知道，在互联网虚拟架构中，中枢神经系统是核心层面，为互联网运作提供强有力的支持。从这一点来看，云计算系统大致与互联网虚拟架构相同。云计算的运作主要是将计算分布到各大计算机上来进行，这能够帮助用户按照自身需求访问计算机。云计算是互联网、虚拟化技术、共享资源等先进系统、技术相结合的产物，云计算的出现是计算机发明和升级后的又一大转变。

现在已经有很多企业将自己的生产能力和资源搬到互联网上，实际上就是把这些生产能力和资源服务化、虚拟化。早在 2009 年，中国工程院院士、计算仿真专家李伯虎就提出了云制造的概念。

其实，云制造所体现的就是利用互联网云计算这种新基础设施，来实现广泛的网络化的生产协同，把很多生产活动放在互联网上通过委外加工，或者通过购买服务的方式来取代传统的生产模式。

云制造能够让企业向更高端的层面来提升自己的产品，因为人们的能力可以通过互联网得到很大的延伸，人们以前做不到的事情通过互联网就能轻松做到。这种模式再往后发展，很可能消费者也能这样做。因为消费者可以通过互联网就直接把他想要的产品设计好，然后每个环节都能够通过互联网获取到相应的生产资源，来完成产品的生产加工过程，装配完成后再寄到自己手上。

例如，阿里巴巴围绕天猫新零售战略，将原商家事业部全面升级为云零售事业部，未来还将计划继续打造智慧门店 2.0，赋能百万线下门店。云零售的主要目的就是帮助消费者实现“所想即所得，所得即所爱”的消费愿景。

云零售事业部依靠强大的云计算和大数据分析能力，帮助实体零售企业实现全面的商业升级。据悉，目前已有超 10 万家线下门店、100 多个品牌、近 60 个核心商圈接入天猫智慧门店。

传统的生产方式都是由一个企业完成的，以汽车为例，汽车应该说是一个复杂的工业品，它里边的零件、相关的工艺技术都很多，所以传统产生模式只能依赖一些少数的核心企业，去完成新车的概念研发、设计、生产，到最后交付。这个过程可想而知，这种新车型出现的周期肯定比较长。

而在云制造的模式中，通过互联网就可以解决研究上的一些技术难题，可以通过互联网众包实现三维数字样机的协同设计制造。现在 3D 打印也是很普遍的，很多零件可以通过 3D 打印出来。通过这种在虚拟空间不断优化的方案，产品的更新、研发周期就大大地缩短了。

实际上也有很多这样的案例，如宝马公司现在已经开始采用这种云制造模式了。很多大型汽车品牌首先可以把研发阶段的新车型通过线上众包的方式，从互联网征集更多的设计方案，新车型的方案很可能就是消费者自己设计或投票选择的，是受市场欢迎的产品。

云制造这种在线上完成产品设计研发的过程，在背后协同创新。因为有了虚拟空间和全三维的数字化虚拟模型，并且这种技术已经非常成熟，所以工厂完全可以根据这种全三维的数字样机去协同设计制造概念车。

云制造模式具有以下两方面的特点。

① 虚拟的也是真实的。把物理空间中的实物车高度数据化，在信息空间中也同样生成一辆虚拟的车，而且这个虚拟的车是实物车的高度真实的镜像，并且各方面的外观和功能与实物车完全一致。

② 极大地提升生产效率。通过云制造和增材制造（Additive Manufacturing，AM，俗称 3D 打印）这种技术，可以把信息空间中的虚拟汽车模型快速地生产出来。

从这个层面再想象一下，有可能将来每个人都可以按照自己的要求，为自己设计一辆车，然后把它生产出来。笔者觉得这是可以预期的，因为技术上已经有了这样的想象空间。

当智能制造浪潮席卷全球时，“云制造”已从概念走进现实。因此，创新驱动的企业，必须考虑可行的“上云”计划，如图 6-3 所示。

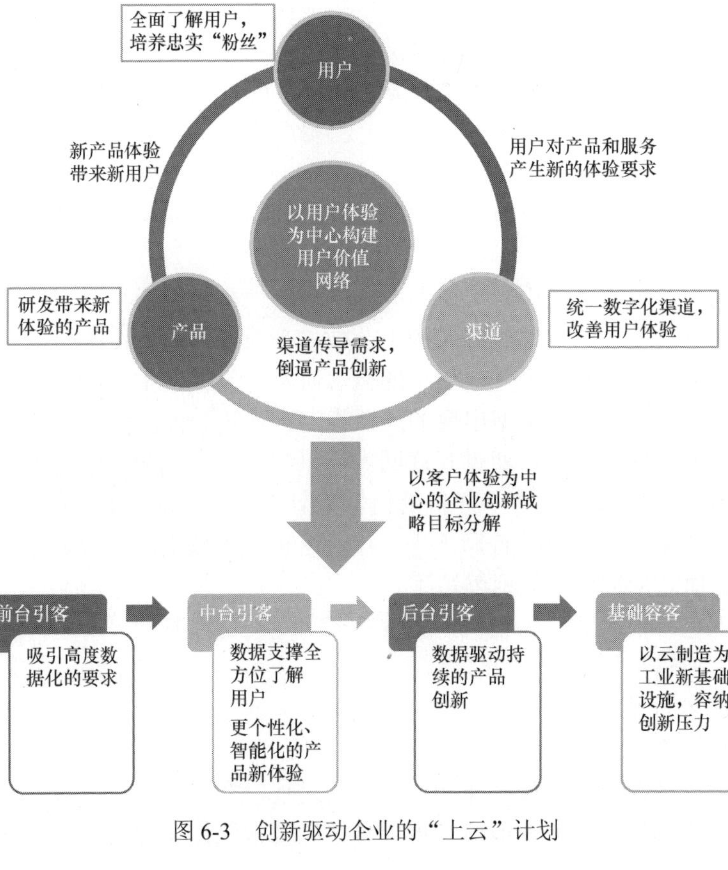

图 6-3　创新驱动企业的“上云”计划

6.4 数字孪生控制机器人：现实中生产活动更加高效

实现智能工厂的第 4 个方面，就是现实中的生产活动更加高效了。因为我们已经建构了一个高度忠实物理空间的数字镜像，同时在车间里建构了孪生数据的生产服务平台。

企业在做生产计划时，可以先在这个服务平台上做出一个最优化的方案。因为这个服务平台上的信息空间所需要的所有体现真实的信息它都有，所以在这上面做的各种优化方案是肯定可以落地的。

然后通过机器人（数字化的自动生产设备）根据设计的数字图纸，制定实际可执行的生产流程并进行生产和装配。国际机器人联合会（IFR）根据 ISO 8373 定义，工业机器人是一种固定或移动地应用在工业自动化中的可自动控制、可重复编程、多用途、三轴或更多轴的机器。

对于智能工厂来说，通过这样一种数字孪生的虚实结合的车间生产管理方式，最终管理的其实就是数据。我们可以通过信息空间中的数据来驱动和管理以机器人为代表的自动化生产设备，安排它们自主完成物理空间的生产活动中的各项生产任务，这个过程是完全不需要人干预的。

由于人具有生理上的局限，是无法不停地劳动的，因此每个人都需要休息和足够的睡眠，才能保持身体的健康，才能更好地进行生产工作。那些机械性的、重复性的劳动，必然是会被机器取代的。因为机器没有这些生理局限，它可以不眠不休地去劳作，而且生产力比人高，所以机器取代人是必然的趋势。

如果你的企业不这样做，那么你的企业就可能会被淘汰。在现实中，只要有一个可以支撑高度真实反映物理空间各项生产要素的孪生数据信息服务平台，那必然就可以实现安排这些机器人自主地完成物理空间的生产活动中的工作任务。

德国工业给我们带来的启迪，远不止生产和制造，如何保证企业的可持续发展才是最大的挑战，成就世界顶级产品质量，是需要几代人专注在产品品质上孜孜不倦的追求和坚持。如今，通过数字孪生控制的机器人，就可以轻松实现这个目标。

6.5 工业大数据：资产过程中知识财富不断积累

硅谷的战略领袖杰弗里·摩尔（Geoffrey Alexander Moore）在其著作《生活在错误路线上》（*Living on the Fault Line*）中写了一段开场白，来说明现在关于资产的信息比资产本身更值钱："在这个新世界中，信息为王。你拥有的信息越多，你的分析能力越好，速度越快，你的投资回报将会更高"。

为实现物理车间到虚拟车间的真实完整映射，必须首先从几何、物理、行为、规则等多个维度对生产空间进行建模，并在此基础上形成工业大数据，对各物理空间客观存在的生产要素的各维度信息和模型进行关联、组合和集成，从而在信息空间形成一个完全和客观存在相融合的完整的、高真实度的虚拟生产空间，并从中积累经验和相关知识。

工业大数据能够对企业进行智能化、工业化相结合的改进升级，提高生产效率，让传统工厂发展成为高技术企业。工业大数据平台由以下几个部分组成。

① 后台服务器：提供计算服务的设备。

② Web 服务器：即网站服务器，可以放置数据文件，让世界各地的用户下载。

③ 手机 App：安装在智能手机上的软件，为用户提供更丰富的使用体验的主要手段。

④ 数据库：以一定方式储存在一起、能与多个用户共享、具有尽可能小的冗余度、与应用程序彼此独立的数据集合。

⑤ 后台监控软件：以某种手段获取他人信息为目的，包括公司对员工上网行为的监控及公司对内部文件、设备的使用等进行监控的相关软件。合理使用监控软件能提高企业效率。

⑥ 前端展示框架：创建 Web 页面或 App 等前端界面呈现给用户，实现互联网产品的用户界面交互。

⑦ 现场采集控制主机：采集并记录监控现场的各种环境参数。

⑧ 工业微电脑控制器：面向产品对象需要的功能，定制开发的产品模块，可以更好地嵌入用户产品，具有个性化、量身定制、智能化等特点，能够帮助企业快速实现产品升级。

⑨ 物联网模块：基于通信方式的模块产品，实现高性能的专业数据传输功能，如 Wi-Fi、蓝牙模块、GPS 模块等。

⑩ 无线网关：将所有接收到、收集到的信息传输给手机、平板电脑等移动设备的管理设备。

⑪ 4G 传输设备：支持 4G 全网通网络制式的数据传输，将现场情况和所在地周边的音频和图像进行压缩、编码传输到后端指挥中心的监控平台上，方便后方相关人员的观看与指挥调度工作。

⑫ 传感模块：由许多在空间上分布的自动装置组成的模块，这些装置使用传感器协作监控不同位置的物理或环境状况。

根据前面的论述，随着时间的推移，我们会发现财富中最有价值的部分不在物理空间了，最大的价值到了虚拟空间中。随着数字孪生这个机制中的相关信息、经验和知识的积累，企业变得越来越聪明、越来越智慧了，越来越有更多样性的能力。

而能形成这样更多样性能力的背后，就是所谓的工业大数据的资产。也就是说，在数字孪生这种虚实结合的生产方式过程中，知识财富是在不断地积累的，这个数据越来越多，工厂的能力就越来越强，这是必然的。

6.6 区块链：解决数据应用的信用问题

区块链越来越热已经是一个不争的事实。抛开利用区块链搞非法集资这种擦边球，区块链还是大有用途的，应用场景也非常广泛，而在笔者所研究的“工业 4.0”领域，到底区块链应用的切入点在哪里？区块链是不是新工业革命的必需配置？

6.6.1 区块链到底是不是新工业革命的必需配置

对于“区块链到底是不是新工业革命的必需配置”这个问题，笔者相信答案当前还是很有争议的。为了能得到一个更加公允的判断，需要对两者的内涵来做一个分析比较。

新工业革命的概念在前面章节已经做了介绍，简单来说，当前在全球范围发生的产业格局的巨变，背后是生产关系在重塑的表现。我们必须从推动生产关系改变的高度理解“工业 4.0”的相关技术的应用到底解决了什么生产力瓶颈，从这个角度才能更加准确地认识一种技术的兴起和流行如何回应时代的发展要求。

对于区块链也是如此。区块链到底解决了什么生产力瓶颈，到底怎样又一次极大地解放了生产力。笔者认为，讲清楚了这个问题，自然就可以回答区块链到底是不是新工业革命的必需配置这个问题。

区块链到底解决了制造业什么生产力瓶颈？简单来说，就是数据的信用问题。第四次工业革命被誉为是智能制造的革命，而智能制造就是任何一个产品的全生命周期（PLM）都前所未有地和数字发生密切的关系。

因此，用数据取代物质来完成大量的传统产品制造过程中的使用场景是必然的时代要求，数据的真实可信将直接决定生产活动的效率和效果，这个当然也是时代的必然要求。从这个角度来分析，即使没有诞生区块链技术，也必然会诞生能解决这个数据信用问题的技术，只是这个历史性的责任恰恰落到了区块链的肩上。

区块链技术起源于名为中本聪（Satoshi Nakamoto）的学者在 2008 年发表的奠基性论文《比特币：一种点对点电子现金系统》。笔者相信当初这位学者也未必想到区块链技术有这么划时代的意义，但无心插柳柳成荫，区块链确实具备了如此革命性的时代意义。

既然了解了区块链原来具备这样的时代意义，再来分析区块链应用在“工业 4.0”场景中的切入点，就有了一个大家都比较能接受的基础。这个基础毫无疑问就是今天已经大范围高频密存在的生产协同活动。

对于大多数企业家来说，在不久以前，关于产品生产和制造的讨论都忽略了供应商，产品生产商被假设为一个单独的企业。所以，很多企业家都习惯了在考虑生产问题的时候，往往都是考虑自身企业能力和资源方面的问题。

企业信息化，很明显就只处理自认为是企业内部的事务，如 ERP 系统、OA 系统等信息系统。无论是系统的信息用户还是信息管理对象，基本上都是本企业内存在的实物或权益。

而实际上，大多数产品（尤其是复杂产品）是很多企业共同作用的结果，这在过去也不成问题。涉及产品生产的企业在地理区域上是聚集在一起的，不同企业之间的信息交互和信任也相对比较容易，毕竟现场见面的成本不大。这本来在产品的制造阶段是正确的，和产品相关的生产设施聚集在一起可以减少物流和运输的费用。

在产品的设计阶段，也可以通过纸质的文件传递相互需要的内容。在过去产品大批量生产追求规模效益的传统大工业时代，这种跨企业沟通几天甚至数月的响应延迟并不认为是什么严重的问题。如果产品研发或生产的周期比较长，协作企业间安排一些周期性的面对面会议就可以了。

而从 20 世纪末开始，这样一种假设越来越难以立足了，不管是什么推动了经济全球化，产品的创造（create）和制造（make）的生产周期都开始了急剧的压缩。特别是很多生产要素信息被搬上互联网以后，是要求互联网时刻响应的，传统那种基于物理空间的生产要素信息传递和交换过程变成一种奢侈。

产品在生产阶段的相关信息都需要被立刻提供，所遇到的问题都需要立刻协商解决，这样的生产方式已经逼迫所有的企业在处理各种产品相关信息的过程中，对企业之外的信息内容要多于自己企业内部的。

“供应链“这个术语的出现，也确实建构了关于产品和使这些产品成为现实的各种协作组织的思维方式。选择“链”作为隐喻的一个原因，在于它反映了关于如何生产一个完整产品的线性思考习惯，所体现的是以连续的方式从供应商到全部是实际零件在产品中的线性组合关系。

而随着“互联网+制造”的深入，一个产品的形成已经有了更多种组合的可能性，所以对零件的选取也就从原来相对单一和稳定的来源拓展到一张庞大的网络。“网”不同于“链”，因为它们是互联但不连续的，这种关系本质上是非线性的。

所以，当我们用供应“网”的思维来替代供应链的时候，不仅需要唤起我们对事物的灵活整合、应需协同的想法，也唤起我们在虚拟的数据环境而不是物理的物质环境中思考各种可能的组合，而用户对于生产的直接参与和干预（Customer-to- Manufactory ，C2M），毫无疑问地更加加剧了这种新生产关系的复杂性。

从这个角度来分析，基于高度互信的数据的生产协作，已经成为新工业时代的新常态。如笔者前期的众多论述，互联网事实上消除了企业的组织围墙，今天的企业组织形态前所未有地遭遇了不确定性，所有的生产关系都可能是根据具体的生产场景的需要而临时组合的。

但反过来说，当今人类的祖先从几十万年前，就是通过协作分工成为有组织的生产方式，从而创造了人类社会的物质文明。互联网只会让生产分工更加专业和精细化，而不会打破生产组织的社会协助关系。

个人的力量始终是微弱的，离开了人类社会关系网络，任何个人都无法完成如上天入海这样的伟大梦想，失去了大规模有组织力量的社会背景，甚至连基本生活都成为问题。因此，所有的个性的自由想象必须回归到社会组织的框架内，才有实现的可能和现实的意义，这是互联网颠覆不了的。

因此，对于第四次革命的智能制造，笔者提出了“互联网+区块链+数字孪生”，分别面对的正是这场全球化的产业革命中 3 个层面的生产组织问题，如图 6-4 所示。

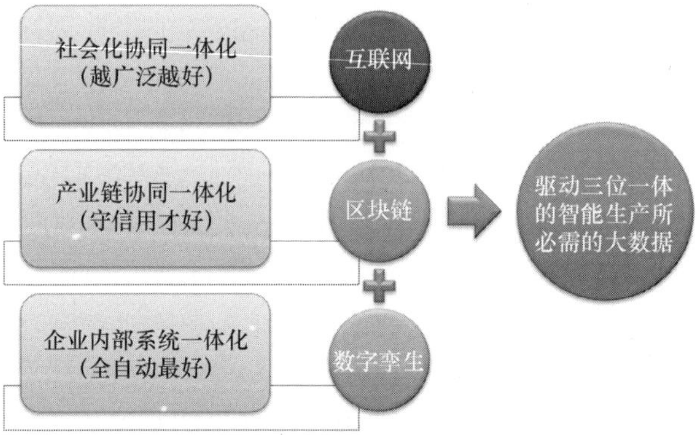

图 6-4 “互联网+区块链+数字孪生”

① 互联网解决的是社会化的商业协同问题，这个协同当然是越广泛越好，这是符合梅特卡夫所提出的网络经济丰饶经济学定律的。

② 区块链解决的是产业链系统的一体化问题。如前所述，产业链对于每个企业来说，实际是一个非线性的供应网。在这个网络中，传统依赖人工面对面的信息交换是低效率和不可靠的。所以，产业链参与者之间需要有一个高度互信的协作机制，不可抵赖、不可篡改，高度共识，共享账本，这样的合作才是让大家都长久放心的，才是可持续的。没有信用保障的产业链协同是脆弱的，今天所有生产企业都要前所未有地密切联系自己的上下游企业和消费者，如果没有信用就没有可以持续的生意做了。

③ 数字孪生要解决的是企业内部系统的一体化的问题，各种生产要素信息的互联互通和数据支撑是实现人工智能自组织生产的基础。

笔者认为这两个问题的观点已经交代清楚了。还有关于什么数据可以上区块链，什么数据不可以上区块链，其实就是看生产协助的需要了。理论上需要对产品的生命周期进行溯源的信息，笔者认为都是要上区块链的。例如，食品安全，如何证明从田间到餐桌的每个环节的透明和可信呢？就是把食品形成的所有环节的信息都放上大家都认可后形成的区块链，如果哪个环节出现问题了，那么想抵赖都抵赖不了。因此，让生产在透明下完成是产品质量最有力的证明。

6.6.2 信任成为刚需，信任机器成为热门

通过互联网把生意蛋糕做大，当然需要越来越多的数据，但是前提条件是这些数据是真实可靠的。如今，所有商家都要通过互联网来密切联系自己的上下游企业和消费者，越来越多的生产要依赖企业组织外部资源的协同，而如果合作方

对于流转在协同生产过程中的各项数据缺乏信用保障，很容易就导致各种矛盾和纠纷，这样合作就无法持续下去了。

在互联网这样一个讲究信用的环境下，在业务网络中共享的只可增加不可篡改的分布式交易记录系统，确保所有交易都有适当的可见性。在保护关键性隐私的前提下所有交易都是安全的、经过严格认证和可以验证的，相关交易通过生意网络中所有参与方共同认可才能真正生效。确保在多方协同的环境下，嵌入在交易数据中的业务规则和商业条款与交易一起被自动执行，从而避免了传统合同在执行环节中的失信和违约。

所以，互联网的大数据带来了无限的新商机，但是很多商机能不能落地成为切实的商业价值，还是取决于数据的可信度。信任成为一种更加迫切的商业刚需，所以区块链作为一种有效解决网上商业活动中信用问题的新机制，被伦敦《经济学人》杂志誉为信任机器，逐渐成为产业界的热门。

1. 区块链技术实现了公共信用下的共识和隐私保护

互联网上成千上万的人在网络上连接，相互接触、相互交往，能不能让陌生人在互联网上一次就达成信任？而陌生人之间的高效协同恰恰是互联网时代生产关系的必要条件。

区块链并不是一门技术，而是一系列技术的精妙组合，区块链真正改变了信任的机制，区块链把通过互联网的财富生产和财富的分配，平衡地放在一个巨大的共享分布式账本中。这个巨大的共享账本由于其分布性特点，因此对于所有参与的人都是公开透明的，但同时也能通过加密来保护交易双方的隐私，所以财富的生产和分配，可以同时进行。

2. “共票经济”理论——中国原创的制度发明

2018 年 8 月 4 日下午，“共票经济”理论发布会、共票理论新著《区块链+监管=法链》（RegChain）发布会、共票理论系列实践项目发布会、区块链系列大会发布会在中国人民大学召开，来自各大院校、研究所、新闻媒体等机构的专家学者和代表 100 余人共同见证了本次发布会。

在过去数百年间，人类社会依靠公司股票制度成就了工业革命，发展了资本主义。但在公司股票制度下，产业的大部分利润属于资本家，普通的劳动者很难参与利润分配，消费者利益保障步履艰难。而在新技术、新金融、新制度、新组织方式的背景下，需要组织革命、制度革命、金融革命予以回应，以实现真正的普惠和平等。这些都是“共票经济”理论的核心价值所在，如图 6-5 所示。

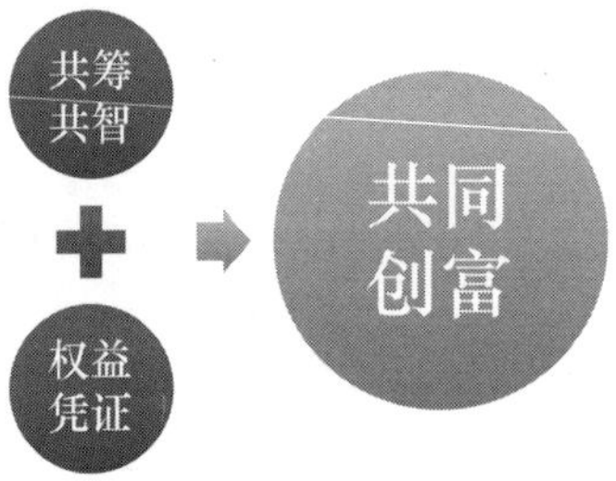

图 6-5 “共票经济”理论的核心价值

当下在中国，以数字经济为代表的生产方式产生了新的经济模式，甚至颠覆了传统的基于所有权的经济模式。数据是数字经济的基础，而区块链则适应以数据为核心的数字经济发展。在众筹制取代公司制后，分配机制也应当有所改变，即共票取代股票。“共票”，一即“共”，凝聚共识，共筹共智，是真正共享的股票；二即“票”，支付、流通、分配、权益的票证。

共票具有以下特性。

① 类似于证券（特别是股票）的功能，以吸引系统外部参与并贡献内部系统。

② 类似于货币的流通支付功能，以便于系统中资源配置优化。

③ 类似于车票等权益证明的功能，是凝聚系统共识的机制与手段。

在区块链技术推动下，众筹与“共票”等制度发明将使得中国领导新一轮技术与经济革命浪潮。“共票”追求的是实质上的财富共创和共享，要通过制度的变革和机制的创新来突破传统大工业时代财富分配过程中的资本垄断。

3. 贸易的货币与金融

贸易产生了货币，而经营货币产生了金融，金融是在不确定的环境中进行资金资源跨期的最优配置决策行为，其基础原则是货币的时间价值和风险收益对等。因此，简化的金融市场模型是资本与资产之间的流动，其流动基础是风险定价。

为实现资源的跨期匹配，终端用户（包含个人及机构）的金融需求通常包括 4 类：储蓄、支付、投资及融资。其中，储蓄作为最基础的金融需求，通常由传统银行来提供服务。支付、投资和融资则是目前新平台及机构重点发力的领域。

在传统金融市场中，储蓄存款人和借款人缺少直接接触和展开交易的手段和方式，所以银行扮演了金融市场中非常重要的金融中介作用。银行通过储蓄业务吸取大众的存款形成金融资产，然后再把钱贷款给借款人，利用贷款利率高于存款利率来赚取巨大的利息收入。

4. 互联网已经颠覆了银行的金融话语权

为了保障银行资金的安全和赚得更多的利润，银行贷款一般只会重视大企业大客户，而对于有融资发展需求的广大中小微企业，由于规模和资质等门槛，很难得到银行贷款的青睐。而互联网实现了人和人之间的直接沟通和连接，理论上，互联网完全可以取代银行的金融中介作用，通过互联网直接匹配借贷需求。

传统的金融业务都是在特定的地点，如银行网点，在特定的时间段里完成的，所以金融机构也是围绕实体店面买卖的思维来开展金融业务，期望在特定的空间和有限的时间内可以赚得更多的利润；而互联网打破了时间和地点的约束，用户随时随地可以通过互联网中各种电子渠道的终端访问和使用金融服务。

所以，新的金融业务必然需要与之配套的互联网思维，通过扩大业务参与方数量的方式来扩大生意网络的节点数，从而形成网络价值成长的倍增，更多的参与方做一个更大的业务蛋糕，然后共享利润，形成一个更广泛的利益共同体，这样比传统实体店独门独户的单打独斗有更大的生命力。

5. 互联网金融思维是用空间换时间

如今，开展“共票金融”的创新，其本质是促进实体经济产业发展和金融供给的高度融合。“共票金融”可以看成金融领域的产消者，共票借由区块链、人工智能、大数据、物联网等新兴技术将投资者、生产者、消费者三者紧密融合，减少了交易成本，一定程度上降低了信息不对称，引导金融科技服务实体经济，尤其是数字经济。

基于“共票金融”创新，体现了以“共票经济”理论为思想指导，利用区块链技术为实体经济“降成本”“提效率”，助推传统产业规范发展是区块链行业发展的脉络。

当下对于区块链的研究鱼龙混杂，同时也有诸多对于西方研究不加甄别直接引用之处。与此同时，错误的理论与概念引发行业乱象频发，违法分子利用大众对于区块链相关知识的匮乏及对所谓“Token”本质认识错误，滥发“空气币”“传销币”，欺骗金融消费者，影响经济秩序稳定。

“共票经济”理论站是在中国立场，深入研究中国实践后正本清源的本土原创理论。“共票”应用于“一带一路”，实现高效安全的产业供应链协同生态。“共票众筹”所具有的共享性与数字性，将实现“一带一路”倡议和数字经济战略的高度融合。

当前是中国经济转型升级从量变到质变的关键时期，进一步发展区块链、大数据、人工智能、物联网等前沿技术，完善众筹等新的经济组织形式，促进制度与法律构造发展，以“共票”为代表的数字经济有望使中国成为全球经济核心的主导力量，造福全世界人民。

6.7 人工智能：助力打造智能数字化工厂

如果商业智能（Business Intelligence，BI）也算一种人工智能（AI）应用的话，那么笔者试水人工智能（AI）也有近 20 年了。当然，昨天的 BI 和今天的 AI 根本就不是一个量级的水平，连笔者自己也不认为 BI 是 AI。为了捍卫 IT 和 BI“老兵”的尊严，笔者也从企业信息化（IT）走入了大数据（DT），从 BI 走向 AI。

6.7.1 人工智能让生产从自动化走向智能化

到底什么样的技术会带来生产关系的改变。互联网？物联网？大数据？云计算？这些信息化的技术当然都是必要的。不过，笔者认为还不是充分的，虽然这些技术的广泛应用已经大大地推动了全球生产力和流通力的发展，虽然时下“互联网+共享经济”所形成的 C2B 模式大有取代传统的 B2C 商业模式的趋势，企业组织作为生产关系的基石并未被解构。所以这些信息化技术都还不至于完全改变第三次工业革命所形成的生产关系，工业化和信息化的深度融合还是“工业 3.0”的层次。

能够真正推动生产关系彻底改变的，唯有网络化和服务化的人工智能技术在生产中的广泛使用。人工智能加入生产关系中可能改变这一切，具有高度认知能力和智能水平的机器（人）会成为生产关系不可回避的一部分。

可能今天这个论断还会让很多人觉得匪夷所思、无法接受，而这是一个必然会到来的未来，笔者认为这是“工业 4.0”给人类社会带来的最震撼的革命性改变。2011 年，IBM 的超级电脑“沃森”在《危险边缘》智力竞赛节目中胜出；2016 年 3 月 9 日，谷歌的 AlphaGo 打败了世界顶级围棋棋手李世石。

随着人工智能超越人类智能的脚步越来越近，类似“沃森”这样的智能机器（人）将很快成为世界上最好的医生、法官、律师、工程师、企业高管、飞行员甚至政治领导人。正如笔者作为创业团队成员所参与的北京慢病康医疗科技项目，随着病例数据的不断积累，对于特定慢性病（糖尿病、高血压等）的诊断结果将比 90%以上的人类医生高明，这不是幻想的科技，而是必然的未来。

当人工智能成为生产关系的一部分时，人必须学会和智能机器的“相处”。过去生产关系中存在的阶级矛盾、组织内部矛盾很有可能让位给人和智能机器之间的矛盾，这将从根本上挑战人类社会的传统伦理和价值观。

将来的职场新人可能会愕然地发现自己的同事居然不是“人”，甚至他们的上司和老板居然也不是“人”，最无法接受的可能是享受自己劳动成果的用户也可能不是“人”。《黑客帝国》《鹰眼》《少数派报告》这些美国科幻大片所描绘的人工智能统治人类社会的场景可能会让人感到恐怖，但我们不得不面对这样的社会是很有可能到来的。

凯文·凯利（Kevin Kelly）在《必然》一书中告诉人们，将来具有人工心智的机器代替人类从事生产的地方会越来越多，人工智能可以被视为异类心智，它们可能具有和人类不一样的思维方式，但也会促使人们重新思考传统认知的事物，重新评估自身的角色、信仰、目标和身份。

我们将在未来的 30 年中，甚至一个世纪里都会陷入一种旷日持久的身份危机中，不断扪心自问人类的意义。人工智能不只将带来产能的提高、富足的经济或新的科研方式这些显而易见的好处，更大的益处是可能将帮我们重新定义人性，即告诉我们——我们是谁（什么人）。

“工业 1.0”时代需要大量掌握工业技能的工人阶级，“工业 2.0”时代在这个基础上需要大量生产管理者，“工业 3.0”时代在这些基础上又需要大量懂市场会经营的企业家，“工业 4.0”时代呼唤的人才是什么？

毫无疑问，需要的就是创客，因为今天我们所面对的挑战都是前所未见的，过去的知识和经验已经没有办法解决“工业 4.0”时代遇到的问题，唯有建立不断的探索、创新、分享的心智模式——创客精神才能应对。

虽然这个观点可能制造了人类和未来机器人科技发展的对立情绪，但这不应该是一场人类和机器人之间的竞赛，而是一场主动让智能机器人参与的竞赛，在这场竞赛中，人类应该和机器人互为队友，共同推进社会的发展与文明的进步。

我们需要让智能机器人尽快接手人类当前的各种工作，而人类未来的工作就是去发现新的工作，去探索宇宙和生命的奥秘，去发现那些让人类拓展自身意义的事情。

6.7.2 对人工智能反思人类智能

其实，人类对人工智能的想象和向往是早就有的，回溯到20世纪60年代，有一部今天看也还不过时的科幻电影《2001 太空漫游》（*2001：A Space Odyssey*），由斯坦利·库布里克执导，根据科幻小说家亚瑟·克拉克的小说改编的美国科幻电影，于1968年上映。

这部电影中很多关于计算机的镜头今天正在一步一步成为司空见惯的现实，如平板电脑、飞船里能和人类对话甚至斗智斗勇的超级计算机 HAL。有人说 HAL 是从 IBM 各前挪一个字母命名的，的确，今天 IBM 的 Watson 在2011年也拥有了类似 HAL 的智能。

一般来说，我们都认为驱动 AI 各种表现背后的算法是无意识的，但最近央视热播的综艺节目《机智过人》中不少 AI 系统却表现出了充满人类情感的，让观众在感受 AI 科技神奇的同时也被屏幕中的一个个真实的故事打动了。

坦白地说，作为一个 IT 人，笔者并不迷信机器所表现出来的智能，今天的计算机体系结构所依赖的还是“一阴一阳之谓道”的二进制逻辑算法。如果把这种算法和人脑来类比，充其量只是相当于显意识中模仿人类左半脑的理性思维模式，而完全不具备右半脑的感性思维能力。0 和 1 两个数字能构成世间万物的一切逻辑，却无法表现如人类创造灵感、拥有直觉、获得情感的思维能力，更不要说人脑中更加复杂的潜意识问题。

所以，我们要了解 AI，除了计算机算法外，还应同时去了解人类认知心理学。当然，根据尤瓦尔·赫拉利（Yuval Noah Harari）在《未来简史》中的描述，人类的情感和心理也可以归入生物算法，道理上貌似能说得通，而实际上 AI 算法和生物算法在今天还是天壤之别。

理论上我们可以猜想一下，也许只要数据是极其充分的，AI 应该可以模拟所有生物算法的走向吧？两者之间是否不存在不可逾越的鸿沟了？这个问题目前证实是困难的，笔者想试试能不能证伪，找出 AI 算法和生物算法必然存在的不可逾越的鸿沟在哪里。

思考这个问题，让笔者不得不反思人类的智能，人工智能（AI）是人类智能的产物，在相当长时间内也是学习和模仿人类智能来取得进步和发展。就像人工智能离不开计算机一样，人类智能也离不开运行环境，即心智系统，意识这个高级生物算法就是在心智系统中产生和运行的。

意识活动的状态可以简单地分为4种：感知、联想、评估和决策。这4种形态经常穿插而行，完成这一系列过程可以称为一念之间。人类大脑完成这一念之间的过程用不了一秒钟，准确地说是一刹那。当然，速度对于计算机来说不是问题，而念头如何生灭才是问题。

今天的 AI，很多情况下已经不需要人工的直接干预了，AI 算法可以基于对大数据的深度学习，自适应触发各种各样的念头（预设的算法），从而表现出了脱离人的控制而自主思考、自主进化的能力。

所以，我们在电视里看到棋无对手的 AlphaGo、知识渊博的 Waston、善解人意的“小爱”、一步成诗的“小冰”、稳健敏捷的无人车等，它们表现出了在特定方面打败人类对手强大的学习和思考能力。的确，无意识的 AI 算法在很多特定的工作场合已经表现得比有意识的人类还要好，使得当前很多人类工作岗位岌岌可危，在这些岗位用机器替代人工是一种历史发展进步的必然潮流。

但问题是，AI 凭什么来起心动念？AI 表现出意识活动的能力是基于大数据驱动的各种深度学习的预设算法，从数据中提炼出信息和知识，从而具备了认知的基本能力，并且能利用从数据中发掘的知识来驱动一些智能的行为。然而，数据驱动只是技术层面的概念，上升到哲学层面，至今还没有出现一个有说服力的解读。

而对于自然生物体这根本不是问题。作为生命的本能，即使是单细胞生物，也能表现出适应环境的有意识行为，活下去的欲望是驱动生物行为最本初的念头。如果连这个念头都没有，则没有生命可以维持。

所以，意识是和生命关联的，而生命是自然界中无数种环境要素相互牵连和相互作用而形成的无缝过程的整体表现。个体生命的意识本质上也是和无数种环境要素的信息融合和无缝反映，众缘和合就是这个意思。而个体生命的表现和进化除了环境的作用外，也表现出了或多或少的主体选择性的自由，而每个个体生命的意识却又能反过来驱动行为影响环境，参与到环境变迁的建构过程而留下独特的痕迹。

从哲学的角度来说，AI 并没有一个作为完整自然生命所必须活下去的理由，这就是 AI 算法和生物算法必然存在的不可逾越的鸿沟。反过来说，如果哪天人类发明了一个类似电影《鹰眼》（D. J. 卡卢索执导的动作电影）中那种打不死的 AI 系统，那恐怕会是一场人类的大灾难。

从这个角度面对人工智能，自几十亿年前的生命本初意志开始，人类智能所代表的生物算法的本能就是一定要活下去，而且还要活得更好。在没有意识的 AI 算法面前，基于对生命的信仰，我们必须培养更加强大的内心，唯有不放弃内心中的良知、建构意义、创造和享受价值感受的权力，才不至于在人工智能时代大潮的冲击下失去留下宝贵足迹的自由。

第 7 章

智能工厂应用案例分享

智能工厂是智能生产的主要载体，虽然不能实现“弯道超车”，但是可以做到并行发展、快速追赶，是企业信息化、自动化的关键环节。本章主要通过一个应用案例来分享智能工厂的建设方法和经验总结，这个应用案例取材于笔者的实际工作中，是笔者在参与北京必可测科技股份有限公司的一个智能电厂项目时获得的一些直接体验。

7.1 基于数字孪生的发电机组智能健康管理

从 2010 年开始，北京必可测科技股份有限公司就在数字化电厂、智能化电厂方面进行了大量的实践工作，以寻找智能电厂的具体方案。很多人觉得，即使没有智能电厂方案，电厂也能照样运转，照样发电。这种说法当然没有明显错误，甚至可以说古代没有电厂，人们也能照样生活得非常好。但是，我们必须明白一点，社会是不断进步的，工业水平也在不断发展，而且历史的潮流是不可阻挡的，只有奋力前行，才能去创造历史，而不是被历史潮流所淹没。

如今，随着“工业 4.0”的发展，互联网的大数据颠覆了传统的生产关系，从而倒逼企业进行自我改革。在探索智能电厂的道路上，很多人产生不同的观念，有的强调人工智能，有的注重大数据算法，北京必可测科技股份有限公司则认为建设智能电厂的核心在于“大数据挖掘提炼+专家经验”。

智能电厂到底是什么呢？其实，智能电厂主要是指通过两化深度融合来实现智能化的信息处理和设备控制。智能电厂与传统电力企业的主要区别有以下两点。

① 传统电厂：讲究安全、可靠的生产环境。

② 智能电厂：在安全、可靠的生产环境基础上，通过深度结合智能化和信息化技术，进一步注重节能、环保。智能电厂采用的理念、方法论和技术都是为了确保“安全、可靠、节能、环保”这 4 个目标的落地。

在北京必可测科技股份有限公司的智能电厂项目中，主要是基于数字孪生的理念及相关技术的综合应用，实现对这种大电厂的发电机组的智能健康管理。其实，电厂的核心资产就是发电机组，这个设备的养护水平会直接影响到电力生产的状态，同时还要考虑一些经济方面的要素。

所以，这个发电机组在整个电厂的生产过程中，能不能保持持续健康的运行状态，对于电厂来说是一个非常关键的任务，直接决定了这个电厂的经济效益，乃至于电厂的存亡。

7.1.1 基于数字孪生的智能电厂实现框架

在电厂中，如果由于发电机组发生故障而导致的非计划停机状况出现一次，其带来的直接经济损失就高达 500 万元，这还不包括后期的检修。所以，如何解决发电机组的智能健康管理，实际上是每个电厂的刚性需要。该项目就是要帮助电厂来解决这种严峻的问题，具体用到了数字孪生技术所搭建的虚实结合交互的电力生产环境，其实现框架如图 7-1 所示。

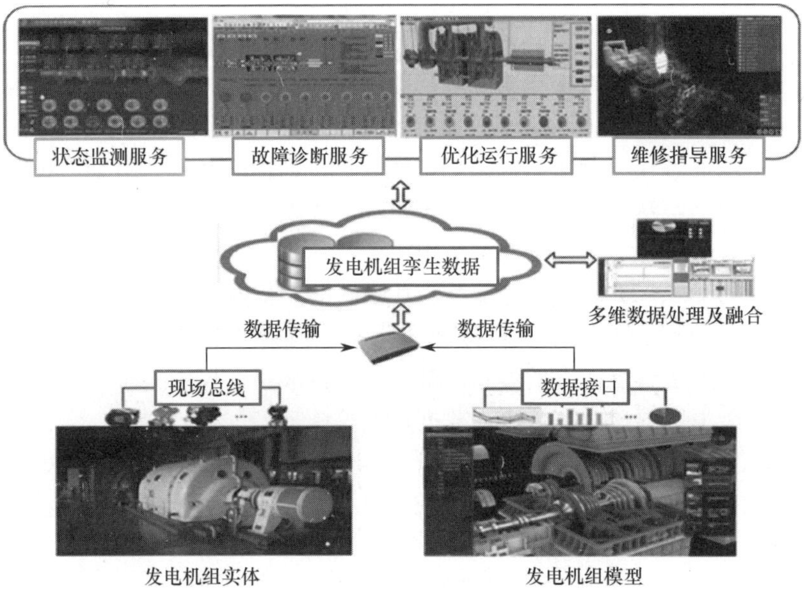

图 7-1　基于数字孪生的智能电厂实现框架

数字孪生是一种集成多物理、多尺度、多学科的属性，具有实时同步、忠实映射、高保真度特性，是有效实现物理世界和信息世界交互与融合的技术手段。

1. 忠实映射

第一个特点是数字孪生所提出的信息空间中的虚拟对象，如虚拟产品和虚拟设备，甚至虚拟的人和虚拟场所，它们都是对应物理空间中物理对象的忠实映射。因为物理空间中各种类型的对象很多，所以只有在信息空间中对物理对象的各项状态的数据进行有效的集成，才能解决物理对象的忠实映射，这也是镜像的概念。

数字孪生要求信息空间中的虚拟数字模型是“写实”的，为“一种综合多物理、多尺度模拟的载体或系统，以反映其对应实体的真实状态”。数字孪生可以将物理空间中实体的实时数据与虚拟数字模型紧密结合，使管理人员能够更容易掌握物理实体运行状态。这就像发射到太空的物理卫星，同时必须有一个虚拟的卫星可以实时地反映物理卫星的运行状态。

2. 实时同步

第二个特点是在信息空间中存在的虚拟对象的生命周期，与物理空间的物理对象的生命周期是重合的。换句话说，信息空间中的虚拟对象和物理空间中的物理对象的变化是同步的，是共同进化的，并且能够不断地通过这样的手段来积累相关的知识和信息。

3. 高保真度

第三个特点是在信息空间中的虚拟对象，不仅够对物理对象进行忠实映射和描述。它更大的作用在于，我们可以在信息空间中基于对模型的优化来优化物理空间中的物理对象，只有这样才能实现更加合理的生产计划和活动控制。

驱动我们越来越多使用信息空间中的虚拟产品和实施产品全生命周期管理，还有另外一个原因：我们将持续改进对物理世界的理解及模拟物理对象的能力，随着一切皆可数据化的工业大数据积累，我们对物理世界的理解每天都在增长，而且能够持续地建构不断增长的关于物理世界如何运转的知识和信息；与此同时，我们的计算能力也将继续呈指数级增长，这意味着不仅增加仿真的粒度和精确性让我们可以寻找更精益的生产方案，还能用新增长的知识和信息尝试设计更多新的产品。

从这些特征可以看到，数字孪生对物理实体的高度“写实”体现了实事求是的世界观和方法论。我们可以把数字孪生理解为数字时代的实事求是新手段，以前没有这样的信息空间，实事求是只能在物理空间中实地调研管理对象，这样的工作当然也需要消耗大量的时间和资源。

如今，当拥有这样一个“反映其对应实体的真实状态”的信息空间后，实事求是工作就可以放在这个信息空间进行了，这将从根本上改变传统的认知方式和习惯，迈入一个彻底数据驱动实事求是的时代。

7.1.2 具体分享：必可测的智能电厂方案

智能电厂就是以“主动安全”的理念为导向，以“云大物移”（云计算、大数据、物联网及移动互联网）的技术为支撑，以“人工智能”（专家知识库）为灵魂，以三维可视化的用户界面展示为媒介，以智能化移动终端（手机或 iPad）为工具，构建更高阶段的自动化生产经营的电力生产企业形态，通过这种生产机制来实现电厂的智能化安全生产，以及智能化的调度和经营，如图 7-2 所示。

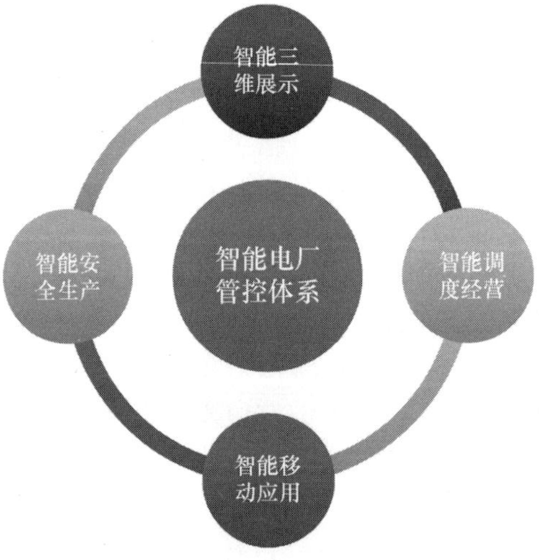

图 7-2　智能电厂管控体系

这里稍微补充一下，其实必可测公司在全国有 100 多个电厂，已经或多或少地实现了智能电厂的一些功能。

7.2　孪生数据支撑领导层做出更加合理的生产决策

因为前面章节中提到的满足新时代创新和精益要求的智能制造目标，是需要多种物理资源生产要素的实时融合和集成的，所以要先解决生产活动过程中代表物理资源的信息实时交互和融合的问题，数字孪生技术是一种很好地解决智能生产过程中多种要素、能力、资源的融合，以及协同制造的机制。在智能电厂项目中，数字孪生技术可以支撑领导层做出更加合理的生产决策。

7.2.1　在孪生数据的基础上实现解决现实问题的智能应用

在孪生数据的基础上，可以实现解决现实问题的 4 个方面的智能应用。

1. 智能感知

现在不管是静态的设备，还是动态的设备，都可以通过数字化的手段，如模数转换（模拟信号与数字信号的转换）、传感器状态自检测等，使数据采集全面真实、有效，且能够做到标准化、统一化的准确传输，实现数字孪生的智能感知能力。

而基于产品或流程现实情况与虚拟情况之间的交互，数字孪生能够创造更加丰富的模型和数据，从而对不可预测的情况进行更加真实和全面的检测。利用数字孪生，产品能够自设计和开发阶段起，就以数字化的形式完整记录整个产品生命周期的演进过程，有利于加快新产品上市速度、改善不足、优化经营，能更加快速地检测和解决实际问题，提高预测准确性，设计和生产出最终能更贴近用户需求的优质产品，并在过程中不断积累新的知识和经验，以推动产品持续的创新。

2. 智能诊断

在智能感知的基础上，随着不断提升的专家经验知识库，数据积累会越来越多，结合大数据的相关性特征分析，可以帮助企业通过数据快速找到一些设备出现故障的风险点，并提前做出诊断，如图 7-3 所示。

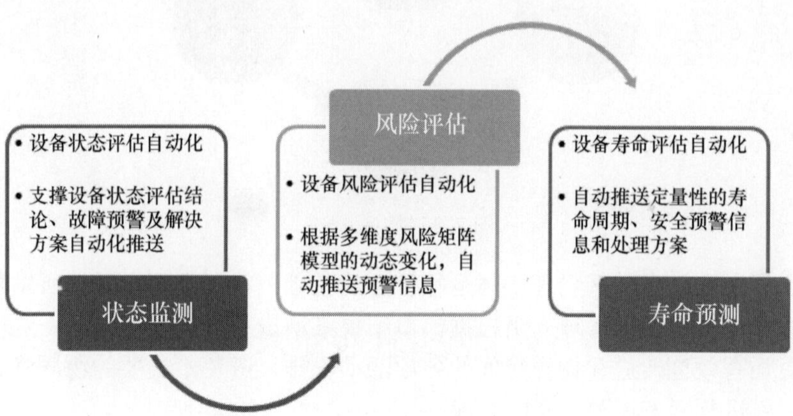

图 7-3　智能诊断

数字孪生代表了完整的环境和过程状态。数字孪生是一个高度动态的系统，涵盖整个生命周期，从设计、建设到运行和管理阶段，具有统一的数据源，避免了“数据孤岛”问题。由传感器感知或由执行系统生成的所有数据都存储在虚拟数字模型的历史数据库中，并随着物理实体系统的变化而实时更新，这样积累下来的历史数据对于创新所需要的知识发现是有重大价值的。

3. 智能决策

在智能电厂项目中，设备的状态评估、风险评估及寿命评估，都建立在大数据分析技术与专家知识库（人工智能）高度融合的基础上：纵向维度上，已经把设备的可靠度管理落实到了元器件级别，把设备的性能管理从单台设备扩展到了整套机组；横向维度上，覆盖了设备的全生命周期管理，从设计制造、运输安装到运行维护、技术改造，再到退役报废。所以，数字孪生可以为智能电厂自动提供多种决策建议，如图 7-4 所示。

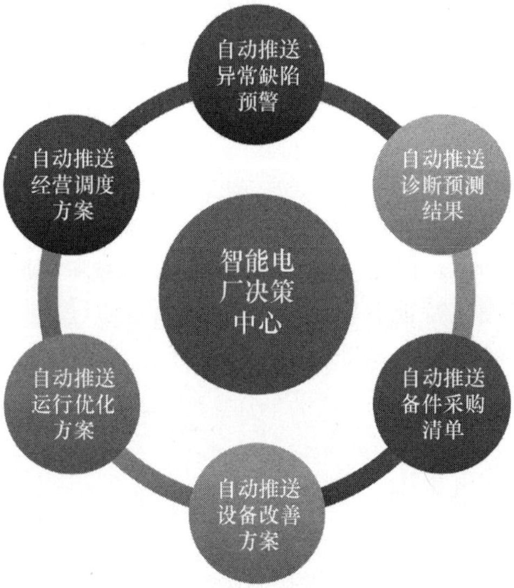

图 7-4 智能决策

数字孪生在及时掌握物理实体运行状态的基础上，结合历史数据所发掘出来的变化规律，能够帮助管理人员根据模拟结果推演出更好的行动计划，这样就能反过来更加有效地改进在物理空间的各项活动安排，避免不必要的物质资源损失和浪费，并进行动态调整、及时纠偏。

例如，在设置智能电厂的养护周期时，如何合理地安排设备的生产和养护周期的切换，以及如何及时地采购一些备件备料等，孪生数据都可以提供更加智能的决策。

4. 智能协调

从电厂的经济性指标来说，很多指标要智能协调，而如果靠人工去协调各种生产参数是很难做到的。通过数字孪生的理念和技术，可以让一个物理空间中的各个生产要素能够更好地互联互通，解决自动化的问题，并且能够有效地通过可视化的手段获取更多的设备信息，从而有效地避免一些非计划停机带来的损失，支撑电厂向更加绿色、更加智能的角度去提升。

7.2.2 信息物理融合基础：编码贯穿所有核心物理资产

要实现现实生产中的信息空间和物理空间的融合，首先物理资产要有一个统一的数据标识体系。以智能电厂的生产设备为例，因为这些工艺设备可能来自不同的厂家，所以需要一个统一的编码体系来贯穿所有的核心物理资产。电厂是一个重设备资产的企业，电厂中不仅设备很多，而且很多都是大型设备。

例如，火力发电机是世界上最大的单体设备，它是由很多部件、很多设备组成的超大型发电机。这就带来了一个问题，如果这些组成电厂的核心发电设备背后的部件编码不统一，可以想象在一个信息空间中就很难做到数据的互联互通了。

在智能电厂项目中，可以通过数字孪生技术来统一设备编码，无论是 KKS 还是其他编码方式，每一条实时数据只有一个 ID，任一数据皆可访问。

智能电厂是数字孪生技术在电厂层面的实际应用，通过在电厂中构建物理世界与网络虚拟空间一一对应、相互映射、协同交互的复杂系统，并且用编码贯穿所有核心物理资产，在网络空间再造一个与之匹配、对应的孪生数据，实现电厂全要素数字化和虚拟化、设备状态实时化和可视化、企业管理决策协同化和智能化，形成物理维度上的实体世界和信息维度上的虚拟世界同生共存、虚实交融的智能工厂发展新格局。

专家提醒

KKS 是德文“Kraftwerk Kennzeichen System”的缩写，意思是“电厂标识系统”，可以用来标识电厂的部件及其辅助系统。

7.2.3 根据动静两类设备建构对应的数字孪生生产环境

智能电厂可以根据动态和静态两种不同类型的设备，构建对应的数字孪生生产环境，静设备数据管理细化到管道焊口，而动设备数据管理则细化到零件。

工厂可以通过三维 GIS、BIM/CIM 等信息技术，建设“数字孪生”镜像平台，实现信息世界与物理现实世界的全方位映射，虚实交融，支撑基于网络空间的在线管理和生产服务。

1. 静设备

静设备是指在生产过程中没有机械运动的设备，在电厂中比较常见的静设备是热能管道。例如，蒸汽管中都是些高温高压的气体，所以那些管道的焊接口是最容易导致泄漏和爆炸破裂的地方，而通过数字孪生系统可以非常直观地看到每一个管道的焊口状态。换句话说，就是静设备的数据管理编码编到了每个管道的每个焊口上，这些焊口中会加装对应的传感器，用于监测这个焊口的结构压力情况。

2. 动设备

动设备就是在生产过程中存在物理机械运动的一些设备，这些设备都是由很多零件组成的，在它的生产运动过程中可能会造成机械的疲劳。例如，有些大轴可能会弯曲，或者一些零件由于各方面的磨损会改变它的运动性能，而这种运动性能的改变会直接影响这个设备的健康情况，进而影响它的生产效能。

所以，对于动设备中的一些很核心的部件，或者很容易产生安全风险的地方，也采取了加装自动传感器的方法，来实时采集零件的状态，再通过这些零件的组合形成整个设备的状态。

3. 故障规律

综合很多设备管理和养护方面的专家经验，很多设备在出现故障之前都是有迹可循的，从设备状态的发展规律而言，如发电主机等动设备，造成运动异常的因素是很多的，但在导致恶性故障之前，设备往往先出现异动现象，但是异动是很轻微和短暂的，一般人并不能觉察出来。

通常情况下，很多设备故障的发生其实是有规律的，通常包括以下几个阶段。

第一阶段：异常。在故障发生的最早阶段，往往就是设备在一个瞬间的时间点中跳出了正常范围。通过传感器可以采集数据体现一些体征的范围，如果偶尔偏离了这个范围，这种情况称为异常。异常还算不上真正意义的故障，如果用人体来比喻，那就是有一些“恙”，就是不正常的地方。

第二阶段：异动。如果这种持续的异常频频出现，那么这个阶段就是异动。如果用人体来比喻，就是亚健康状态。在智能电厂中，造成异动的原因有很多，包括润滑油的失效、机械的磨损、零件老化等。

第三阶段：故障。运行一段时间后异常频繁地出现才会积累成异动，而在异常期间设备还能使用，即使是“带伤”作业，并不一定马上出现故障，只是不及时处理，生产过程中产品的品质必然会受到影响，加工过程中设备的异常是直接影响成品品质的。当然，长期的异常运作得不到根源处置，最终必然导致严重故障。例如，一个转动设备的振动频率，经过很多年的生产经验可以得出它的正常频率范围，如果偏离了这个振动频率的范围，那它就是异常状态。如果这种偏离正常数据的异常信号持续出现，那就是异动，到最后就“罢工”。

所以，一个设备的故障形成过程实际上会经过异常、异动到故障3个阶段。以前在人工处理设备管理时，没有数字化的检测装备和手段，也就无法捕捉异动和异常，往往要把设备拆下来才能查出发生故障的原因。如果一次启停就起码损失500万元，那么有些设备还要去修、去换，经济损失就更大了。

现在，用这种工业物联网的技术，对静设备和动设备都细化到一些风险点的主动检测和智能感知，可以达到对于异常和异动的及时捕捉。这个道理可以用古代“扁鹊三兄弟”的故事比较一下，扁鹊三兄弟都是神医，为何只有扁鹊为众人熟知？扁鹊说：“其实我不是很高明，我大哥二哥比我厉害多了，我二哥能够治病于微发，我大哥能治病于未发。”

对应于设备来说，也是这一原理：“治病于未发”，指在异常的阶段就把它给“抹掉”了，根本连异动都不会出现，所以一直都是健康的；“治病于微发”，就是出现了异常或亚健康了，及时进行处置，避免故障的出现。例如，系统通过智能感知就知道某个设备的润滑油快失效了，于是赶紧安排换润滑油，如果把亚健康的状况解决了，那它就不会发生故障了。

智能电厂的这套系统对于绝大多数的故障，都能做到“治病于微发”，也就是说，只要它出现亚健康状态就能马上处置。以动设备为例，通过传感器采集它的每个零件的各项物理表征数据，并且和多年的设备养护专家经验相结合，可以设置一些判断的规则，从而快速定位异动的原因。

7.2.4 信息空间和物理空间全体生产要素的高度融合

智能工厂的“三维可视”所体现的就是信息空间和物理空间全体生产要素高度融合之后的可视化。“三维可视”一方面是用三维立体的方式呈现这种物理空间，另一方面就是三维建模，以此来创建虚拟实体和物理实体的直接连接，形成一个基于数字孪生的可视化环境。

在该智能电厂项目中，我们对整个电厂物理空间内的所有设施设备环境的各种与生产相关的要素，都按照人对空间的认知习惯进行了三维的可视化建模。在这种高度仿真的三维空间中，通过与摄像头、传感器、激光等设备的高效结合，形成一个三维建模体现的虚拟空间，从而可以用三维的方式来呈现物理空间的生产状态，如振动的感知、气压的感知或气体的感知，如图7-5所示。

图 7-5　三维建模体现的虚拟空间

通过三维建模建立一个很直观的虚拟现实空间，传感器、摄像头放置的位置在虚拟空间中是高度吻合的。然后将摄像头、传感器从物理空间采集的各项信息，以及获取的这些实时信息背后的数据，通过联动融合到虚拟空间中。

不管是静设备还是动设备，它的实时状态数据实际上就是传感器和三维虚拟空间中的位置联动做出来的虚实高度结合的可视化用户界面。可视化用了比较直观的说法，就是让大家能够看得见“工业 4.0”。“工业 4.0”的核心之一就是物理信息融合，那么需要把这种物理信息融合用人们可以看得见的方式呈现出来。

现在很多电厂设备的养护工程师都佩带了一些数字终端设备，通过这些数字终端设备，工程师不管走到哪里，都可以实时地了解他周围的设备运行状态。但之前没有这种设备，电厂的工程师是如何做设备的运维呢？

过去，电厂普遍采用的是人工设备巡检管理方式，也就是传统工厂常说的“三班倒”模式，即将一天 24 小时分成了 3 个 8 小时，电厂工程师轮流值班，围着这些设备走来走去，靠肉眼来观察设备的运转情况。

异常一般是置之不理的，异动有时也不当回事，往往是到设备彻底“趴下了”才去维修。这样做往往都是事倍功半，大大地加快了设备的折旧报废速度。很多投巨资建成的重型装备，没几年就折损严重，甚至不得不提前报废，这样就严重影响了企业的投资回报率，造成了大量的固定资产投资浪费，这样的企业面对新工业革命，前途可想而知。

现在有了这种数字终端设备，电厂已经不用巡检了，而改用“点检”的方式，工程师即使出差也不受影响，他通过随身携带的手机就能够了解到设备的基本状况。如果设备基本上正常，也就不用太关注了；如果设备不正常，这里又存在一个管理密度的问题。

也就是说，这种“点检”的方式还存在“最后一公里”的问题。尤其是那些大型设备，它的传感器探头不可能覆盖到所有细节，这些探头之间还存在一定的间距。此时，工程师就需要去现场查看，通过类似透视镜的数字终端设备，结合他在现场看到的一些状况，将这些信息相互融合，就能够更加快速地定位一些故障。

当然，这个智能电厂的系统还在不断地进化升级优化，随着生产时间的不断积累，提炼出来的专家规则会越来越多，实际上以后需要人工去现场判断的场景可能会越来越少。另外，笔者在研究的一个课题就是用机器人来取代需要走到现场的人。换句话说，如果在物理空间还存在盲点，就可以通过在虚拟空间中控制机器人，让机器人到相关位置做一些相应的检测工作。

7.2.5 实现孪生数据的直观可视化

不管是动设备还是静设备，这个设备的各项数据都是从它的全生命周期出发的。像电厂这样的设备通常要求数字化移交，也就是说，厂家不但要交给电厂一台设备，同时还要附带这台设备的一整套数字图纸，然后基于图纸来做三维建模。这背后所体现的就是物理空间和信息空间全体生产要素的高度融合，以此来达到可视化的效果。

每个设备背后的数据都很多，包括设计的数据、设备的管理台账、制造过程中的数据、实验的数据、生产过程中的检测数据及工艺参数等，这些通过智能电厂平台信息物理融合形成的都称为孪生数据，如图 7-6 所示。然后在这种孪生数据直观可视化的基础上，可以支撑工程师更加精准地了解设备当前的运行状态，或者及时地感知它有异常的风险点，大大地提升了电厂设备的养护水平。

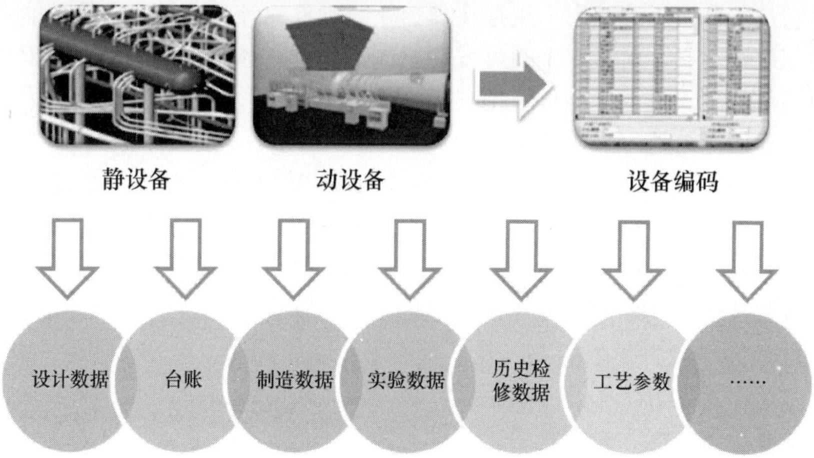

图 7-6　孪生数据

如今，该智能电厂已经从之前的提升生产安全和设备健康的角度，向更高层次的方向发展，提供决策支持方面的服务。工程师们通过研究发现，调整不同的设备参数会对生产效能产生影响。因此可以在虚拟空间中规划生产方案，通过大数据学习和运算来自动算出更符合生产需求的参数配置，以实现多种设备的生产协同。

7.2.6 数字孪生——智能工厂未来新趋势

数字孪生的其中一个基本理念是通过虚拟空间中的模型和数据优化物理空间中的决策和行动。推广数字孪生的概念对于改变传统生产模式，提升生产效率，形成虚实结合、孪生互动、迭代优化的智能工厂新形态，无疑也有非常现实和深远的意义，笔者作为数字孪生理念的推崇者，非常认同也愿意支持。

而当笔者在智能工厂的咨询工作中，需要考虑如何建构解决传统生产过程中各种问题的大数据智能化应用场景时，发现如果把数字孪生的概念只停留在三维建模、三维设备信息模型、数据可视化、虚拟现实、增强现实、混合现实这样一些偏视觉可视化的应用场景上，数字孪生很多极具进步性的思想和理论成果就无法真正地在智能工厂发展中落地及发扬光大。

而要打通数字孪生和智能工厂，恰恰还是要回到正确理解产品全生命周期管理（Product Lifecycle Management，PLM）的概念上。有关 PLM 的一个核心问题是“产品”是什么。

“产品”一定是工厂所制造出来的类似飞机或汽车吗？其实什么能构成产品也取决于个人的观点，迈克尔·格里夫斯（Michael Grieves）教授对产品的定义是：“它是一个人制造的用于执行某种功能的对象或者服务于用户的功能”。

根据这个定义，对于一个喷气发动机制造商的产品就是发动机，而对于飞机制造商则是整架飞机，发动机只是其产品的一个部件，很明显两者对于发动机的关心程度和信息处理方式明显不同。

但是，只要是产品，就有生命周期，而从 PLM 的角度，只要是人造的产品，能为它的用户执行一定的功能，存在其发挥效用的生命周期，就可以适用于 PLM。所以，从 PLM 的概念，智能工厂中的各种设备都可以被作为“产品”来对待，并且从生命周期的角度实现数字化方式的管理。

因此，数字孪生和智能工厂并没有不可逾越的鸿沟，PLM 既是在智能工厂中运用数字孪生的方法和技术的钥匙，也是连接双方的桥梁。而产品在商业模式中的定义是价值主张，是一种对于目标对象（用户）有某方面好处的价值陈述和主张，其实这个定义与迈克尔·格里夫斯教授对产品的定义是异曲同工的。

如果脱离了对用户来说的某种功能或价值，产品就没有任何存在的理由，这个道理几乎可以上升到常识的位置，可惜在现实中往往被忽视了。过往的大工业时代，以生产者为中心的生产方式让产品生产活动成为一种自说自话的独角戏，无视用户的感受和体验是产品生产的常态，因此造成了大量资源的浪费。

从传统制造模式转型为智能制造模式，满足社会化、个性化、服务化、智能化、绿色化等制造发展需求和趋势，是推动全球开展智能制造的共同原因，归根到底还是解决用户直接参与根据自己价值主张来组织生产的新生产关系问题。

理解了这个出发点，数字孪生在智能工厂中如何发展则比较容易顺理成章，而离开了这个出发点，则任何一份智能工厂解决方案都只会沦为一些关乎“云大物移智”各种技术装备如何摆设的想象效果图。这些技术摆设到底给工厂带来了什么具体的好处（产品的价值主张）都说不清楚，又如何能在投产后应用和运维（产品生命周期）中不断地发展和优化呢？

工厂事实上是一个生态体系，背后有复杂的利益关系和不同的利益诉求。所以，今天在打造逐步走向数字孪生的智能工厂各项应用场景时，工厂本身也首先要摒弃以自我为中心的决策习惯。对于做宏观决策的领导者来说，很多时候并没有什么必要在一个身临其境的三维数字工厂场景中，走进每一个厂房，才能找到他决策需要的各项数据，这种方法对于决策者并不能发挥更多的价值。

德勤（Deloitte）在其发布的《工业 4.0 与数字孪生》报告中呈现了数字孪生的五大驱动要素——物理世界的传感器和促动器、集成、数据和分析，以及持续更新的数字孪生应用程序。同样的道理，做好这五大驱动要素的智能工厂才能真正实现数字孪生。数据开放是世界性的潮流，而拥有高质量的数据后再开放，是促进工业生产水平和服务产业发展奠定实事（物理空间）中求是（更好发展）的基础和前提，数据孪生必然会成为保证数据质量的最终选择，还有什么比反映物理空间中发生的事实更有真切的价值呢？

知易行难，知行合一更难，对于如何推动数字孪生的智能工厂发展，笔者虽然有了一些基本认识，可这些想法也还需要放到实际项目和工作中去反复探究和建构，与更多的人合作才可能转化为行之有效的方法。

7.3 数字孪生指导下建设智能电厂的经验总结

智能电厂是一种彻底以数据驱动为核心的新的生产方式，可以凭借统一的数据基础设施，来构建人与人、人与物、物与物多元融合的数字化镜像。全面数字化是数字孪生智能电厂的基底，只有通过全方位、全流程和全系统的数据归集，智能电厂的物化表现和人类智慧才能够更好地结合，这不仅仅是对局部了解的深化和细化，更重要的是提升了获得系统全面信息的能力，让更多的工厂主体通过在这样一个高度写实的各种物理实体统一的信息空间，参与到企业管理和发展工作中来。

当然，如何迈出第一步才是关键，下面结合笔者的工作经验，提出了数字孪生指导下建设智能电厂的经验总结，这个经验可以简单归结为“12345678”，即“一码、二类、三可视、四智能、五应用、六自动、七平移天下、八创新定制”，具体分析如图 7-7 所示。

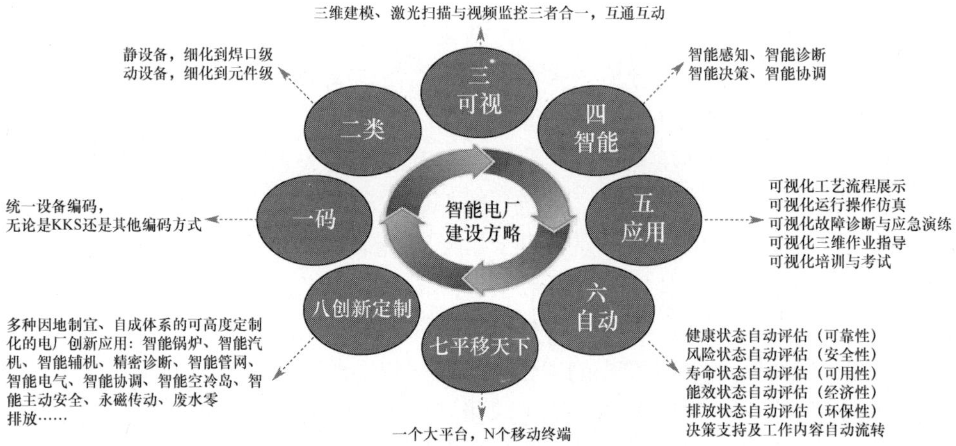

图 7-7　建设智能电厂的经验总结

1. 一码

“一码”即一个集团公司实现“一码到底”，可以将编码细分到每个设备、每个设备上的元器件，通过详细的设备编码，做到真正地支撑设备自动诊断。

2. 二类

“二类”主要是细化系统的管理程度，如静设备可以达到焊口级的深入管理。

3. 三可视

“三可视”主要是通过三维模型的可视化手段打通真正的数据。

4. 四智能

“四智能”主要是针对智能应用的四大用法，关键在于大数据处理的使用方法。

5. 五应用

数字孪生系统不只是为了好看，更是可以通过物理世界的感知模式来更好地分辨信息空间中的数据，让人们可以真实地看到各种物体的形状和听到声音，对生产、学习、培训等方面的应用都起到了很好的作用。

6. 六自动

通过设备的可靠度管理，来支撑6个方面的数字化运营和检修工作。

7. 七平移天下

北京必可测科技股份有限公司的移动终端涵盖了电厂、燃油机、煤机等多个领域，可以与这些领域的设备数据实现深度对接，并进行更好的控制和管理。

8. 八创新定制

为客户提供更多创新定制化解决方案，带来更高价值。

数字孪生涵盖全生命周期，在推动物理实体的优化方面体现了巨大时代意义，今天已经迈入了创新驱动的新时代，我们针对虚拟数字模型所做的各种创新方案的预演和验证，基本不需要承担物质成本，这将大大降低创新的风险和成本，也给大众创新提供了最有力的支持。

第 8 章

智能工厂实施策略研讨

智能工厂的核心价值取向就是要彻底改变传统生产方式，那么如何彻底改变呢？一方面通过工业大数据来推动工厂在产品和工艺层面的创新，在大数据帮助下研发新的产品、服务、工艺等。另一方面是在组织层面的变革，运用大数据的思维和技术，推动企业的组织变革。

8.1 用大数据实现业务创新的方法

在智能工厂中，如何用大数据来实现创新呢？笔者给出一个自己的方法，具体思路如图 8-1 所示。

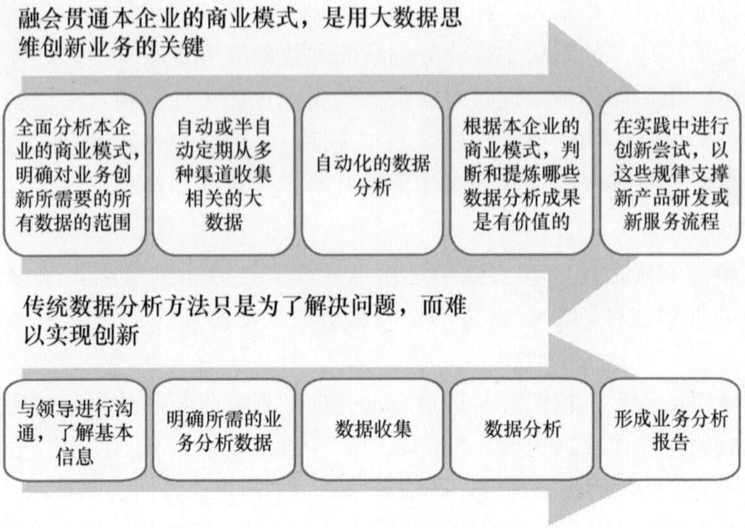

图 8-1 用大数据实现业务创新的基本思路

8.1.1 大数据业务创新的五大步骤

与传统的数据分析相比，大数据应用的不同之处在哪里？一般来说，传统的数据分析首先要与领导沟通，了解到底要分析什么，比较一些基本信息，然后明确要做这个业务所需要的数据，接下来去搜集和分析数据，最后形成一些分析报告提交给领导。

很鲜明的区别在于，传统的数据分析是为了解决一些特定问题，它的基本需求很明确，根本就不是一种创新的驱动，而是一种对现状的了解。而现在要探讨的是如何用大数据的方法来实现业务创新，笔者给出的方法包括五步。

第一步，确定范围。分析业务创新所涉及的全体数据范围，这里会产生一个新的问题，那就是业务创新到底要用到多大的数据范围？

实际上，每个企业的商业模式不一样，也很难去复制其他企业的生产经营方式。所以，到底与生产经营相关的创新需要的数据范围是多少，这个还是要和本企业的商业模式挂钩的。

第二步，收集数据。要形成定期的自动化的大数据搜集机制，当然也可能是半自动化。

第三步，数据分析。运用对应的一些工具来进行自动化的数据相关性分析。因为大数据的数据量非常大，如果还像传统那样由领导安排后再去分析，就没有创新的机会了，是一种无法支撑业务创新的大数据应用方法。

第四步，相关性分析。通过对大数据的自动化相关性分析，可能会找到很多有价值的相关性分析的结果。到底哪些相关性分析的结果是对本企业有用的？判断的依据是什么？要开展这样的工作离不开对本企业商业模式的融会贯通，并且是用大数据的思维方式去创新。

第五步，实践运用。在实践中运用这些相关性分析的成果，来做一些创新的尝试，并观察这种创新尝试是不是能够有效地支撑新产品或新服务用户体验的提升。

上面给出的五步，很明显是通过自动化的大数据收集和分析手段所提炼出来的相关性成果，即让数据说话。

你不需要像传统的方法那样，在前面预定一个固定的方向；而是通过数据找出相关性结果之后，再根据本企业的商业模式进行判断，这些相关性是否能用得上，还要在创新中尝试一下，既避免了创新的盲目性，又实现了高效的创新效果。

8.1.2　经典大数据创新的案例

沃尔玛的“啤酒与尿布”案例正式刊登在 1998 年的《哈佛商业评论》上面。沃尔玛的超市管理人员分析销售数据时发现了一个令人难以理解的现象：在某些特定的情况下，“啤酒”与“尿布”两件看上去毫无关系的商品会经常出现在同一个购物篮中。

按照一般人的理解，这两种商品好像没有直接关系，但数据却给出了这样一个奇怪的结果。然后管理人员尝试安排把尿布和啤酒摆在一起出售，结果发现尿布和啤酒的销量双双增加了。

若干年后才明白，原来美国的妇女经常会嘱咐她们的丈夫下班后为孩子买尿布，而丈夫在买完尿布之后又要顺手买自己爱喝的啤酒，因此啤酒和尿布一起购买的机会就多了。

通过这个案例可以发现，啤酒和尿布有这种常人无法理解的关系，其实你不用管它的原因，只需按照数据告诉你的相关性结果去做即可，这也是一种销售创新，结果也能带来业务上的价值。

8.2 在商言商，规划企业的大数据“生意”

被誉为“网络文化”的发言人和观察者的凯文·凯利（Kevin Kelly）也曾说过：不管你现在做什么行业，你做的生意都是数据生意。你关于客户的这些数据，其实与你的客户对于你来说是同样重要的。

在商言商，如果把经营企业数据资产作为一门生意，采用商业模式画布的分析方法描述企业经营大数据资产做“生意”的商业模式，可以作为真实商业模式的重要参考或直接作为其中的部分内容。

因为把大数据看作一种生意，企业把对大数据资源的利用看作一种投资，那么就可以用商业模式分析的方法来描述企业如何开展大数据资产的经营。因为商业模式解决价值主张、价值获得、价值创造、价值传递 4 个方面与商业高度相关的要素。

把这些要素陈列出来后，就回答了这个业务为什么和做什么的问题。我们为什么要做这个业务，体现的就是价值主张和价值获得；然后我们具体做什么业务，就是价值创造和价值传递的环节。

商业模式可以回答这两个方面的问题，但没有回答该怎样做的问题。所以，我们就要通过价值链分析，把为什么做和做什么结合起来，将这些商业要素通过一系列的价值活动，来描述具体的业务是怎样做的，也就是安排具体的生产经营活动，这就是大数据的商业模式。

8.2.1 用商业模式画布描述企业的大数据资产经营

随着企业数字化战略的逐步推进，企业 IT 部门的责任定位和职能范围也越来越向业务和战略层面靠拢，当然对于工作技能也提出了新的要求，可以这样说，现在四流的企业 IT 部门是做技术维修工，三流的 IT 部门是做开发的，二流的 IT 部门是做业务的，一流的 IT 部门是做战略的。

从企业数字化转型要求和 IT 部门自身发展的角度，必须对企业 IT 部门的职能进行重新定义，为了确保企业可以自主可控地完成数字化转型工作，企业 IT 部门应该把工作重点聚焦在规划和管理这些核心职能上，而当前大多数企业 IT 部门恰恰缺乏这方面的战略规划和管理能力。

简单来说，数字化商业模式就是企业要把数据当作重要资本来经营，以此从价值主张、用户细分、用户关系、渠道通道、关键业务活动、核心资源、重要伙伴、成本结构、收入来源等 9 个方面对商业要素进行全方位的数字化赋能。这里给出可以作为各企业制定具体数字化商业模式所涉及的数字化战略参考，如图 8-2 所示。

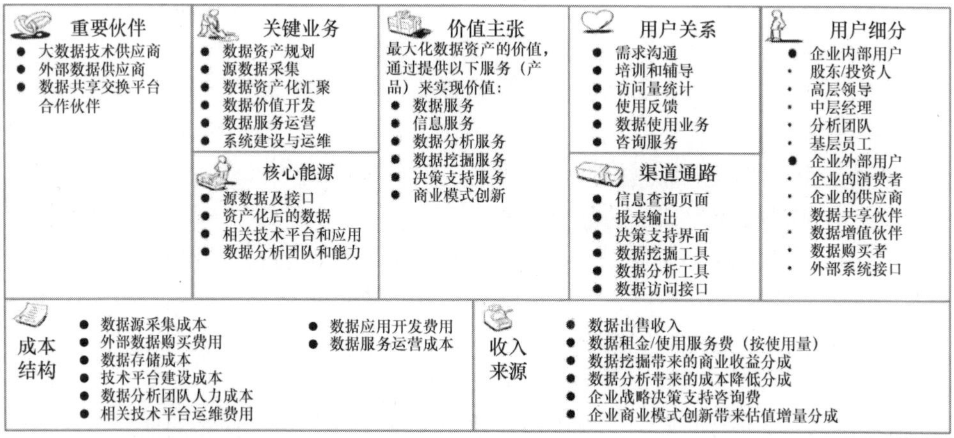

图 8-2 数字化商业模式

尽管“大数据是资产和核心竞争力”的概念已经被广为接受，但笔者观察到，对大多数传统企业而言，“如何制定数字化战略”和“如何选择数字化转型路径”在业界仍然缺少成熟理论和工具手段供他们参考。

笔者结合自己近 25 年的企业信息化一线经验和近七八年在移动互联网环境下的 IT 战略咨询工作经验，运用互联网大数据思维进行了一些独创性的思考和探究。结合自身经验和理解，同时也参考了业界领先实践，提出了基于企业大数据的数字化战略转型方法论，可以简单总结为以下四步。

第一步：数字化商业模式设计。

第二步：数字化价值链顶层设计。

第三步：数字化组织和业务架构顶层设计。

第四步：数字化转型路径设计。

笔者所提出的企业大数据资产管理方法论，是在继承传统企业数据管理技术的基础上，运用互联网大数据的商业思维、业务方法、经营思路，围绕如何最大化数据资产的价值为目标，建构一个企业经营大数据资产获得价值的“商业模式”，进而通过价值链分析的方法形成一个可以落地执行的“企业大数据资产经营管理业务架构”。

8.2.2 企业经营大数据的价值链分析

企业要经营大数据，包括了大数据应用、大数据运营和大数据变现等活动，以形成大数据的价值链，有效地支撑企业达到最大化数据资产的价值。当然，大数据价值链分析还需要落地到具体的工作安排上，具体流程如图 8-3 所示。

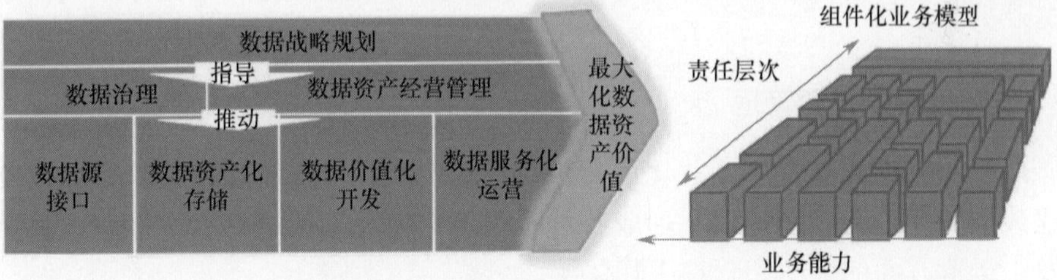

图 8-3 企业经营大数据的价值链流程

在数字化价值链顶层设计的基础上再进一步细化，运用 IBM 的业务组件化商业模式（Component Business Model，CBM），就可以进一步将其细化成一些具体的数字化业务能力。

CBM 就是结构化的价值链分析方法，可以把价值链分析出来的业务能力要求再进一步细化成具体的业务工作职能安排。借助 CBM，对落地数字化战略的业务能力进行组件化的定义和划分，达成对业务分类的共识，作为后续数字系统建设需求分析、数字化组织和业务流程设计的起点。

数字化商业模式明确后，具体的数字化转型工作需要实现数据从源头采集到运营再到价值输出，主要经过下面 4 个基本环节。

① 数据源接口环节。

② 数据资产化存储环节。

③ 数据价值化开发环节。

④ 数据服务化运营环节。

以上环节从源头到目的形成了一条围绕数据资产的价值创造链条，与传统企业生产商品的价值链一样，除了这些基本活动之外，还需要有以下领域支持性活动。

1. 数据战略规划

在基于企业架构战略规划的基础上，对数据架构进行具体细化，进而形成整体性的数据规划目标。

2. 数据治理

继承传统的企业数据（资源）管理体系，通过构建统一的数据资源管理平台，全面治理企业数据资源（包含原有的企业内部信息系统的数据、从数据源接口采集的数据，以及数据资产化存储的数据），通过让数据质量更好来确保数据资产的含金量。

3. 数据资产经营管理

建设和管理数据资产专业化运营组织，制定数据资产管理相关政策和规范，构建数据资产经营管理框架，形成各项相关工作按规划推进的工作机制，并负责开发、运营方面的组织和管理工作。

上面这 3 个领域是价值链支持性活动，数据规划对数据治理和数据资产经营管理具有指导性的作用。

4. 数据源接口

数据源接口环节负责按需从各个数据来源采集、清洗数据，数据来源可能是企业内部的信息系统或外部数据源，不排除为了采集数据而建设一些专门的接口系统或程序模块。

5. 数据资产化存储

结合业务需求盘点和匹配可用的数据资源，明确可纳入数据资产化管理的范畴，数据汇聚平台负责把从数据源接口采集的数据源进行必要的加工后，按照一定的格式统一加载并存储在分布式的大数据存储平台上，实现从数据资源向数据资产的角色转化。

6. 数据价值化开发

构建数据分析平台，根据业务需求开发数据分析或数据挖掘模型，对存储在大户数据存储平台系统的数据进行加工形成有价值的信息或知识，并且企业的数据分析团队可通过数据挖掘与分析形成数据分析能力。

7. 数据服务化运营

构建数据开放经营平台，将资产化存储的数据或数据分析平台的结果在可经营的机制下对内外用户开放，并且嵌入企业其他的业务系统和业务流程中。

企业内部用户包括股东、投资人，高层领导、中层经理、分析团队、基层员工；企业外部用户包括企业的消费者、企业的供应商、数据共享伙伴。

8. 最大化数据资产的价值

大数据的价值绝对不是一个低业务端的简单整合，更不是一个低端业态的浪费，而是需要深度整合数据或技术，通过上面 4 个环节形成大数据资产战略性价值的基本活动。企业只有将数据视为资产的组织，像管理实物资产那样仔细管理“数据资产”，才能使其价值最大化。

8.2.3 CBM 把能力目标落地成具体的业务安排

CBM 就是结构化的价值链分析方法，可以把价值链分析出来的业务能力要求再进一步细化成具体的业务工作职能安排。借助 CBM，对需求进行组件划分，达成对业务分类的共识，作为后续系统建设需求分析和组织流程设计的起点。

CBM 的顶层架构是一个二维结构，横向是业务能力域，每一列都是价值链中的一环，是具备相同价值目标和业务特点的一组或一类活动。CBM 纵向是责任层次，按照各业务模块活动成果影响的范围进行划分，CBM 将业务模块划分为引导、控制与执行三层，如图 8-4 所示。

① 引导层代表本组件负责指定本价值领域的整体方向与政策，负责做战略层面的决策。

② 控制层来监控活动，管理检查，负责做具体业务活动（执行）过程中战术层面的决策。

③ 执行层代表每一项具体业务活动的执行环节。

业务能力按责任层次进一步细分就形成业务组件的定义，而每个业务组件包含了直接指导业务执行和系统建设的细节要求描述：一组相关的可以重复执行的业务活动；有清晰的业务边界，对组件内的业务活动能集聚化高效执行和闭环管理；在适宜的人员、流程、技术能力、信息系统和数据资源的配合下，可以相对独立地运作；可以提炼出一组反映活动的业务能力水平的关键业务/绩效指标

（Key Performance Indicator，KPI）。

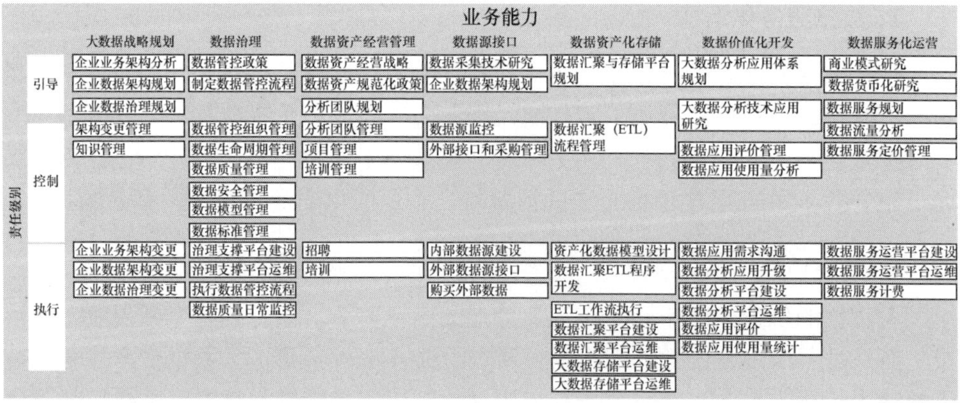

图 8-4 CBM 业务模块

我们可以把 CBM 看成一个具体承接战略的业务能力识别工具，制定的战略是通过具体的业务能力来推行的，没有能力落地的战略就是空中楼阁，毫无意义。

企业是由具体的人、事、物、环境等商业要素组成的，业务能力正是这些具体的要素通过组织所开展的各项业务活动完成具体的工作任务而体现出来的组织合力，而组织共同的目标也通过这些工作转化为切实的商业价值成果。

所以，CBM 可以科学地把战略分解到具体执行的业务能力细节的建模工具，以此帮助企业领导人把战略目标和实施路径清晰地勾勒出来，从而成为有效指挥组织在商场中打胜仗的作战地图。可以想象，现代战场上，如果统帅没有地图的帮助，那他指挥战斗几乎没有任何胜算的可能，商场也是基于同样的道理。

本文只是描绘出方法论的轮廓，笔者在综合自身和团队超过 100 人/年的相关企业信息化和数字化转型项目咨询工作经验，归纳总结这些过程经验和知识资产而形成了一个企业数据资产业务组件参考模型（Enterprise Data Asset Component Business Model，EDA-CBM）作为企业数字化组织和业务架构顶层设计参考模板。

根据笔者的实战经验，由于每个企业发展道路的独特性，没有放之四海而皆准的数字化战略和转型路径设计。数字经济是创新者的舞台，企业的数字化战略和转型是一个长期而复杂的系统性任务，很多具体的工作是需要结合自身发展轨迹和实际情况进行自主探究、落地设计的，不能生搬硬套所谓的最佳实践和成熟方案。

8.3 结合商业模式分析方法勾勒企业大数据版图

通过将“四轮驱动模型”进行分解，即可得到如图 8-5 所示的“商业模式画布”图，通过 9 个步骤，用大数据将企业的客户细分、价值主张、渠道通路、客户关系、收入来源、核心资源、关键业务、重要伙伴及成本结构等联系起来，形成一个完整的商业模式体系。

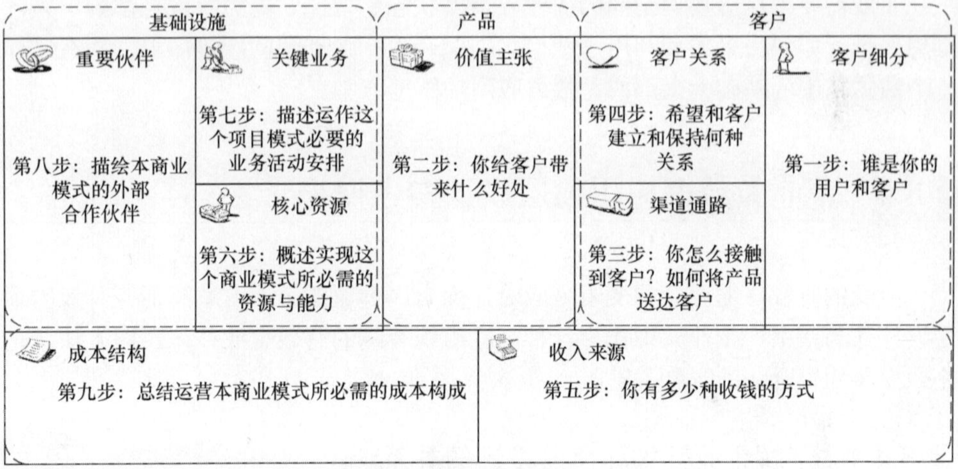

图 8-5 “商业模式画布”图

企业可以通过结合自身的商业模式分析和建构方法，勾勒出本企业的大数据版图，具体要怎样来开展生意。在新工业革命中，每个企业家的本职工作当然是要做出工业物联网、工业大数据的战略部署，那么这些战略部署如何与现实企业中的生产经营活动相结合，这就需要具备一种有效的结构化商业模式分析的能力。

在这种分析的基础上，企业再去做创新。笔者在此处给出了一个分析商业模式的“九步法”，商业模式就是在企业的商业价值形成过程中起到核心作用的一些商业元素的组合，以及这些元素之间的关系。

第一步：做好用户定位。

第二步：形成产品的价值主张。

第三步：列出渠道通路。

第四步：打造良好的客户关系。

第五步：厘清收入结构和变现方式。

第六步：准备好资源和能力。

第七步：安排好业务活动的步骤。

第八步：寻找外部合作伙伴。

第九步：了解产品成本中的各项费用。

通过这九步，就可以简单地勾勒出某个业务的商业模式。其实，就是围绕这样 9 个方面的要素，分析需要怎样的数据来实现业务和产品的创新。

企业需要把这些物理空间的商业要素的状态、效能、能力等信息都列出来，再想一下，如何去采集和利用这些信息，配合生产管理和创新等需求，并在这样一个数据范围的基础上来形成大数据应用的落地方案。

8.4 企业大数据应用顶层设计参考模型

巨变的时代，需要企业变革来应对，而有序健康的企业变革离不开有效的顶层设计作为指引，企业架构作为一种消除组织智障的有效企业共识建构方法，是企业变革知行合一的制胜关键。

8.4.1 了解企业架构和顶层设计的关系

企业管理大师德鲁克曾经说过：“我们生活中一个意义深远的转型期，变革空前而彻底，现在的管理学思想沿用 20 世纪的那些基本假设，很少有人注意它们是不是事实。”而事实上，当前很多企业应对新常态下的剧烈变化，其变革进度也越来越显得跟不上时代发展的节奏。

如果将企业置于整个人类活动，它原本就是社会运作下所产生的一种机制，正如《第五项修炼》作者彼得·圣吉（Peter Senge）所言，企业是当今最有力量改变世界，创造公平正义社会的组织力量。

所以，对于企业而言，面对这样一个巨变中的世界局面，是危机，也是转机。各行业领先的企业正值此转型的时刻，借互联网和经济全球化的“东风”，广泛联合上、中、下游产业和直接、间接消费者，以求生存并创造最大的利益。

当企业越来越多地打破部门分割的隔阂，乃至拆掉原来自我保护的组织围墙，越来越谋求建立更多的内外连接时，更加开放和透明的企业治理和运营机制已经成为现代企业管理思想的基本假设。与此同时，影响企业行为的内外利益涉众群体也越来越大，关系也越来越复杂。

诚如《第五项修炼》中所揭示的，由于传统企业生产分工和组织结构造成的片面而局部的思考方式，以及其所产生的各自为政的行动，它们造成了目前分割而破碎的观念，使企业各部分丧失了与主体间的一体感。于是，现在要了解一个企业全貌时，就像拼凑一面被打破镜子的所有碎片，试图“重圆此破镜”而得到完好镜子中清晰的图像一样费劲。

这就是导致在变革中的企业出现各种令人困惑的“组织智障”，因此个体的智力难以整合成帮助企业形成合力应对挑战的“群体智力”。毫无疑问，“组织智障”妨碍了企业的学习和成长，久而久之也催生了企业员工普遍对问题视而不见、听而不闻、事不关己高高挂起的组织惰性，这样的企业又如何有生机和活力来应对挑战和完成变革呢？

企业架构理论的出现，无疑给了“此破镜重圆”一个可能的福音，企业架构最早的思想雏形来自企业建模领域。在20世纪80年代中期之前，几乎只有学术界对企业再造或企业建模的思想感兴趣，但使用的理论和模型通常被限于某个信息系统的设计和开发。

20世纪80年代中期，当时还是IBM员工的约翰·扎克曼（John Zachman）率先提出了“信息系统架构框架”的概念，从信息、流程、网络、人员、时间、基本原理等6个透视角度来分析企业，也提供了与这些视角相对应的6个模型，即语义、概念、逻辑、物理、构件和功能。

而正如约翰·扎克曼所指出的：“为了避免企业分崩离析，信息系统架构已经不再是一个可有可无的选择，而是企业的必需。”虽然当时，约翰·扎克曼并没有明确地使用“企业架构”的概念，但由于其杰出的开创性工作成果，约翰·扎克曼被公认为企业架构领域的开拓者。

从那时起，约翰·扎克曼的企业架构理论就开始逐渐发展起来，它现在已成为许多大公司用来理解、表述企业信息基础设施的一个直观模型，为企业现在的及未来的信息基础设施建设提供了蓝图和架构。

① “企业”（enterprise）是指由一整套可识别的、互为作用的业务功能构成的商业组织，它有能力作为独立实体经营运作。根据这一定义，它意味着企业架构框架也包括了企业与外部实体的相互关系，如供应商、商业伙伴和客户。

② “架构”（architecture）提供基础框架，它定义和描述了企业实现经营目的和商业愿景的平台。“架构”可以被具体定义为：与企业经营战略、信息需

求紧密相连的一整套原则、方针、政策、模型、标准及流程，它结合企业未来发展方向，为企业各项解决方案的设计、选择和执行提供指导。

从世界先进国家的发展经验和示范作用来看，企业架构的采纳和推行，是经济、社会、商业发展到一定阶段的必然产物。随着全球化的进展，以及国家综合实力的不断增强，可以乐观地预计，未来企业架构在我国的政府部门/机构和企事业单位中具有很好的应用前景和发展空间，正在受到越来越多的关注。

顶层设计是运用系统思考的方法，从全局的角度，对某项任务或某个项目的各方面、各层次、各要素统筹规划，以集中有效资源，高效快捷地实现战略目标。“顶层设计”的字面含义是自高端开始的总体战略构想，系统思考的精神与许多中国古圣先贤的思想不谋而合。

中国有句古训：“不谋万世者，不足谋一时；不谋全局者，不足谋一域。”而“谋万世”与全局也是从若干的“谋一时”“谋一域”中科学抽象出来的。所以，有效的“顶层设计”不是闭门造车和曲高和寡，自上而下的谋划也需要有自下而上的动力来呼应。

顶层设计工作需要通过各个利益群体的互动，让各种利益相关方都参与进来建立对未来发展的共识。从这个层面来看，企业架构就是顶层设计成果得到直观呈现和有效沟通的企业共识建构方法，是能把企业原来分割而破碎的企业各种理解复原成一个整体的“组织透视镜”。

顶层设计工作所指引的方向、所描绘的蓝图、所勾勒的路线，都要在企业架构中对未来企业发展所依赖的各种能力、资源和要素的发展目标进行界定，以及在可行实施方案的系统性陈述中得到完整体现。企业架构的设计是凝结了企业各方利益相关者的集体智慧和共识意愿而形成的，这才是顶层设计的战略得以贯彻和执行的关键。

8.4.2 为什么企业变革要做顶层设计工作

在传统企业中，常常可以看到战略与执行的脱节情况，那就是“说的是一套，做的是另一套”。

1. 战略层面

战略：高大上的战略口号，容易变成假大空的标语。

战略错误：方向和路线性错误，面向外部环境的方向性选择对内部能力的考虑不仔细。

2. 执行层面

执行：执行人都有自己的意志。

执行力低下：不能有效实施战略，面向内部运营的过程，是自组织的混沌系统，难以被精确描述和定义。

而顶层设计通过加入中间层来应对各种复杂性事件，不仅直观呈现、便于沟通，而且结构化的处理也便于分析。

① 战略层面：战略决定架构的形态。

② 顶层架构：企业架构是连接企业战略和实际执行之间的桥梁。架构可以细化战略的意图，指导企业实际运营环境的构建。

③ 执行层面：自组织过程（混沌）被限制在一个框架体系中（精细的分权），遇到困难和问题时，反馈给架构并进行微调和进一步完善。

通过目标蓝图架构的顶层设计，一方面让战略如何落地更清晰，另一方面也为战略执行过程增加便于调整的灵活性。

8.4.3 企业大数据应用顶层设计参考模型用法

企业大数据应用顶层设计的基本原则是“最大化数据资产的价值”，参考模型如图 8-6 所示。

图 8-6 企业大数据应用顶层设计参考模型

① 目标：通过价值链分析方法，对企业的发展目标及所需能力支撑进行分类解读。

② 价值链分析/业务能力分析：使用业务组件化模型体系（CBM）对企业经营大数据资产提供从战略指导、管理到执行层面的全景分析。

③ IT 支撑平台和技术体系：综合考虑如何构建企业经营大数据资产的 IT 支撑框架和技术体系。

企业要开展顶层设计工作时，可以采用 EDA-CBM 作为参考，这些业务能力正是实现最大化企业数据资产价值目标的落地支撑，而根据企业在信息化发展水平和数据资源利用水平上的现状，针对主要的问题进行热点分析，从而识别业务能力建设重点，并且通过对热点和当前企业现状进行差异分析规划出重点建设内容。

每一个企业要开展这方面的工作时，其实都是很艰巨的系统性工程，顶层设计相当于一个总体的规划，然后在实施具体工作时，这种总体的规划就可以有效指导人们如何去分步实施。总体规划所体现的是一种长期的发展，通过分步的实施来达到一种短期见效的目的，然后形成一种迭代发展和有序的演进。

那么，具体怎样用企业大数据应用顶层设计参考模型呢？首先要弄明白这套顶层设计参考模型是什么？通常有以下两个方面的答案。

① 咨询工具：帮助企业完成大数据应用和数据变革的战略规划。

② 参考模板：供企业设计大数据制度、组织、流程和建设相应技术平台的规划参考。

但是，这套顶层设计参考模型不是什么呢？通常有以下 3 个方面的答案。

① 不是现成的战略规划报告。因为这一套模型只是一个参考模型，而不是一个现成的、能用的战略规划报告，因为它缺失了很多与所在企业相关的细节设计。

② 不是现成的 IT 系统建设说明书。因为它是一个整体的体系，而不是一个单一的系统，企业还需要在此基础上再根据实际情况进行细化。

③ 不是现成的制度说明书。简单来说，其实这个参考模型只是支撑企业开展顶层设计工作的参考模板，而不是顶层设计工作的成果。

因为世界上没有两片完全相同的叶子，所以也没有相同的企业。每个企业都不可能通过一种简单购买的行为，就得到一个可以落地的顶层设计方案。但是，企业也可以通过购买相关的咨询服务，如邀请一些业界的咨询专家，来帮助开展顶层设计工作。最后的成果还要根据企业实际的情况来做一个具体的设计，才能得到最佳的顶层设计方案。

8.5 融合企业商业模式构建大数据应用落地方案

在 1995 年，尼葛洛庞帝（Negroponte）出版了《数字化生存》一书，而里面最让世人称道的说法就是“原子和比特”。到今天，就如当年尼葛洛庞帝所预言的，人们的生活已经被广泛的比特（也就是数据）所包围了，后信息时代的浪潮已经深刻地影响了社会生活的各个方面。

可以说，现在已经不用再争论企业是不是要进行信息化了，而是今天的企业在日益数字化的世界中如何生存的问题。从这个角度来讲，信息化本身必然是企业发展战略的一部分，逃避信息化的企业在未来社会中会越来越难生存下去。

8.5.1 企业战略

什么是企业战略？简单来说，企业的战略就是要回答企业未来要到哪里、从今天怎样才能到达那里的问题。这个说法有两层含义：第一层是企业的发展定位问题，企业成长的第一步还是要明确自己的发展定位问题；第二层就是战略实施路径问题，企业战略如果不能贯彻到企业日常经营管理活动之中，也就不是落地的战略，这与纸上谈兵是一样的。

毫无疑问，现代企业是一个需要高度协同合作的复杂社会组织，如何把战略贯彻到企业的日常运作中，是让企业战略目标落地最为关键的问题，如果说战略是让企业做正确的事情，战略的制定同时要面对的一个问题，是如何帮助企业这个复杂的社会组织正确地做事情。

企业发展战略的执行是需要依赖企业多个要素互相配合的，对人、流程、技术要做统筹的组织和安排。企业架构是一种对企业多角度的综合描述，它反映了企业的人、流程、技术的组织和安排，就像是企业的基因 DNA 一样，决定了企业的发展方向和结果。

8.5.2 企业信息化治理蓝图

如果把企业比喻成一个人，按照马斯洛教授的“基本需求层次理论”可以得到如下理解：个体成长发展的内在力量是动机；而动机由多种不同性质的需要所组成，各种需要之间，有先后顺序与高低层次之分；每一层次的需要与满足，将决定个体人格发展的境界或程度。

企业成长的内在力量也是业务的动机，而业务的动机也是由不同性质的业务发展需要所组成的，类似人类的需求层次，可以分成企业生存的需求、抵抗风险的安全需求、社会定位归属的需求、得到市场尊重的需求，以及实现企业战略目标的组织自我实现的需求。这每一层次企业业务需求的满足，也将决定企业发展的境界和程度。

企业的经营和治理既离不开对企业成长背后的业务动机，也离不开对所组成动机的多种不同性质需求的满足。因此，现在企业的业务治理架构必然也是从上到下覆盖这些企业各个层次的基本需求。在数字化社会的今天，没有采用信息技术的企业事实上生产力已经落后了，会被日益边缘化，很快会被市场和产业所淘汰。

因此，企业要长治久安、发达兴旺，必须在良好的战略规划之下，按照企业架构的原则，对于企业信息化的进行持续投资，不断升级和改造自己的 IT 体系、不断地实施创新驱动的发展战略，让企业的信息化与业务发展同步进行、深度融合。

8.5.3 企业对数据投资的重要性

首先回顾一下中国企业过往的 IT 投资历史，目前大多数中国企业，他们对 IT 的投资分布完全符合图 8-7（a）所示的三角形模型，就是最下面的 IT 基础设施，如服务器、存储、网络和设备等方面的投资占大部分；其次是应用系统方面的投入，最少的就是数据方面的投入。

然而，分析这些 IT 投资所带来的回报，正好是与之相反的倒三角形模型，如图 8-7（b）所示。高质量的数据给企业带来的回报是巨大的，而应用系统、基础设施的投资在数据的回报面前，显得那么微小，这种投入产出不相称的现象在目前的中国企业，可谓比比皆是。

如果把企业的信息系统比喻成汽车，那么数据就是汽油，汽油的质量不好了，车再好也可能很快抛锚；如果把企业的信息系统比喻成人体，那么数据就是血液，如果血液不健康了，身体就很容易生病。

所以，如果没有高质量的数据，企业的信息系统就不会产生有用的信息和价值。反观当今的中国企业，缺乏完整和正确的数据，已经成为企业管理者共同的“切肤之痛”了。因此，今天的企业还是要开大量的会议，而这些会议的召开就是为了当面整合和确认数据。

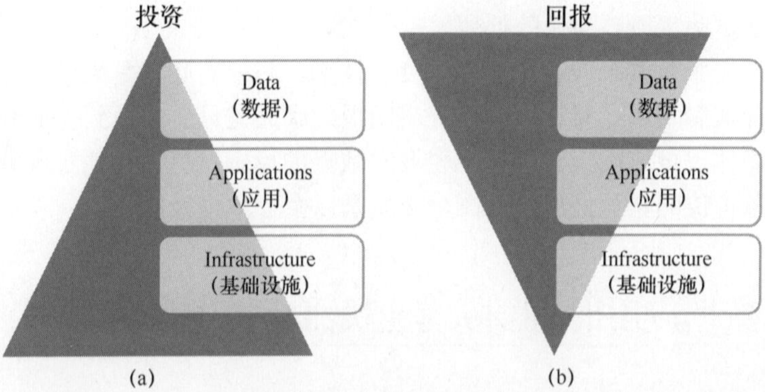

图 8-7 大数据的投资与回报模型

8.5.4 大数据应用与企业商业模式要素的对应关系

数据的治理应该是企业信息化的一项核心基础性工作，其目标是保证企业数据的有效性、可访问性、高质量、一致性、可审计性和安全性。总体来说，需要从标准、组织、技术 3 个层面全面开展，企业大数据应用必须结合不同层次的商业动机创设的应用场景和对应技术解决方案。图 8-8 所示为大数据应用与企业商业模式要素的对应关系。

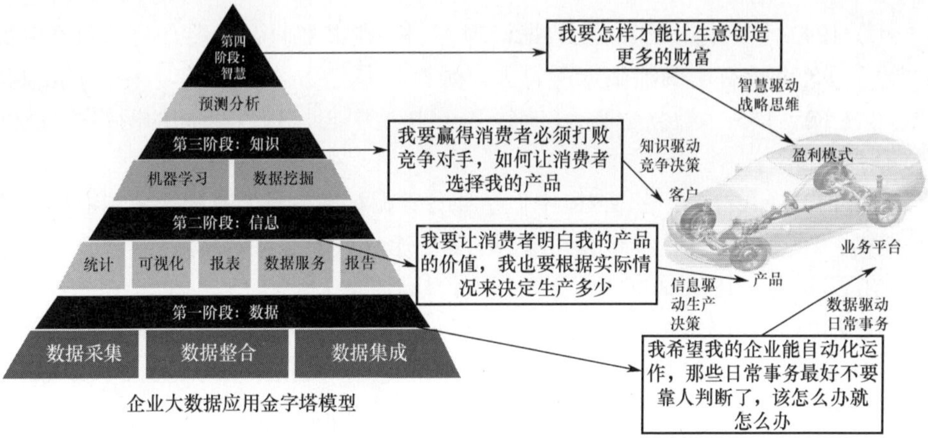

图 8-8 大数据应用与企业商业模式要素对应关系

图 8-8 中，左边是企业的业务平台，而右边是前面出现过很多次的车轮模型，其实这 4 个轮子正好符合了商业模式的 4 个方面。可以看到，那些日常例行的事务不用再靠人工来选择和判断，而是该怎么办就怎么办，也就是用数据说

话，让数据驱动实现自动化的处理。

从另外一个角度来看，企业投资 IT 技术，归根到底就是为了企业的各项业务信息的管理和利用；对 IT 的投资，归根到底还是只有落地到企业数据的管理和利用才能体现价值回报。所以，企业对数据的投资能更大化地实现业务价值，而体现业务价值的企业信息化蓝图，必然是以企业数据为核心的。

8.6 数据应用推动国际商业机器公司战略转型

本节主要以 IBM 为例，介绍用数据应用推动国际商业机器公司战略转型的方法。IBM 自身就是数据应用的典型代表，通过数据应用，IBM 简化了基础架构，并降低了企业管理的复杂度。这使 IBM 在路易斯·郭士纳（Louis Gerstner）的治理下能起死回生，从生产大型计算机硬件厂商成功转型为按需而变的全方位的企业信息技术服务巨头，再创了 IBM 的辉煌。

笔者曾在 IBM 任职，在 20 世纪 90 年代，IBM 由路易斯·郭士纳执掌，他曾写过《谁说大象不能跳舞》一书。20 世纪 90 年代的 IBM 其实经历了一个几乎要倒闭然后又凤凰涅槃的过程，背后就是路易斯·郭士纳在推动 IBM 的战略转型，这个过程用了十多年。

① 1992 年之前，IBM 在数据治理方面存在很多问题，没有明确的可依赖的数据源，也没有明确的数据所有人，数据质量低下。1992 年，IBM 全球有 128 个 CIO、155 个数据中心、80 个 Web 拓展中心、31 个不同的网络、16000 个应用。

② 1995 年，IBM 在 ERP 中做了业务数据标准，将所有的业务标准划分成 15 大类、79 个分类，这样全公司看到的是一个统一的业务定义。

③ 2004 年，IBM 成立了数据责任人论坛。

④ 2005 年，IBM 成立了数据治理委员会，之后又成立了数据审核委员会。

⑤ 2007 年，IBM 全球只有一位首席信息官（Chief Information Officer，CIO），主数据中心变成了 6 个，Web 拓展中心变成全球统一的网络，16000 多个应用变成 4000 个左右。

在 2007 年之后，IBM 基于互联网的全球统一网络，可以支撑其 40 多万的技术员工以非固定工作场所、非固定工作时间的方式开展工作，为企业客户提供端对端的技术服务，其数据应用发展历程如图 8-9 所示，这些也是笔者曾有幸见证和亲历的。

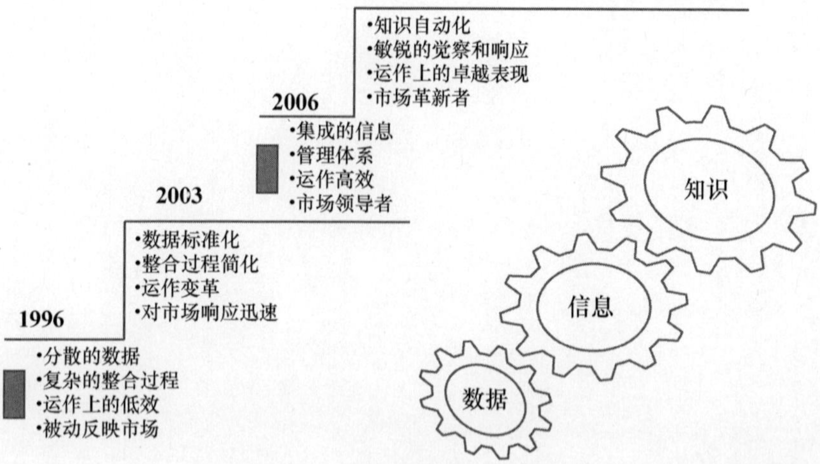

图 8-9 IBM 数据应用的发展历程

以上是 IBM 对自身数据应用的持续投资，以及开展的数据推动企业转型，并获得卓越运作表现的案例。笔者希望通过这个案例，给大家体现大数据转型工作的长期性、艰巨性和必要性。